朱永嘉 作品

论曹操

读《三国志·魏书·武帝纪》

历史对后人的启迪，

往往不仅在知其然，更在知其所以然。

朱永嘉　著

陕西新华出版传媒集团
陕 西 人 民 出 版 社

图书在版编目（CIP）数据

论曹操：读《三国志·魏书·武帝纪》/ 朱永嘉著
.-- 西安：陕西人民出版社，2022.5
ISBN 978-7-224-14484-0

Ⅰ.①论… Ⅱ.①朱… Ⅲ.①曹操（155–220）–人物研究 Ⅳ.① K827=342

中国版本图书馆 CIP 数据核字 (2022) 第 045426 号

策　　划：胡杨文化　何崇吉
出版统筹：关　宁　韩　琳
责任编辑：晏　藜
特约编辑：孙明新　李春博
封面设计：龚心宇

论曹操：读《三国志·魏书·武帝纪》

作　　者　朱永嘉
出版发行　陕西新华出版传媒集团　陕西人民出版社
（西安北大街 147 号　邮编：710003）
印　　刷　山东临沂新华印刷物流集团有限责任公司
开　　本　880 毫米 ×1230 毫米　1/32
印　　张　12.5
字　　数　240 千字
版　　次　2022 年 5 月第 1 版
印　　次　2022 年 5 月第 1 次印刷
书　　号　ISBN 978-7-224-14484-0
定　　价　65.00 元

目 录

下　篇

自　序

本书原是我上课前的一份讲稿，在课前发给学生阅读，上课时，再根据学生的提问作讨论，之后整理成册。由于是做讲稿用，随手信笔而来，口语化的地方甚多，故文章结构不很严密。为了引导学生阅读《三国志》及《后汉书》的原文，讲稿中引文较多，有时在不同的问题上，引文亦难免有重复之处。读史还是原汁原味的好，反复地咀嚼原书，不同的人在不同的时间自有不同的滋味。

曹操是东汉末的乱世英雄，理学家的正统观念兴起后，曹操的历史地位被贬低了，包括罗贯中的小说《三国演义》在内的戏说及戏剧舞台上的曹操都被脸谱化了，所以毛泽东同志才在 20 世纪 50 年代中期提出要为曹操翻案的问题，接着郭沫若、翦伯赞都写了为曹操翻案的文章，为历史人物翻案一时成为大家关注的热点。几十年过去了，现在可以冷静地讨论究竟应该如何看待曹操这样的历史人物了。或许他一生不同寻常的经历，他的为人、行事，今天仍会对我们有所启迪。

记得1962年陈守实师在《文汇报》上发表《读〈王荆公年谱考略〉》一文，曾经讲到年谱是评价一个历史人物最好的长编，在评价一个历史人物时，通过年谱比单独把历史人物的某些历史事件抽出来作翻案文章要好。这是针对20世纪50年代末关于为曹操翻案讨论的某些文章而言的，故这次我讲曹操便采取年谱式的办法，逐年讲与曹操相关的事件。陈先生还讲道："年谱又是属于个人的历史辑录，很容易犯从整个历史割裂出来的偏缺。关于这点，即钱大昕的洪（洪适、洪迈）、陆（陆游）、王（王应麟、王世贞）五谱都不能免。"（见1962年4月12、13日《文汇报》，以下引文同。）换一句话说，作历史人物的年谱，不能把他与他所处的那个时代及与他们相关的人物割裂开来，那样的话就看不到他与那个时代之间的关联了。故我论曹操时，就尽量把那个时代的背景与曹操的活动结合起来，不仅讲曹操，而且把与曹操相关的各类人物联系起来讲，才能透视出那个时代的状态以及人们之间的相互关系来。陈师还讲到年谱不应"为了标显谱主"，或是"为谱主在历史上辩白"，那是说年谱应客观公正、实事求是地显示谱主本来的面目，功是功，过是过。在这一点上我论曹操力求谨遵师训，对曹操是有功说功，有过说过，既不加任何掩饰，亦不作任何溢美之辞。曹操这样的历史人物，在整个历史进程中，对他的评价是容易发生变动的，如乱世偏安的时期与太平时期对曹操的评价便不完全相同，那么通过年谱考察写出来的人物，也就能对其价值的历史演变作出比较客观的评说了。

历史是在矛盾的陈述中，逐渐剥离出它的真相来的。曹操那个时代是乱世，三国鼎立的时期，对曹操的描述，魏人与吴人就大不一样，同样一件事，如赤壁之战，魏、蜀、吴三方的记载差异甚大，这就能帮助我们在种种矛盾的陈述中，作出比较合理的推断。裴松之的《三国志》注，长处在于他能把不同的记载汇聚在一起，便于人们从矛盾中识别真伪。裴注引用魏晋人的著作，多至二百一十种，唐宋以后，这些著作便十不存一了。裴注所引的资料首尾完整，字数要多于陈寿原书，这就为我们研究曹操这个历史人物提供了非常有利的条件。定于一说不一定对我们客观地研究历史人物有利，如果把对历史人物的评说，仅仅停留在褒贬这一价值取向上，固然有益，但亦有限。历史对后人的启迪，往往不仅在知其然，更在知其所以然——无论正面还是负面的人与事的所以然，这才是历史真正的价值所在。如何才能知其然？读史时，要设身处地才能体会其成败得失之所以然，惟其如此才能沟通古今，以帮助我们去应对现实，把握未来，这就是以史为鉴。王夫之在《读通鉴论》卷末的《叙论四》中曾经说："设身于古之时势，为己之所躬逢；研虑于古之谋为，为己之所身任。

取古人宗社之安危，代为之忧患；而己之去危以即安者在矣。”“得可资，失亦可资也；同可资，异亦可资也。故治之所资，惟在一心，而史特其鉴也。”经过设身处地的思考，知其所以然时，把这个所以然说出来，那就是引而申之的论，正如王夫之所言：“引而伸之，是以有论。浚而求之，是以有论。博而证之，是以有论。协而一之，是以有论。心得而可以资人之通，是以有论。”我这份讲稿所以名之以论，也只是我作为今人读古书所得，引而申之，以沟通古今罢了。

这些年来读史的风气不太盛，我希望这本书能引起大家读史的兴趣，能引导大家设身处地去思考曹操这个历史人物，从他的为人行事，无论是正面还是负面的，受到一些有益于今人的启迪，其中兴味，不认真读书是体味不到的。

书中的三幅地图，出自郭沫若主编之《中国史稿地图集》，记得此地图集亦是陈可畏先生在“文化大革命”时来沪找我在谭其骧先生处以《中国历史地图集》为底图绘制而成的，也是北京中国社科院历史研究所与上海复旦大学历史地理研究室合作的产物，我只是知其事，并未实际参预此项工作，今又借用其成果而已。

上篇

综观曹操一生，大体上可以建安十二年为界，此前为他的前半生，此后到建安二十五年他去世为其后半生，终年六十六岁。建安十二年时他五十三岁。他打败三郡乌丸，袁尚、袁熙授首，随后东临碣石，这个时期可以说是进入事业的顶峰。

一、关于《三国志·魏书·武帝纪》的一些情况

（一）1959 年为曹操翻案的由来

1959 年在全国范围内开展了一场关于曹操评价的大讨论，那年的 1 月 25 日，《光明日报》的副刊《文学遗产》发表郭沫若《谈蔡文姬的〈胡笳十八拍〉》，公开提出为曹操翻案。2 月 19 日，当时北京大学历史系主任翦伯赞在《光明日报》的《史学》副刊上发表《应该替曹操恢复名誉——从赤壁之战说到曹操》。3 月 16 日，郭沫若发表了《再谈蔡文姬的〈胡笳十八拍〉》，郭沫若所以借蔡文姬归汉作为曹操翻案的文章，亦有借此为他自己在抗战开始时自日本归国说事的意思。3 月 23 日，郭沫若再在《人民日报》上发表《替曹操翻案》一文，干脆直接提出为曹操翻案的问题。一石激起千层浪，那时对曹操的历史评价立即成为历史研

究和人们关注的热点。3 月 31 日，我的老师谭其骧先生在上海《文汇报》发表了《论曹操》一文，批驳郭沫若的观点，认为对曹操不存在翻案的问题，而且根据史实对郭文逐条加以批驳，接着在 7 月 3 日写成《蔡文姬的生平及其作品》一文，7 月 10 日发表于《文汇报》。谭其骧这两篇文章都是针对郭沫若的文章，谭其骧的结论是："曹操是一个有优点，有缺点，功劳很大，罪孽也不小的历史人物。从全面看问题，总的评价应该是功过于罪，但我们不能，也用不着因为他有功而讳言其罪，过去的许多人并没有把他说成是罪过于功，所以案子基本上无须翻。若一定要把犯过的罪也翻过来，说是并无其事，或虽有其事，但算不得罪，那恐怕是翻不过来的，因为那是历史事实。"谭其骧这些话说得比较尖锐，但也还客观。回过头来说，是不是罪，那取决于评论者当时的价值取向。譬如镇压黄巾起义，究竟算不算罪，在古人看来，特别是从古代官方看来不是罪，从农民革命的视角讲当然是罪。屠城的问题，当然不好，但古代胜利者往往习以为常，从今天来看，那就是反人类罪。所以评论历史，还得有一点历史主义的眼光，离不开人物当时所处的环境及其所受的传统观念的影响。对历史所起的影响，是进步还是倒退，不能拿今天国外那些观念去一刀切，那说明不了任何问题。关于曹操的评价，在当时引起广泛的社会影响，1959 年上半年，全国的报刊发表的论文和报道便多达一百四十篇以上，我在 1959 年《复旦学报》第六期上发表了题为《论曹操抑止豪强及其法家思想》的文章，没有说翻案不翻案的问题，只是直接论述那时曹操的指导思想及其政策趋向，现在看来，亦还站得住，没有大的问题。后来人民出版社为曹操讨论还编了专门的论文集。

为什么郭沫若与翦伯赞他们会在这个时候忽然心血来潮地提出为曹操翻案的问题呢？要为曹操翻案是毛泽东提出来的。毛泽东一生始终对曹操推崇备至，他年轻读书时，在《讲堂录》中便称："天下无所谓才，有能雄时者，无对手也。以言对手，则孟德、仲谋、诸葛而已。"也就是曹操、孙权、诸葛亮三人才称得上对手，刘备还排不上号呢！煮酒论英雄，本是曹操与刘备。新中国成立后，毛泽东又多次赞扬过曹操。1952年，毛泽东视察河南安阳时，他赞扬曹操在许昌的屯田。1954年，毛泽东在北戴河游泳时，为身边的工作人员背诵曹操的《观沧海》一诗：

> 东临碣石，以观沧海。水何澹澹，山岛竦峙。
> 树木丛生，百草丰茂。秋风萧瑟，洪波涌起。
> 日月之行，若出其中。星汉灿烂，若出其里。
> 幸甚至哉！歌以咏志。

这是一首借表沧海之宏景以叙志的诗，诗意非常宏伟，毛泽东借曹操这首诗，对身边的工作人员讲述曹操是一个了不起的政治家、军事家，也是一个了不起的诗人。他在读书笔记中还说："曹操统一中国北方，创立魏国，他改革了东汉的许多恶政，抑制豪强，发展生产，实行屯田制，还督促开荒，推行法治，提倡节俭，使遭受大破坏的社会开始稳定、恢复发展，这些难道不该肯定？难道不是了不起？说曹操是白脸奸臣，书上那么写，戏里这么演，老百姓怎么说，那是封建正统观念制造的冤案。还有那些反动士族，他们是封建文化的垄断者，他们写东西就是维护封建正统。这个案要翻。"毛泽东这样评价曹操应该说还是客观的。戏台上给曹操上白脸变奸臣，应该说是宋元以后的事，为什么？与各个时代环境有关，与正统观念有关。这件事暂且搁下。从毛泽东这一段话，可以看到1954年夏天毛泽东在北戴河时，就已提出要为曹操翻案的问题，就在那个时候，他写了《北戴河·浪淘沙》一词：

　　大雨落幽燕，白浪滔天，秦皇岛外打渔船。一片汪洋都不见，知向谁边？　往事越千年，魏武挥鞭，东临碣石有遗篇。萧瑟秋风今又是，换了人间。

毛泽东这首词，是在北戴河度夏时面临渤海湾，有感于曹操《观沧海》那首诗发思古之幽情而创作的。曹操《观沧海》在《晋书·乐志》中题作《碣石篇》，1954年7月23日，毛泽东给自己女儿李敏、李讷写信时说："北戴河、秦皇岛、山海关一带是曹孟德到过的地方，他不仅是政治家，也是诗人。他的碣石诗是有名的。"

（二）碣石山究竟在哪里

这里附带有一个要讨论的问题，即曹操东临碣石，这个碣石山究竟在哪里？北戴河、秦皇岛、山海关那一带有没有这样一个使曹操可以登高远望大海的碣石山呢？不仅曹操登临过碣石山，秦皇、汉武都登过此山以观沧海，曹操以后北魏的文成帝和北齐的文宣帝也曾登上碣石山观海，北魏的文成帝还"大飨群臣于山下"，"改碣石山为乐游山"（《魏书·高宗文成帝纪》太安四年）。北魏郦道元所著《水经注》讲到原来陆上碣石山为海水所侵，脱离了大陆，"立于巨海之中"。到清末由于见不到"立于巨海之中"的大山，才认为北朝以后，此山由于地壳的变化，已沉入海底，故有碣石沧海之说。毛泽东词中"一片汪洋都不见，知向谁边"实际上是接受了这一说法的，所以他在给女儿李敏、李讷的信中会说"北戴河、秦皇岛、山海关一带是曹孟德到过的地方"，大概由此而来。根据是什么呢？据他的保健医生徐涛回忆，有些天，毛泽东在海岸沙滩漫步，嘴里总是念念有词地背诵《观沧海》，夜里工作疲劳后，稍作休息，出门观海，有时也是这样低声吟诵。

他还找来地图，查证出曹操是来过这里的，所以才写作《浪淘沙·北戴河》这首词，所以才有给他女儿信中所写的那几句话。但曹孟德登临的碣石山是不是正如毛泽东所说在北戴河、秦皇岛、山海关一带呢？

1976年2月，谭其骧先生在《学习与批判》上发表了一篇文章，题为《碣石考》，其引《水经注》讲到碣石沧海的状况，有一段生动具体的描述，其云："今枕海有石如甬道数十里，当山顶有大石如柱形，往往而见，立于巨海之中，潮水大至则隐，及潮波退，不动不没，不知深浅，世名之天桥柱也。"另一方面自汉至明，历代地理志都载有碣石山，既没有说在海中，也没有说古今碣石山有别，可见都是指今天在昌黎县西南的碣石山，距海有三十里，不仅不在海中，也不在海边，很难临碣石观沧海，故碣石山并不在北戴河、秦皇岛、山海关一带，在那儿找不到能"大飨群臣于山下"的平坦地区。谭其骧先生的结论认为，魏武及秦皇、汉武所登的碣石山，就是今天昌黎县北的碣石山，但山前的地貌，不同的历史时期不断发生变化。约在东汉中叶以前，山前余脉露出地表，延伸至海边特立着一块巨石，被目为"碣石"，此后海水南侵，山前平地被淹，余脉露出水面的石块枕海如甬道数十里，那块"碣石"则随潮水涨落时隐时现，有"天桥柱"之称。约在郦道元之后的北朝时期，海水大规模后退，山前出现大片平陆，从此碣石不再成为登临胜地，那些枕海石和那块特立的碣石，终于全部都被埋没在平陆之中了。不同历史时期，只有碣石山前的那块碣石，近两千年来曾经三度改变其相对位置，先是“著海旁”，继而“立于巨海中”，最后沉埋于地表之下。所以把秦皇岛、山海关、北戴河这一带作为曹孟德登碣石观沧海的地点，不一定正确。

花那么多笔墨讲一个碣石的位置，是为了说明一个问题，如碣石的地理位置，并不是哪一个人说了就能定的，在历史著作中有许多矛盾的陈述，只有比较研究各种矛盾的陈述，才能从中找出一个比较符合实际，能比较正确地解释历代著作中所出现的相互矛盾的陈述，历史的事实是在互相矛盾的陈述中显露真相的。如碣石的问题，只是一个地名的正确地理位置问题，它的结论只能是唯一的，至于对一个历史人物的品评，则更要复杂得多。因为不仅在事实的表述上，在历史记载上有许多矛盾，而且牵涉到记述者主观的好恶，各人在价值取向上亦各有不同，这就更需要冷静、客观地比较和思考，才能在弄清事实的基础上，比较正确地评述他在历史上的功过得失。弄清事实的前提是要直接去阅读原始的资料，比较各个历史时期人物何以有不同的评判，它背后真实的动因是什么，才能最终得出比较合情合理的观念，这也不可能是绝对的，所以我想强调让大家一起来阅读原著，就是为了能比较客观地弄清事实，而且这也只能是相对的。虽然碣石山这个具体地点可以讨论，它也许不在秦皇岛、北戴河、山海关一带，但它并不影响毛泽东《浪淘沙·北戴河》这首词的诗情画意和广阔的古今联想所表述出的当年曹操北征三郡乌丸统一北中国以后东临碣石的那种豪迈气魄。毛泽东曾对其子女表示："曹操的文章诗词，极为本色，直抒胸臆，豁达通脱，应当学习。"他还曾对身边的工作人员说："我还是喜欢曹操的诗，气魄雄伟，慷慨悲凉，是真男子，大本事。"曹操《观沧海》那首诗所借沧海与日月星河表达的自我咏志的英雄气概，确有巨大的震撼力，中华民族应该以有曹操与毛泽东那样不仅在文字上，而且在斗争实践上能气势磅礴地"换了人间"的诗人而自豪。

（三）卢弼给曹操贴了不少大字报

为什么为曹操翻案的热烈讨论发生在1959年初呢？这个问题还是与毛泽东有关。1958年12月，毛泽东读《三国志集解》时对卢弼的注文作了一段批语：

> 此篇注文，贴了魏武不少大字报，欲加之罪，何患无词。李太白云："魏帝营八极，蚁观一祢衡。"此为近之。

正是这一段批语引发了1959年全国范围内对曹操评价的大

讨论。这次讨论还贯彻了“双百”方针，允许不同意见的争鸣，有主张和赞成翻案的，如郭沫若与翦伯赞这些名家；也有主张不存在翻案不翻案问题的，如谭其骧；也有不少人具体评价曹操当时作为的，并不提翻案或不翻案的问题。大家客观地摆事实讲道理，其实这是一个很好的学术讨论风气，如果能长期坚持这种心平气和，各抒己见、实事求是地开展学术讨论，实在是一件好事，丝毫也没有现在流行的对这一段历史和人物庸俗化、商业化极其浓厚的媚俗氛围。

做学问，总离不开刨根究底打破砂锅问一个究竟，毛泽东的批示是批在卢弼的注文上，卢弼的这一段注文是注在裴松之注引的曹操自撰《让县自明本志令》，系在陈寿《三国志·魏书·武帝纪》的建安十五年（210年）。要弄清毛泽东的这一段批文，得先讲清陈寿这个人及他的《三国志》，还有裴松之的注和曹操的《让县自明本志令》是怎么一回事，卢弼是什么时候的人，他在注文中究竟讲了什么，毛泽东这么批他的根据是什么，李白《望鹦鹉洲悲祢衡》这首诗究竟是什么意思。借这些问题，讲一下研究曹操这个历史人物必备的相关原始著作的情况。

（四）关于陈寿其人与其所著的《三国志》

《武帝纪》是《三国志》里《魏书》的第一篇，该书的作者是西晋初年的陈寿，《晋书》有《陈寿传》，称其：

字承祚，巴西安汉人也。少好学，师事同郡谯周。

他本来是蜀汉的人，晋灭蜀以后入晋，在晋武帝时，受张华的推荐，“举为孝廉，除佐著作郎，出补阳平令。撰蜀相诸葛亮集，奏之。除著作郎，领本郡中正。撰魏、吴、蜀三国志，凡六十五篇。时人称其善叙事，有良史之才”。对其著作的评价，其本传称：

或云丁仪、丁廙有盛名于魏，寿谓其子曰：“可觅千斛米见与，当为尊公作佳传。”丁不与之，竟不为立传。寿父为马谡参军，谡为诸葛亮所诛，寿父亦坐被髡，诸葛瞻又轻寿。寿为亮立传，谓“亮将略非长，无应敌之才”，言“瞻惟工书，名过其实”。议者以此少之。

可见拿笔杆子写史的人，也能借此生财，这类事古已如此，魏收著《魏书》的情况比陈寿更要恶劣得多。所以读历史书，决不能只听一家之言，否则的话很容易被作者的曲笔所误导，只有考察不同人、不同视角矛盾的陈述，才能显现事实的真相。尽信书则不如无书，很多时候会被书中所言误导，当今之档案何尝不是如此，整理与记录者，哪个不带有自己的偏好？

以书论，《四库全书总目提要》就《三国志》讲到作者陈寿为什么在书中以魏为正统，其云："身为晋武之臣，而晋武承魏之统，伪魏是伪晋矣，其能行于当代哉！此犹宋太祖篡立近于魏，而北汉、南唐迹近于蜀，故北宋诸儒皆有所避而不伪魏。高宗以后，偏安江左，近于蜀，而中原魏地全入于金，故南宋诸儒乃纷纷起而帝蜀。此皆当论其世，未可以一格绳也。"陈寿在《三国志》中为什么以魏为正统，是因为晋承魏而来，如果处于偏安局面，史家修史时，为偏安一隅者争正统，那么蜀汉成为正统也就势在必行。如习凿齿是东晋人，那就为偏安在四川的蜀汉争正统，史书对前朝人物的偏好，往往与当时他的实际处境有关。现在再来争这个正统就缺乏实际意义了。

（五）裴松之及其《三国志》注

下面我们介绍一下裴松之的注。裴是南朝宋人，字世期，河东闻喜人，《宋书》有传，称："松之年八岁，学通《论语》《毛诗》。博览坟籍，立身简素。年二十拜殿中将军。""上使注陈寿《三国志》，松之鸠集传记，增广异闻。既成，奏上，上善之，曰：'此为不朽矣。'出为永嘉太守，勤恤百姓，吏民便之。"享年八十。以上是作者的状况。

关于裴松之的注，《四库提要》是这样说的："综其大旨约有六端：一曰引诸家之论，以辨是非；一曰参诸书之说，以核讹异；一曰传所有之事，详其委曲；一曰传所无之事，补其阙佚；一曰传所有之人，详其生平；一曰传所无之人，附以同类。其中往往嗜奇爱博，颇伤芜杂。"《四库提要》对裴松之注的评述还是客观而公正的，裴注在字数上，要多过《三国志》原书，裴注引用的魏晋人著作，多至二百十种，而在《隋书·经籍志》中能看到的不到四分之三。唐宋以后，更是十不存一了。就保留古代资料这一点讲，也是非常有史学价值的。故历史的著录，只凭一家之言那是最不可靠的，只有博采众说，在矛盾的陈述中，才能辨明事实的真相，说清论者是非的背景，才能得出比较客观公正的评述。裴松之注中，在引文之后，也往往加上自己对注文的评论和分析。故那种靠禁书的办法，希望一家之言以定是非，其实是最愚蠢的做法。有许多偷鸡摸狗的事，当时就见不得人，有许多欺人之说，是经不起别人的推敲的，他们的身后事谁与评说？至少他们自己是评说不了的。你权力再大，怎么管得了你身后人的嘴巴呢？防人之口，甚于防川，堵水是堵不住的，所以有什么必要害怕别人说话呢？那等于把自己放在做贼心虚的位置上，何况现在通信发达，出版的渠道那么多，反而使自己陷于在历史上弄虚作假的被动境地。自以为聪明，实际上反被聪明所误。陈寿的《三国志》，必须结合裴松之的注文一起来读，通过各种矛盾的陈述才能作出比较客观公正的判断，才能透视出各种陈述者各不相同的内心世界。

（六）曹操写的自传——《让县自明本志令》

《让县自明本志令》是裴松之注引在《三国志·魏书·武帝纪》建安十五年之下，其所引注文出于《魏武故事》所载之是年十二月己亥令。全文如下：

孤始举孝廉，年少，自以本非岩穴知名之士，恐为海内人之所见凡愚，欲为一郡守，好作政教以建立名誉，使世士明知之；故在济南，始除残去秽，平心选举，违迕诸常侍。以为强豪所忿，恐致家祸，故以病还。

去官之后，年纪尚少，顾视同岁中，年有五十，未名为老，内自图之，从此却去二十年，待天下清，乃与同岁中始举者等耳。故以四时归乡里，于谯东五十里筑精舍，欲秋夏读书，冬春射猎，求底下之地，欲以泥水自蔽，绝宾客往来之望。然不能得如意。

后征为都尉，迁典军校尉，意遂更欲为国家讨贼立功，欲望封侯作征西将军，然后题墓道言“汉故征西将军曹侯之墓”，此其志也。而遭值董卓之难，兴举义兵。是时合兵能多得耳，然常自损，不欲多之；所以然者，多兵意盛，与强敌争，倘更为祸始。故汴水之战数千，后还到扬州更募，亦复不过三千人，此其本志有限也。

后领兖州，破降黄巾三十万众。又袁术僭号于九江，下皆称臣，名门曰建号门，衣被皆为天子之制，两妇预争为皇后。志计已定，人有劝术使遂即帝位，露布天下，答言“曹公尚在，未可也”。后孤讨禽其四将，获其人众，遂使术穷亡解沮，发病而死。及至袁绍据河北，兵势强盛，孤自度势，实不敌之；但计投死为国，以义灭身，足垂于后。幸而破绍，枭其二子。又刘表自以为宗室，包藏奸心，乍前乍却，以观世事，据有当州，孤复定之，遂平天下。身为宰相，人臣之贵已极，意望已过矣。

今孤言此，若为自大，欲人言尽，故无讳耳。设使国家无有孤，不知当几人称帝，几人称王。或者人见孤强盛，又性不信天命之事，恐私心相评，言有不逊之志，妄相忖度，每用耿耿。齐桓、晋文所以垂称至今日者，以其兵势广大，犹能奉事周室也。《论语》云“三分天下有其二，以服事殷，周之德可谓至德矣”，夫能以大事小也。昔乐毅走赵，赵王欲与之图燕，乐毅伏而垂泣，对曰：“臣事昭王，犹事大王；臣若获戾，放在他国，没世然后已，不忍谋赵之徒隶，况燕后嗣乎！”胡亥之杀蒙恬也，恬曰：“自吾先人及至子孙，积信于秦三世矣；

今臣将兵三十余万，其势足以背叛，然自知必死而守义者，不敢辱先人之教以忘先王也。”孤每读此二人书，未尝不怆然流涕也。孤祖、父以至孤身，皆当亲重之任，可谓见信者矣，以及子桓兄弟，过于三世矣。

孤非徒对诸君说此也，常以语妻妾，皆令深知此意。孤谓之言：“顾我万年之后，汝曹皆当出嫁，欲令传道我心，使他人皆知之。”孤此言皆肝鬲之要也。所以勤勤恳恳叙心腹者，见周公有《金縢》之书以自明，恐人不信之故。然欲孤便尔委捐所典兵众以还执事，归就武平侯国，实不可也。何者？诚恐已离兵为人所祸也。既为子孙计，又己败则国家倾危，是以不得慕虚名而处实祸，此所不得为也。前朝恩封三子为侯，固辞不受，今更欲受之，非欲复以为荣，欲以为外援为万安计。

孤闻介推之避晋封，申胥之逃楚赏，未尝不舍书而叹，有以自省也。奉国威灵，仗钺征伐，推弱以克强，处小而禽大，意之所图，动无违事，心之所虑，何向不济，遂荡平天下，不辱主命，可谓天助汉室，非人力也。然封兼四县，食户三万，何德堪之！江湖未静，不可让位；至于邑土，可得而辞。今上还阳夏、柘、苦三县户二万，但食武平万户，且以分损谤议，少减孤之责也。

那一年曹操五十七岁，离他去世还有九年，这篇《让县自明本志令》是因辞让兼封四县、食户三万而引起他让还阳夏、柘、苦三县，户二万的一份书表，而用命令的形式书写，是他自二十岁举孝廉起，至这一年发布《明本志令》的口述史，以明其本志为主题，阐述他扶持汉室之志。引起毛泽东那段批注的是卢弼关于这篇《明本志令》的注文，那么我们必须知道卢弼是何许人，他对这篇注文究竟说了什么，为何毛泽东说他“贴了魏武不少大字报”，“欲加之罪，何患无词”。这两个针锋相对的批注，各自都有什么道理呢？

（七）卢弼与《三国志集解》

卢弼是近代人，字慎之，号慎园，湖北沔阳人，生于清光绪二年（1876年），卢家世为塾师，其父亦为塾师，卢弼自幼好学不倦，先后肄业于湖北经心、两湖书院，曾受业于清末大师杨守敬，亦受当时列强瓜分的影响而专注于边疆地理的学习和研究，光绪二十四年（1898年），他曾在沔阳刊刻过严复所译的《天演论》，那时他可是一个要求进步的学生，曾与黄兴一起进两湖书院深造。光绪二十八年（1902年）他与黄兴一起官费赴日留学，入东京弘文学院速成师范，在东京与李书成一起创办《湖北学生界》，次年毕业回国，任直隶学校编译员、直隶军政司编纂员，其后两次东渡，入早稻田大学政治经济学系，光绪三十四年（1908 年）毕业回国，应学部考试，获政法科举人，任七品小官，在民政部疆里司任职。后历任黑龙江抚署秘书官，黑龙江全省交涉总局会办，曾参预勘定中俄边界，为争回满洲里车站之权益出过力。民国时，继续留在黑龙江工作。袁世凯时，曾为政事堂秘书。黎元洪执政时，任平政院评事。在北洋政府时期他是一个小官僚，去职以后，长期从事善本的收集刊印工作。民国二十四年（1935 年）写成《三国志集解》六十五卷，它是在“七七事变”以前交商务印书馆出版的，打好纸型以后，由于战乱未曾出版，直到新中国成立以后，成为第一部出版的线装书。毛泽东读的就是卢弼编集的这一本书。此书汇集诸书校语，取舍推勘，颇有创见。1966 年 8 月，红卫兵破“四旧”时，卢弼受了惊吓，次年即 1967 年 12 月 31 日因病去世，终年九十二岁。

（八）卢弼究竟说了什么

卢弼在注文中批评曹操《明本志令》的地方有以下几处，曹操云：“孤非徒对诸君说此也，常以语妻妾，皆令深知此意。孤谓之言：‘顾我万年之后，汝曹皆当出嫁，欲令传道我心，使他人皆知之。’”这里是指他人指责他有“不逊之志”，所谓不逊之志，即是篡汉之心。卢弼批评曹操这一番话，弼云：“欲明心迹，何至令妻妾改嫁，择言不慎，一至于此，然临终遗令，卖履分香，登台奏妓，闺房恋恋，至死不忘，乃至汝曹出嫁之言，为奸雄欺人之语。”说曹操这句话是“奸雄欺人之语”的帽子是大了一些，一个人的思想随着他地位的变化而不断变化，那时表白自己没有所谓“不逊之志”，应该也是真诚的，因为建安十三年（208 年）赤壁之战时，曹操打了一个大败仗，三足鼎立的局面已经形成了，根本谈不上称帝的问题。直到建安二十四年（219 年），裴注引《魏略》曰：“孙权上书称臣，称说天命。王以权书示外曰：‘是儿欲距吾著炉火上邪！’”从《明本志令》中讲到袁术僭号于九江，下皆称臣，结果不好，刘表、袁绍都有这个心思，结果都不好，曹操并不想抛弃挟天子以令诸侯这个政治上的优势，放着一个汉献帝做傀儡对自己更加有利。故曹操在《明本志令》里这些话倒不是为了欺人，而是那时候的真心话，他是创造条件，让儿子曹丕去以魏代汉而已。

又，曹操在《明本志令》中还讲：“恐人不信之故。然欲孤便尔委捐所典兵众以还执事，归就武平侯国，实不可也。何者？诚恐已离兵为人所祸也。”卢弼在这一段话后批注曰：“上文但计投死为国，以义灭身之言，皆欺人耳。”卢弼这个批评也过了，所谓“投身为国，以义灭身”，无非是指曹操早年“为国家讨贼立功”的志向，然后死后在墓道上题“汉故征西将军之墓”，这些早年的志向也应该说是真实的，终不能说曹操起兵时，便有夺天下之野心。曹操在《明本志令》中说：“设使国家无有孤，不知当几人称帝，几人称王。”这个话也是事实，袁术、袁绍、刘表、张鲁，这几股割据势力也确实是曹操平定的，华北中原地区的统一，离不开曹操的努力。如果这时曹操放下手中的兵权，那么不仅子孙不保，而且“己败则国家倾危，是以不得慕虚名而处实祸”，这里讲的也是大实话。因此，卢弼说曹操前面说的这些话都是“欺人之语”也过了，这些话都是真实的，是实情的表白，不要说曹操，就是现在我们也不会慕军队国家化之虚名而处国家分裂、内乱再起的实祸。还有曹操在《明本志令》中说自己在征伐中“推弱以克强，处小而禽大”，“意之所图，动无违事，心之所虑，何向不济，遂荡平天下，不辱主命，可谓天助汉室，非人力也”。卢弼在这一段话下面批注列举曹操所打过的败仗，说他“志骄气盈，言大而夸”。这个话也过了。天下没有常胜将军，从总体上讲，曹操在东汉末年军阀割据战争中，确实是一个胜利者，他打败袁绍、袁术、陈宫、张邈、陶谦、吕布这些割据势力，虽然在一定时期他们的力量都要比曹操强大得多。别的不说，官渡之战，是以弱胜强，以小擒大，这一点是客观事实，谁也否定不了。故毛泽东讲卢弼对曹操是“欲加之罪，何患无词”，这个话不是没有道理。至于对曹操让出三县一事，卢弼注认为“文词绝调，惜出于操，令人不喜读耳”。那就显得有一点偏见了。毛泽东“曹操的文章诗词，极为本色，直抒胸臆，豁达通脱”这个评价，当然包括针对曹操这篇带有自述性质的《让县自明本志令》。正因为如此，他会说卢弼的这些批注“贴了魏武不少大字报”，而这个批注引发了1959年关于曹操评价的大讨论。仅就这篇《让县自明本志令》来论曹操，还是粗线条的，真要认识曹操的行事为人，那还得细读《三国志·魏书·武帝纪》，以此为纲，读《三国志》与《后汉书》，才能全面地、完整地、比较系统地认识曹操这个人一辈子如何为人行事。

（九）魏帝营八极，蚁观一祢衡

毛泽东的批注最后引李白诗：“魏帝营八极，蚁观一祢衡。”并云：“此为近之。”八极，典出自《淮南子·墬形训》，墬形，即地形，此言东西南北，山川薮泽地之所载，其有“天地之间，九州八极”，是指极其辽阔的远方。高诱注：“八极，八方之极也。”蚁观，指一个蚂蚁所能达到的地方，那就非常有限。此句意谓魏武是经营天下的王者，祢衡的视野与地上蚂蚁一样狭小，这两者如何能相比？毛泽东是借李白此句把祢衡比作卢弼，卢弼的注没有看到曹操经营天下之雄心壮志，他的眼光太狭小了。然而综观李白全诗，还是非常同情祢衡的。《后汉书》有祢衡的传，详记祢衡生平之事。李白诗题为《望鹦鹉洲怀祢衡》，李白为什么望鹦鹉洲会想起祢衡呢？鹦鹉洲，在今湖北之鄂州，三国时曹操送祢衡至刘表处，刘表送祢衡至江夏太守黄祖处，黄祖在鹦鹉洲上宴客，人有献《鹦鹉赋》者，黄祖长子让祢衡作赋，“衡揽笔而作，文无加点，辞采甚丽”（《后汉书·文苑下·祢衡传》）。后来祢衡为黄祖所杀。李白在乾元元年（758年）自川出江，流夜郎之际，过江夏，游鹦鹉洲，此洲在汉阳城西南二里大江中，明末为水冲没，遂不可见。宋人陆游的《入蜀记》还讲到鹦鹉洲上有茂林神祠，远望如小山，此洲亦是祢衡被杀处。故李白在鹦鹉洲上想起祢衡曾在此作《鹦鹉赋》。今录李白此诗全文如下：

魏帝营八极，蚁观一祢衡。黄祖斗筲人，杀之受恶名。
吴江赋鹦鹉，落笔超群英。锵锵振金玉，句句欲飞鸣。
鸷鹗啄孤凤，千春伤我情。五岳起方寸，隐然讵可平。
才高竟何施，寡识冒天刑。至今芳洲上，兰蕙不忍生。

全诗李白既是同情祢衡的遭遇，又批评他才高识寡，遭此天刑，故其末句才有“兰蕙不忍生”，李白哀他是与自己同病相怜。其首句对魏武能营八极是肯定的，所谓“蚁观”，也就是才高而识寡。毛泽东借这句诗肯定魏武帝。卢弼虽有才能，但见识短浅，不过卢弼写成《三国志集解》还是花了工夫的，而且这部书是送到毛泽东案头的新中国建立以后出版的第一部线装书。

二、曹操的青年时期及其镇压黄巾起家

（十）曹操的出身及其父、祖

说曹操，一般都是就几个问题来讲，易中天《品三国》讲曹操是这样，这个做法实际上是以论为主，他讲的是他心目中的曹操。那么究竟怎样才能原汁原味、客观完整、全面系统地了解曹操一生之行事为人呢？那还是认真读《三国志》原著为好。我想以《三国志·魏书·武帝纪》为纲，然后逐年地讲曹操，把相关的人物、事件及问题都以这篇本纪为线索，归纳在相关的纪年上。也不是如裴松之注那样仅仅原文照录，而是采取夹叙夹议，有评有述的方式，当然这样做，也不可能做到完全，总难免有遗漏之处。

《三国志·魏书·武帝纪》云：

太祖武皇帝，沛国谯人也，姓曹，讳操，字孟德，汉相国参之后。桓帝世，曹腾为中常侍大长秋，封费亭侯。养子嵩嗣，官至太尉，莫能审其生出本末。嵩生太祖。

太祖是曹操的庙号，庙号是皇帝死了以后，在太庙立室奉祀，要为他立的一个名号，这由群臣议号，由继承为帝者确立。称曹操为武皇帝，武皇帝是他的谥号。他死了以后，子孙为父请谥号，谥号是对死者生前行事的评价，曹操一生在北方战乱中平定群雄，统一北方，故其谥号为武皇帝，简称武帝。沛国谯人，沛国，在今江苏徐州西北，东汉改郡为国，西汉时沛郡的治所在相县，即今濉溪的西北。谯县，在现今安徽的亳县，西汉时在沛郡的辖境内。三国时，沛国属兖州，称曹操是沛国谯人，是沿曹腾之旧。讳，指名讳，人去世后，人们讳其名以免引起亲人的伤感，而帝王作为尊者，更不能直呼其名。字是人名以外的表号，古代男子二十而冠取字，这个事现在不讲究了。古代一个人的姓名，有名、字、号之别。曹操名为操，字孟德，裴松之注文中引《曹瞒传》："太祖一名吉利，小字阿瞒。"《曹瞒传》为吴人所作，对曹操就不那么敬重了。小字，是小孩子出生后起一个亲昵的小名，以便对孩子呼叫。这个习惯现在还有，一般都有小名，进学校以后便用学名，此后学名成为成人的名字，在家父母兄弟有时会称呼其小名。汉相国参之后，参即汉初的曹参。这也是一个习惯了，人阔了，往往为自己找一个名门望族的祖先，唐代的李渊，称自己的祖先是老子李耳，所以抬高李耳在历史上的地位。现在还有这个习惯，搞家谱，往往找一个古代名人做祖先，也不能说这全是假的。有人讲自己的祖先是朱元璋，我看不假，从他的籍贯和脸相上看确有几分像呢。

曹操的祖父叫曹腾，在东汉桓帝时是一个宦官，《后汉书》的《宦者列传》有传，其云："曹腾字季兴，沛国谯人也。安帝时，除黄门从官。顺帝在东宫，邓太后以腾年少谨厚，使侍皇太子书，特见亲爱。及帝即位，腾为小黄门，迁中常侍。桓帝得立，腾与长乐太仆州辅等七人，以定策功，皆封亭侯，腾为费亭侯，迁大长秋，加位特进。"

从这里可以知道曹操的祖父是一个大宦官，他在汉安帝时进宫，顺帝为太子时，他是在旁侍读的书童。安帝十三岁即位，三十二岁去世，在位十九年，但基本上是太后垂帘听政，外戚执政，继位的顺帝、冲帝、质帝都很短命，曹腾伴读的顺帝十一岁即位，终年三十，在位十九年。他的儿子冲帝即位时，只有两岁，次年三岁即夭亡。接下来是质帝刘缵即位，那时他只八岁，过了一年，被外戚梁冀毒死，终年九岁。于是立桓帝刘志，即位时只有十五岁，还是梁太后临朝，在位二十一年，终年三十六，桓帝依靠宦官杀梁冀一门，杀梁冀便是桓帝与宦官单超、左悺等人密谋发起的一场宫廷政变。事后这些参预其事的宦官都封了侯。国家最高权力的争夺导致帝王与外戚、宦官之间既互相勾结又互相斗争，宫廷政变不断发生。黄门与中常侍在东汉都是由宦官担任的亲近君主与后宫的内廷官员，大长秋是负责宣达皇后旨意、管理宫中事宜的官员，为宦官中地位最高的一种。由于东汉中叶所立的皆是幼君，结果是女主临政。《后汉书·宦者列传》的序言称："邓后以女主临政，而万机殷远，朝臣国议，无由参断帷幄，称制下令，不出房闱之间，不得不委用刑人，寄之国命。手握王爵，口含天宪，非复掖廷永巷之职，闺牖房阏之任也。其后孙程定立顺之功，曹腾参建桓之策。"故曹腾便是依托梁冀，参预立桓帝之策划而因功封为费亭侯的。正由于这些得势的宦官能"手握王爵，口含天宪"，故能"举动回山海，呼吸变霜露"，凭借手中的权力，便能阿旨曲求，光宠三族。他们的子弟能在地方上作威作福，凶家害口，亦还有一大批巴结他们的小人，在地方上"构害明贤，专树党类"，"更相援引，希附权强"，其所为败国蠹政之事，书不胜书。东汉党锢之祸，由此而起。曹腾做过一些好事，起用过一批地方上的名士为郡的太守，但也是一个贪官，《后汉书·宦者·曹腾传》称："时蜀郡太守因计吏赂遗于腾，益州刺史种暠于斜谷关搜得其书，上奏太守，并以劾腾，请下廷尉案罪。帝曰：'书自外来，非腾之过。'遂寝暠奏。腾不为纤介，常称暠为能吏，时人嗟美之。"在这一点上曹腾还是比较大度的，没有那种睚眦必报的小人之心。

曹腾是阉人，不会养儿子，但东汉时宦官领养儿子的风气便甚盛，他领养的儿子叫曹嵩，也就是曹操的父亲，那么曹嵩是曹腾从哪户人家领养来的呢？《三国志·魏书·武帝纪》称“莫能审其生出本末”。裴松之注引吴人《曹瞒传》及郭颁《世语》云：“嵩，夏侯氏之子，夏侯惇之叔父。太祖于惇为从父兄弟。”此话可能并非空穴来风，从曹操与夏侯氏之间相互关系看，是有一些特殊感情，亦可见其关系不同于一般。夏侯惇亦是沛国谯人，曹操起兵时，追随在曹操鞍前马后。陈寿《三国志·魏书》把诸夏侯与诸曹放在同一列传，其中自有不言自明的道理。

《后汉书·曹嵩传》称：“嵩灵帝时货赂中官及输西园钱一亿万，故位至太尉。”西园是后宫的园名，《后汉书·宦者·张让传》讲到他“又造万金堂于西园，引司农金钱缯帛，仞积其中”。灵帝时曹嵩能拿那么多钱来贿赂主持西园营建事务的宦官张让，他的财产可是来源不明的。裴松之注引《续汉书》称：“嵩字巨高，质性敦慎，所在忠孝。为司隶校尉，灵帝擢拜大司农、大鸿胪，代崔烈为太尉。”但缺少具体事迹的记载。也许这只是买来的官衔，并非实际职务。然而曹操在家里，与曹嵩之间的父子关系并不太好，曹嵩不喜欢曹操这个儿子。

（十一）青少年时代的曹操

《三国志·魏书·武帝纪》云：

> 太祖少机警，有权数，而任侠放荡，不治行业，故世人未之奇也；惟梁国桥玄、南阳何颙异焉。玄谓太祖曰："天下将乱，非命世之才不能济也，能安之者，其在君乎！"年二十，举孝廉为郎，除洛阳北部尉，迁顿丘令，征拜议郎。

这里关于曹操少年时代的行为特征讲得比较缓和一些，裴松之注引《曹瞒传》便说得比较具体生动，其云："太祖少好飞鹰走狗，游荡无度。"这大概就是他青少年时期的行为特征，一个游荡不羁的小流氓头子。说他有权数，也就是懂得用计谋。《曹瞒传》云："其叔父数言之于嵩。太祖患之，后逢叔父于路，乃阳败面喎口；叔父怪而问其故，太祖曰：'卒中恶风。'叔父以告嵩。嵩惊愕，呼太祖，太祖口貌如故。嵩问曰：'叔父言汝中风，已差乎？'太祖曰：'初不中风，但失爱于叔父，故见罔耳。'嵩乃疑焉。自后叔父有所告，嵩终不复信，太祖于是益得肆意矣。"小叔在他父亲那儿告状，他装一个中风的样子，让父亲不再相信叔父反映他的情况，这就是曹操少年时期玩的"权数"，那样他便能更加肆无忌惮地“游荡无度”了。

桥玄与何颙都是东汉后期有名望能识人的名士，桥玄在《后汉书》有传称：“桥玄，字公祖，梁国睢阳人也。”桓帝末，曾任度辽将军，玄至镇，休兵养士，在职三年，边境安靖。灵帝初曾为河南尹，转少府大鸿胪尚书令。《后汉书·桥玄传》也提到此事，当时是曹操去拜见桥玄，谈了话后桥玄对他评语。其云：“初，曹操微时，人莫知者。尝往候玄，玄见而异焉，谓曰：‘今天下将乱，安生民者其在君乎！’操常感其知己。及后经过玄墓，辄凄怆致祭。”《武帝纪》裴松之注引此祭文云：

> 故太尉桥公，诞敷明德，泛爱博容。国念明训，士思令谟。灵幽体翳，邈哉晞矣！吾以幼年，逮升堂室，特以顽鄙之姿，为大君子所纳。增荣益观，皆由奖助，犹仲尼称不如颜渊，李生之厚叹贾复。士死知己，怀此无忘。又承从容约誓之言：“殂逝之后，路有经由，不以斗酒只鸡过相沃酹，车过三步，腹痛勿怪！”虽临时戏笑之言，非至亲之笃好，胡肯为此辞乎？匪谓灵忿，能诒己疾，怀旧惟顾，念之凄怆。奉命东征，屯次乡里，北望贵土，乃心陵墓。裁致薄奠，公其尚飨！

可见当年桥玄确曾接见过他，还有桥玄“又承从容约誓之言：

‘徂没之后，路有经由，不以斗酒只鸡过相沃酹，车过三步，腹痛勿怨。’”这篇祭文是建安七年（202 年）曹操军谯，准备进驻官渡时路过桥玄墓所作。看来桥玄对曹操的评语不假，当有事实之根据，裴松之注引《世说新语》云：“玄谓太祖曰：‘君未有名，可交许子将。’太祖乃造子将，子将纳焉，由是知名。”

（十二）许子将的月旦评和他对曹操的评语

许子将，即作月旦评的许劭，《后汉书》有传，其云：“曹操微时，常卑辞厚礼，求为己目。劭鄙其人而不肯对，操乃伺隙胁劭，劭不得已，曰：‘君清平之奸贼，乱世之英雄。’操大悦而去。”许劭与他的小同乡李逵（此非《水浒传》中那个黑旋风李逵）等人都喜欢品评人物，每月更其品题。汝南有月旦评，曹操要赢得人们注意，非要这些人来品评，才能成名于世。何颙，《后汉书》亦有传，称其为南阳人，与党人通气，本传称：“初，颙见曹操，叹曰：‘汉家将亡，安天下者必此人也。’操以是嘉之。”话语虽与《三国志》略有出入，文意二者相通。从桥玄、许劭、何颙对曹操的评语，可以知道东汉政治到了桓帝、灵帝时期确已乱象丛生，宦官专权，政治腐败，整个国家机器已处于坍塌的前夜。所以在当时他们寄希望于未来的青少年，这些评语不仅是对曹操，也是对下一代青少年寄予的期望。曹操在青少年时，已显露其组织能力和敢于斗争的精神，而且懂得以权谋去应对强者。任侠，是有组织与集合群体的能力。放荡不羁，某种意义上反映出他性格上不受拘束，敢作敢为。说他机警，那就是警惕性很高，稍有异常，凭直觉往往会果断地采取行动，这一类行动可能帮他迅速摆脱困境，也可能误伤好人。在那样的时代，不机警，是难以生存的。乱世是这样一类人物生长的土壤，曹操是如此，刘邦何尝不是如此。一场大规模的社会动荡，最早投入并促使社会不宁的只能是流氓无产者，一个社会要平安稳定，就要给这帮子人一个合法的出路。

汉代人才的选拔采取察举制度，是一种由下而上推举人才给朝廷使用的制度，由当地的地方官向朝廷推荐，地方官推荐根据中央的科目，经常性的科目如孝廉，地方上什么时候推荐，推荐多少人，由朝廷颁布诏令规定，如汉武帝元光元年（前 134 年）初令郡国举孝廉各一人，被荐举的人便可以为官，做什么官则根据当时朝廷的需要，真正能出人头地的也只能是少数人。当时被推荐的科目除孝廉以外还有茂才、贤良方正、文学，这些是常科，还有特科，如明经、尤异（指某些方面有特殊的才能）、治剧、勇猛知兵法、阴阳灾异。当然也可以是皇帝下诏令直接征聘。无论是推荐还是征聘，怎么知道谁有这方面的德行和才能呢？那就需要有人来品评地方的才人，许劭的月旦评，就是根据这个需要每月定期品评地方的人才。品评他的声誉越高，评语越好，他被推荐的机会就越多。曹操所以守候在桥玄的大门外求见，就是因为他为官的名声大，这些人大门外求见的人很多，门庭若市，得到他们一声好的评价便能身价百倍。桥玄建议曹操去找许劭也就是这个道理。曹操受到他们赞扬的评语以后，名声大振，地方官便把他作为孝廉推荐给朝廷。

当然除了荐举制度，还有通过考试来选拔人才，由皇帝来出题目，应试的举子对策，这叫作策试。董仲舒、公孙弘便是通过策试登上朝堂的。董仲舒的天人三策，便是策试的试卷，初试以后再经过两次复试，构成天人三策，这是历史上有名的政论文章。曹操二十岁时，地方官荐举他为孝廉。孝，谓善事父母者，廉为清洁有廉隅者。然后朝廷录用他为郎。郎，即廊，是在宫廷里立在廊上守卫，所以郎官有机会成为皇帝的亲信及随从近臣，内朝或外朝职官有阙，或者临时有新的使命，那么郎便有补阙为官的机会，成为郎，就是给皇帝就近考察的机会。曹操便由郎的地位除洛阳北部尉。除是任命的意思。

（十三）曹操初试锋芒

洛阳是东汉京师所在地，北部尉便是负责北片的安全工作，其职位相当于负责洛阳城市北片的安全工作。汉代一个郡除了守令以外，都有尉的设置，是负责地方某一方面治安的长官。曹操当了北部尉以后，由于工作认真，得罪了宦官和豪门。裴松之注引《曹瞒传》云：

> 太祖初入尉廨，缮治四门。造五色棒，县门左右各十余枚，有犯禁者，不避豪强，皆棒杀之。后数月，灵帝爱幸小黄门蹇硕叔父夜行，即杀之。京师敛迹，莫敢犯者。近习宠臣咸疾之，然不能伤，于是共称荐之，故迁为顿丘令。

那时宦官的头目是张让，蹇硕只是他手下的一个角色。《后汉书·宦者·张让传》称："是时（灵帝时）让、忠及夏恽、郭胜、孙璋、毕岚、栗嵩、段珪、高望、张恭、韩悝、宋典十二人，皆为中常侍，封侯贵宠，父兄子弟布列州郡，所在贪残，为人蠹害。"那时蹇硕在宦官中地位还不算高，曹操从洛阳北部尉离职是无奈被迫的，让他为顿丘令，是明升暗降。顿丘是一个大县，汉代的县官，万户以上称令，万户以下是长。做顿丘令也是一个过渡，接下来征拜他为议郎，议郎的地位略高于郎。《潜夫论·考绩》："议郎以言语为职，谏诤为官。"秩比六百石。汉制，朝廷每有大事，例诏议郎与将军、诸大夫、博士会议。西汉时，议郎多由硕儒名士担任，东汉末，郎官已滥为虚职。

（十四）曹操以镇压黄巾起义起家

《三国志·魏书·武帝纪》云：

> 光和末，黄巾起。拜骑都尉，讨颍川贼。迁为济南相，国有十余县，长吏多阿附贵戚，赃污狼藉，于是奏免其八；禁断淫祀；奸宄逃窜，郡界肃然。久之，征还为东郡太守；不就，称疾归乡里。

光和，是汉灵帝的年号，光和末，即光和七年（184年）。曹操的父亲曹嵩是在中平五年（188年）被罢职的，罢职原因不明。此事当是各地黄巾起事以后，中平五年设置西园八校尉，《后汉书·灵帝纪》李贤注引乐资的《山阳公载记》云：

> 小黄门蹇硕为上军校尉，虎贲中郎将袁绍为中军校尉，屯骑校尉鲍鸿为下军校尉，议郎曹操为典军校尉，赵融为助军左校尉，冯芳为助军右校尉，谏议大夫夏牟为左校尉，淳于琼为右校尉：凡八校尉，皆统于蹇硕。

故曹操先为议郎，因黄巾起事，在西园设八校尉，而八校尉的头头是小黄门蹇硕。曹操任洛阳北部尉时，蹇硕的叔父违宵禁令而夜行，被曹操所杀，因而外迁，这次两人又是冤家狭路相逢，曹操又归蹇硕所统。故曹操宁可弄一个苦差事，领兵外出打黄巾去了。曹操由典军校尉拜骑都尉，到河南去讨伐颍川的黄巾军。

（十五）黄巾军是怎么起来的

关于黄巾军起义的事，见于《后汉书·皇甫嵩传》，其云：

> 初，钜鹿张角自称“大贤良师”，奉事黄老道，畜养弟子，跪拜首过，符水咒说以疗病，病者颇愈，百姓信向之。角因遣弟子八人使于四方，以善道教化天下，转相诳惑。十余年间，众徒数十万，连结郡国，自青、徐、幽、冀、荆、杨、兖、豫八州之人，莫不毕应。遂置三十六方。方，犹将军号也。大方万余人，小方六七千，各立渠帅。讹言“苍天已死，黄天当立。岁在甲子，天下大吉”。以白土书京城寺门及州郡官府，皆作“甲子”字。中平元年（184年），大方马元义等先收荆、杨数万人，期会发于邺。元义数往来京师，以中常侍封谞、徐奉等为内应。约以三月五日内外俱起。未及作乱，而张角弟子济南唐周上书告之，于是车裂元义于洛阳。灵帝以周章下三公、司隶，使钩盾令周斌将三府掾属，

案验宫省直卫及百姓有事角道者，诛杀千余人。推考冀州，逐捕角等。角等知事已露，晨夜驰敕诸方，一时俱起。皆著黄巾为摽帜，时人谓之“黄巾”，亦名为“蛾贼”。杀人以祠天。角称“天公将军”，角弟宝称“地公将军”，宝弟梁称“人公将军”。所在燔烧官府，劫略聚邑，州郡失据，长吏多逃亡。旬日之间，天下向应，京师震动。

每当社会矛盾尖锐的时候，底层群众生活无法维持，有疾病无法求医，那么社会底层自发的互助性组织及巫术治病的方式就会流行起来，这类宗教迷信活动形式，自然地把各地分散的农民组织起来，一旦形成群体性的效应，社会动荡的讯号也就起来了。

（十六）关于太平道的源流

张角的太平道，奉事黄老，即黄帝与老子，以符水咒术治病，这样一种神道设教，它的历史源头可以向上追溯，巫术与神仙方术主要流行在滨海地区，这在战国秦汉便有了。在那时巫术与神仙方术只能算是世俗的迷信，当它依附于道家的理论，那就具备宗教的雏形了。如西汉初年的楚人司马季主，以卜筮闻名，他“通《易经》，术黄帝、老子”（《史记·日者列传》），使道家开始向神学转化。这种倾向到了东汉加剧，黄老之学变成黄老崇拜。

《后汉书·襄楷传》讲到襄楷这个人善天文阴阳之术，“桓帝时，宦官专朝，政刑暴滥，又比失皇子，灾异尤数”。说明桓帝后宫的宫廷生活出了问题，故襄楷诣阙上书，他上的书便是《太平经》。他的奏疏中讲到“臣前上琅邪宫崇受干（一说于）吉神书，不合明听”。由于没有引起朝廷的注意，故他再次上书，极尽所言。干吉是那时传说中非常神奇的人物。《三国志·吴书》的《孙策传》，裴松之注引《江表传》《志林》《搜神记》三书都讲到于吉这个人物。汉顺帝时所上于吉所得神书，即为《太平青领道》，也就是《太平经》，它是流传至今的一部最早的道教经典，其中有一些话，反映了东汉后期社会矛盾的状况，若：“五星失度，兵革横行，夷狄内侵，自虏反叛。”“人民之乱，皆失其居处，老弱贫荷，夭死者半。”这些话都与东汉后期社会矛盾的状况相合。又如：“大起土木，是太皇后之宫也。”这与宦官张让在西园营造万金堂事相合。《孙策传》裴松之注引《江表传》讲：“琅邪于吉，先寓居东方，往来吴会，立精舍，烧香读道书，制作符水以治病，吴会人多事之。策尝于郡城门楼上，集会诸将宾客，吉乃盛服杖小函，漆画之，名为仙人铧，趋度门下。诸将宾客三分之二下楼迎拜之，掌宾者禁呵不能止。”当然，这个于吉是后来冒名的假于吉，但可见其影响不仅在社会底层的民众之中，在社会的中上层亦有很大影响，所以孙策要杀他，因为他威胁到其对部众的统领了。

东汉末黄巾起事，亦有上层为之呼应，为什么？这本《太平经》中“亦有兴国广嗣之术”，这说到底是讲房中术，怎么生养儿子的事，所以会进入宫廷。东汉的皇帝很多都短命，襄楷的上书中讲：

> 又闻宫中立黄老、浮屠之祠。此道清虚，贵尚无为，好生恶杀，省欲去奢。今陛下嗜欲不去，杀罚过理，既乖其道，岂获其祚哉！……今陛下淫女艳妇，极天下之丽，甘肥饮美，单天下之味，奈何欲如黄、老乎？（《后汉书·襄楷传》）

从这一段话，可以知道宫中早有人信奉太平道黄老之说，否则襄楷何从知道桓帝宫廷生活的状况，张角布道的经典也就是这一本《太平经》。灵帝即位后，曾以“楷书为然”，“太傅陈蕃举方正，不就。里宗之，每太守至，则致礼请。中平中，与荀爽、郑玄俱以博士征，不至，卒于家”（《后汉书·襄楷传》）。从襄楷的一生看，他在当时的上流社会还有一定影响，他所崇敬的便是道教最早的经典《太平经》。

再从张角的太平道看，它得以如此广泛传布，当时的社会矛盾是其基础，它的某些互助措施、治病巫术，促使它在底层群众中广泛传布，但也是由于受到上层社会一部分人的信从，它才能在底层广泛传布。如其中讲到马元义“数往来京师，以中常侍封谞、徐奉等为内应”。说明张角太平道的触角已深入宫廷内部。历史的经验告诉我们，宗教异端组织一旦深入宫廷，经过一定时日，必然会引起政治上的激变。

（十七）苍天已死，黄天当立

再说张角这个太平道，提出的口号是：“苍天已死，黄天当立。岁在甲子，天下大吉。”这一类谜语式的谶言在西汉后期早就流行，与《易经》有关，《易》的象数与爻辞、卦辞都是对未来的预言，谶是一种用隐秘的语言来预言吉凶的，统治者亦往往利用它来获取群众的信任和支持。西汉末年，各路起兵首领都利用图谶证明自己是天命所归。刘秀是刘邦第九代孙，《后汉书·光武帝纪》讲到刘秀在新莽时，便有宛人李通以图谶说光武云：“刘氏复起，李氏为辅。”李贤注云：“图，河图也。谶，符命之书。谶，验也。言为王者受命之征验也。”光武称帝时，即有谶记曰：“刘秀发兵捕不道，卯金修德为天子。”（《后汉书·光武帝纪》）卯金为“刘”字。另有谶记言“赤九当立”，指刘秀是刘邦第九代子孙，当立为天子。东汉的统治者是非常相信图谶的，所以《白虎通义》中收了不少谶记，这可是东汉章帝建初四年（79 年），由班固他们编撰的儒家经典著作。然而谶记是一把双刃剑，统治者可以利用它来巩固和稳定其统治地位，被统治者起来造反时，也能用它来动摇统治者的思想基础，那个“苍天已死，黄天当立。岁在甲子，天下大吉”就是后一种性质的图谶，它成为群众起兵反抗东汉黑暗统治带有普遍性政治诉求的号召了。从思想政治上讲，它是一个质的飞跃，虽然它不明确，很暧昧，但能蛊惑人心。这种复杂的社会现象，几乎带有规律性，比如说北宋方腊的吃菜事魔教，元末的红巾军起义，清代的白莲教起义，都是带有宗教迷信色彩的。在农民分散个体经济下，只有宗教性的迷信加上带有互助性的组织，才能把农民组织起来，才能公开对抗朝廷的黑暗统治。以近代历史为例，清末的太平天国运动、义和团运动都带有这样的性质，在地方上不仅有下层社会的基础，有时还有上层社会的支持，义和团如果没有清廷上层的支持，就不可能得到迅速的发展。即使如“法轮功”那样的东西，它是借助于气功锻炼身体集合群众，这个东西在“文革”时已在群众中流行了，那时我就派人调查气功师发功的案例，尽管他们说得神乎其神，我还是不信，后来老人们信他们发功能治病，它当然迅猛发展起来，受到压制，变成群体性的政治诉求了，其本质与过去的秘密会社“一贯道”的性质是相通的。参加“一贯道”的不仅有下层的群众，也有头面人物迷信它，新中国建立后被作为反动会道门一竿子打死了。这类东西现在又有重新复活的土壤，我是把它作为一种社会历史现象来剖析的。

曹操参加讨伐颍川黄巾军，只是作为皇甫嵩的部属。《后汉书·皇甫嵩传》云：

> 诏敕州郡修理攻守，简练器械，自函谷、大谷、广城、伊阙、轘辕、旋门、孟津、小平津诸关，并置都。召群臣会议，嵩以为宜解党禁，益出中藏钱、西园厩马，以班军士，帝从之。于是发天下精兵，博选将帅，以嵩为左中郎将，持节，与右中郎将朱儁，共发五校、三河骑士及募精勇，合四万余人，嵩、儁各统一军，共讨颍川黄巾。

颍川郡的位置在今河南中部，以今许昌为中心，东汉时属豫州，据《汉书·郡国志》，它有十七城，二十六万三千户，其首府为许昌。曹操讨伐颍川黄巾之后，迁济南相。济南国在青州，在今济南市以东的地区，下辖十城，有户七万八千五百余。那时它的首府为东平陵，由于这个地区在汉初属于齐国的疆域，故相沿济南称国，国置相，相为国中最高的行政长官，由中央直接任命。西汉初，曹参曾为齐相，汉代郡国连称，相与郡太守并肩。曹操任济南相时，做了两件事，一是惩治贪官污吏和抑止豪强，一是禁断淫祠，也就是禁止各种鬼神迷信。十个县令，他免了八个，所有各地的祠庙一概拆毁。《武帝纪》裴松之注引《魏书》曰："长吏受取贪饕，依倚贵势，历前相不见举；闻太祖至，咸皆举免，小大震怖，奸宄遁逃，窜入他郡。政教大行，一郡清平。”这个与曹操在洛阳北部尉时的做法相通。曹操这个态度可以收效于一时，然而整个国家机器的贪腐状况不改变，他的整肃措施就不管用，不久便只能调任他职了，毕竟强龙斗不过地头蛇：

> 初，城阳景王刘章以有功于汉，故其国为立祠，青州诸郡转相仿效，济南尤盛，至六百余祠。贾人或假二千石舆服导从作倡乐，奢侈日甚，民坐贫穷，历世长吏无敢禁绝者。太祖到，皆毁坏祠屋，止绝官吏民不得祠祀。及至秉政，遂除奸邪鬼神之事，世之淫祀由此遂绝。
>
> （《武帝纪》裴松之注引《魏书》）

这也应该说是一件好事，活着的城隍都负担不起，还要负担死了的城隍老爷，怎么能不增加老百姓的负担呢？到处造庙，迷信活动猖獗，贫富两极分化愈大，穷人、富人都会愈迷信鬼神。庙多不是好兆头，香火旺也不是好兆头，它从一个侧面说明人们对自己的前途都没有信心。曹操这些果断的措施，使他在济南相这个位置上待不下去了，才调任东郡太守。东郡，地处豫鲁之际，治所在河南的濮阳。曹操经历了洛阳北部尉及济南相这两次为官的教训，东郡又是一个是非之地，他便不去就职，称疾还乡了。

三、东汉末年军阀混战

（十八）东汉末年政治局势的混乱

《三国志·魏书·武帝纪》云：

> 顷之，冀州刺史王芬、南阳许攸、沛国周旌等连结豪杰，谋废灵帝，立合肥侯，以告太祖，太祖拒之。

这件事在《后汉书》没有具体的记载，王芬、许攸、周旌亦没有相关的传。裴松之注引《九州春秋》纪其事，《通鉴·汉纪五十一》系其事于中平五年六月，亦是概括裴松之注的内容，其云：

> 故太傅陈蕃子逸与术士襄楷会于冀州刺史王芬坐，

楷曰："天文不利宦者，黄门、常侍真族灭矣。"逸喜。芬曰："若然者，芬愿驱除！"因与豪杰转相招合，上书言黑山贼攻劫郡县，欲因以起兵。会帝欲北巡河间旧宅，芬等谋以兵徼劫，诛诸常侍、黄门，因废帝，立合肥侯，以其谋告议郎曹操。操曰："夫废立之事，天下之至不祥也。古人有权成败、计轻重而行之者，伊、霍是也。伊、霍皆怀至忠之诚，据宰辅之势，因秉政之重，同众人之欲，故能计从事立。今诸君徒见曩者之易，未睹当今之难，而造作非常，欲望必克，不以危乎！"芬又呼平原华歆、陶丘洪共定计。洪欲行，歆止之曰："夫废立大事，伊、霍之所难。芬性疏而不武，此必无成。"洪乃止。会北方夜半有赤气，东西竟天，太史上言："北方有阴谋，不宜北行。"帝乃止。敕芬罢兵，俄而征之。芬惧，解印绶亡走，至平原，自杀。

当时曹操退居在谯，年前曹丕就出生在那里，实际上在中平那几年，东汉中央政局极不稳定，外戚与宦官之间的矛盾处于你死我活的状态。灵帝即位初，窦武和陈蕃与宦官曹节等人都各自在策划宫廷政变，结果是宦官曹节等先下手为强，最终窦武和陈蕃为宦官曹节等发动的突然袭击所杀害，王芬等人关于废立的谋划实际上便是亡国的征兆。从曹操对王芬他们的答复，可知曹操那时还没有参预中央权力争夺的野心。一个人的思想状况是随着他的地位和所处形势的变化而变化的，屁股决定脑袋这个话，在许多人身上是有效的，但也不能说所有人都如此。

（十九）曹操起兵前后的因缘关系

《三国志·魏书·武帝纪》云：

> 金城边章、韩遂杀刺史郡守以叛，众十余万，天下骚动。征太祖为典军校尉。会灵帝崩，太子即位，太后临朝。大将军何进与袁绍谋诛宦官，太后不听。进乃召董卓，欲以胁太后，卓未至而进见杀。卓到，废帝为弘农王而立献帝，京都大乱。卓表太祖为骁骑校尉，欲与计事。太祖乃变易姓名，间行东归。出关，过中牟，为亭长所疑，执诣县，邑中或窃识之，为请得解。卓遂杀太后及弘农王。太祖至陈留，散家财，合义兵，将以诛卓。冬十二月，始起兵于己吾，是岁中平六年也。

这一段话，涉及六七件事。先说第一件金城边章与韩遂起兵作乱之事。东边黄巾起义尚未平息，西北羌人又起事，对东汉王朝而言，那真是雪上加霜。《后汉书·灵帝纪》系此事于中平元年十一月，其云：

> 湟中义从胡北宫伯玉与先零羌叛，以金城人边章、韩遂为军帅，攻杀护羌校尉伶徵、金城太守陈懿。

《通鉴·汉纪五十》对此记载稍详，其云：

> 北地先零羌及枹罕、河关群盗反，共立湟中义从胡北宫伯玉、李文侯为将军，杀护羌校尉伶徵。金城人边章、韩遂素著名西州，群盗诱而劫之，使专任军政，杀金城太守陈懿，攻烧州郡。初，武威太守倚恃权贵，恣行贪暴。

可见这次边章、韩遂起兵还是给贪官污吏逼出来的。

（二十）曹操是西园八校尉之一

第二件事，“征太祖为典军校尉”。这是中平五年八月间的事。《后汉书·灵帝纪》称：“八月，初置西园八校尉。”李贤注引乐资的《山阳公载记》云：“表绍为中军校尉，屯骑校尉鲍鸿为下军校尉，议郎曹操为典军校尉，……凡八校尉，皆统于蹇硕。”

让曹操做蹇硕的部属，他心中实有说不出的苦恼，当年他任洛阳北部尉时，借违反宵禁命令杀了蹇硕的叔父，怎能不防范蹇硕报复于他呢？从这件事还可以看到，曹操与袁绍都是从西园八校尉起家的。

（二十一）宦官与外戚自相残杀——东汉政权的瓦解

第三件事灵帝去世，太子即位，太后临朝，何进与袁绍谋划诛宦官，太后不听。灵帝是十二岁即帝位的，在位二十二年，终年仅三十四岁。即位时是窦太后执政，窦武被杀，窦太后被逼死，灵帝母董太后参预朝政，中央大权实际上在宦官手上。灵帝去世，何皇后执政。《后汉书·何进传》讲到灵帝去世，那时统领禁军即西园八校尉的蹇硕企图谋杀何进未遂，谋泄，蹇硕被杀。于是何进领八校尉屯兵，故何进与袁绍谋诛宦官，而以其计白何太后，"太后不听，曰：'中官统领禁省，自古及今，汉家故事，不可废也。且先帝新弃天下，我奈何楚楚与士人对共事乎？'"故其事拖而不决。

第四件事是何进召董卓进京，欲借以胁迫太后，结果是卓未至而何进反被宦官所杀，这又是一场近臣宦官发动的宫廷政变。《后汉书·何进传》载其事云：

八月，进入长乐白太后，请尽诛诸常侍以下，选三

> 署郎入守宦官庐。诸宦官相谓曰："大将军称疾不临丧，不送葬，今欻入省，此意何为？窦氏事竟复起邪？"又张让等使人潜听，具闻其语，乃率常侍段珪、毕岚等数十人，持兵窃自侧闼入，伏省中。及进出，因诈以太后诏召进。入坐省闼，让等诘进曰："天下愦愦，亦非独我曹罪也。先帝尝与太后不快，几至成败，我曹涕泣救解，各出家财千万为礼，和悦上意，但欲托卿门户耳。今乃欲灭我曹种族，不亦太甚乎？卿言省内秽浊，公卿以下忠清者为谁？"于是尚方监渠穆拔剑斩进于嘉德殿前。

这一类事，历来是先下手为强，何进在这个问题上优柔寡断，而且消息不密，事前袁绍曾对何进说过："前窦武欲诛内宠而反为所害者，以其言语漏泄。"（《后汉书·何进传》）窦武是先白诛管霸及中常侍苏康等，然后请诛曹节，太后未忍，事泄，结果还是曹节、王甫等先下手为强，格杀窦武。想杀宦官，结果反被宦官所杀，故袁绍有此言。诛杀近臣，事机不密，反受其害。在大臣与近臣之间，是开不得杀戒的，一旦开了杀戒，那便冤冤相报，谁也保不住自己的性命。这次是何进先动杀机，宦官是被迫反击。宦官起了杀性，后来袁绍见没有胡子的便杀，董卓进京更是大开杀戒，天下大乱的局面就形成了。既然中央权力机构内部大开杀戒，那掌控国家权力的机构实际上便处于无政府状态了，在全国范围内，各地的割据势力都大开杀戒，结果是大家都不得好死。熟悉东汉末这一段血腥的历史，都应懂得这个简单的历史教训。

何进被杀以后，袁绍为保护自己而大肆报复，杀尽宦官。袁绍字本初，汝南汝阳人，四世居三公位，势倾天下。袁绍与何进共谋诛宦官，“令绍使洛阳方略武吏检司诸宦者”（《三国志·魏书·袁绍传》）。令其弟袁术为虎贲中郎将，选虎贲二百人，当入禁中，代持兵黄门陛守禁中，及中常侍段珪杀何进，宫中大乱。《三国志·魏书·袁绍传》称：

> 术将虎贲烧南宫嘉德殿青琐门，欲以迫出珪等。珪等不出，劫帝及帝弟陈留王走小平津。绍既斩宦者所署司隶校尉许相，遂勒兵捕诸阉人，无少长皆杀之。或有无须而误死者，至自发露形体而后得免。宦者或有行善自守而犹见及。其滥如此。死者二千余人。急追珪等，珪等悉赴河死。帝得还宫。

宦官被杀，东汉的皇帝成了军阀手中的傀儡，皇朝实际上已徒有虚名了。这一场火并，宦官、外戚、东汉宗室同归于尽。

（二十二）董卓进京

第五件事，董卓至京，废帝为弘农王，而立献帝，京师大乱，然后卓杀太后及弘农王。董卓字仲颖，陇西临洮人，性粗猛有谋，长期与那里羌人部落的豪绅相处，以六郡良家子为羽林郎，后为并州刺史、河东太守，在陇西随张温参预讨伐边章、韩遂的战役。张温战败，唯董卓全军而还。那时韩遂杀边章及北宫伯玉等拥兵十余万，成为陇西地区的一支割据势力，而董卓则退兵至河东，以观时变。何进私召董卓将兵入京，时任典军校尉的曹操对此事的态度是反对的，《武帝纪》裴松之注引《魏书》曰："太祖闻而笑之曰：'阉竖之官，古今宜有，但世主不当假之权宠，使至于此。既治其罪，当诛元恶，一狱吏足矣，何必纷纷召外将乎？欲尽诛之，事必宣露，吾见其败也。'"

《后汉书·董卓传》纪其事云：

> 卓未至而何进败，虎贲中郎将袁术乃烧南宫，欲讨宦官，而中常侍段珪等劫少帝及陈留王夜走小平津。卓远见火起，引兵急进，未明到城西，闻少帝在北芒，因往奉迎。帝见卓将兵卒至，恐怖涕泣。卓与言，不能辞对；与陈留王语，遂及祸乱之事。卓以王为贤，且为董太后所养，卓自以与太后同族，有废立意。

董卓便讽朝廷策议废立之事，遭到卢植等人反对，而董卓仍“胁太后”，“策废少帝。曰：‘皇帝在丧，无人子之心，威仪不类人君，今废为弘农王。’乃立陈留王，是为献帝。”（《后汉书·董卓传》）又逼死灵帝之母董太后，独揽朝廷大权，王权落在董卓之手。灵帝有二子，刘辩与刘协，灵帝去世时，立刘辩为少帝，董卓废辩立协，即后来的汉献帝，而弘农王又被董卓所鸩杀，死时年仅十八，临终时与宫人及妻唐姬宴别，王悲歌：“天道易兮我何艰！弃万乘兮退守蕃。逆臣见迫兮命不延，逝将去汝兮适幽玄！”“因令唐姬起舞，姬抗袖而歌曰：‘皇天崩兮后土颓，身为帝兮命夭摧。死生路异兮从此乖，奈我茕独兮心中哀！’”（《后汉书·皇后纪下》）董卓这件事干得心狠手辣，失尽人心。尽管刘辩、刘协是汉灵帝仅有的两个儿子，年龄都不大，哪个人做皇帝都可以，但废立的问题，涉及整个权力机构的重新组合，是利益再分配，是纷争的再起。董卓刚进京，你情况也没有摸清楚，大局尚未掌控，怎么能轻易发动如此伤筋动骨的大事呢？故大乱便由此发生，而且首都秩序混乱，地方必然失控，军阀混战的局面就等着他了。他在各个地方军阀中的地位又不高，董卓的败局经此事已经确定。

所以，关键性的举措，在起步时，可要慎之又慎，否则的话后患无穷，大好的进京机会，是被董卓自己葬送掉的。为人不能得意忘形，千万不可轻率行事啊！东汉末这一乱，要多少年，费多大代价，百姓受多少的苦难才能安定下来啊！董卓啊董卓，千古之罪人！近代史上张勋辫子兵进京，也是一场祸害啊！

（二十三）曹操为什么要自京师逃跑

第六件事，卓表曹操为骁骑校尉，欲与计事。曹操变易姓名，间行东归。这里有一个问题，董卓以骁骑校尉召见曹操，曹操为什么要变易姓名间行归乡里呢？裴松之注引《魏书》曰：“太祖以卓终必覆败，遂不就拜，逃归乡里。”这是官书，如果真是如此，又何必变易姓名而逃亡呢？我想曹操是曹腾之后，宦官世家，此其一。曹操的典军校尉是西园八校尉之一，这是宦官掌握的一支禁军，董卓进洛阳，怎么会不对宦官蹇硕掌握的这支武装力量斩草除根呢？我们再看一下《三国志・魏书・董卓传》云：“卓既率精兵来，适值帝室大乱，得专废立，据有武库甲兵，国家珍宝，威震天下。卓性残忍不仁，遂以严刑胁众，睚眦之隙必报，人不自保。”而且董卓军队纪律极坏，“以妇女与甲兵为婢妾。至于奸乱宫人公主。其凶逆如此”。

不仅曹操逃跑，袁绍何尝不是如此。《三国志・魏书・袁绍传》云：“董卓呼绍，议欲废帝，立陈留王。是时绍叔父隗为太傅，绍伪许之，曰：‘此大事，出当与太傅议。’卓曰：‘刘氏种不足复遗。’绍不应，横刀长揖而去。绍既出，遂亡奔冀州。”《通鉴·汉纪五十一》载其事云："卓购求袁绍急，周毖、伍琼说卓曰：'夫废立大事，非常人所及。袁绍不达大体，恐惧出奔，非有他志。今急购之，势必为变。袁氏树恩四世，门生故吏遍于天下，若收豪桀以聚徒众，英雄因之而起，则山东非公之有也。不如赦之，拜一郡守，绍喜于免罪，必无患矣。'卓以为然，乃即拜绍勃海太守，封邟乡侯。又以袁术为后将军，曹操为骁骑校尉。"

董卓这是缓兵之计，分歧是因废立而起，袁绍一走，袁术跟着出奔南阳。过去曹操对王芬企图废灵帝的图谋便表示过反对，这次董卓的废立之事，曹操当然不会认同。这也是众人皆思离去的重要原因，故这也是曹操出奔的一个原因。董卓任曹操为骁骑校尉，曹操明白这是抓他的一个圈套，何况董卓此时已对异已大开杀戒了，我想这些大概是曹操匆忙变易姓名东归乡里的原因。从曹操心理上讲，这是一次冒险的逃亡，袁绍与曹操那时都是不告而别。而曹操的东归更显得几乎是慌不择路，反映了那种极度紧张又恐惧的心理。

（二十四）"宁我负人，毋人负我"

裴松之注引三条：

《魏书》曰："……从数骑过故人成皋吕伯奢；伯

奢不在，其子与宾客共劫太祖，取马及物，太祖手刃击杀数人。”

《世语》曰：“太祖过伯奢。伯奢出行，五子皆在，备宾主礼。太祖自以背卓命，疑其图己，手剑夜杀八人而去。”

孙盛《杂记》曰：“太祖闻其食器声，以为图己，遂夜杀之。既而凄怆曰：‘宁我负人，毋人负我！’遂行。”

这三段注文，讲的是同一件事，如果了解曹操何以东归乡里，其在逃亡途中那种恐慌心理，那么他的多疑亦属自然了。在这样的背景下，怀疑别人图谋自己而误杀人，也就在情理之中了。实际上《世语》与孙盛的《杂记》都是传闻之言，但曹操那句“宁我负人，毋人负我”的名言，不知是谁听他讲的，有何旁证，那就很难说了，但这句话却成了曹操性格的象征。即使曹操真的讲过此话，也有那时特定的背景，不得已而为之，不是他终身行事的根据。如果真是那样为人行事，岂不是太可怕了吗？谁还能与他交往呢？这句极端个人主义的话所以流传长久而又广泛，大概与那些极端自私的个人主义者内心最直露的心理有关吧。

（二十五）“捉放曹”的由来

第七件事，是出关，过中牟，为亭长所疑，执诣县，邑中或窃识之，为请得解。中牟，在今郑州东南，地处郑州与开封之间，其北有官渡，即后来官渡之战的古战场。曹操途经中牟为亭长所疑，说明这时董卓已下达捉拿曹操的命令，所以把他送到县衙去。裴松之注引《世语》曰：“中牟疑是亡人，见拘于县。时掾亦已被卓书；唯功曹心知是太祖，以世方乱，不宜拘天下雄俊，因白令释之。”这个县令，在《三国演义》中便是陈宫，最终演绎为《捉放曹》那出京剧，传说中的许多故事，都是一代一代人叠加而成。

四、起兵讨伐董卓

（二十六）己吾起兵

第八件事，是曹操在陈留散家财起兵讨伐董卓，在中平六年（189年）的十二月起兵于己吾。陈留，在今河南省开封市东南，说曹操散家财，当是其父亲曹嵩积聚的财富，这件事曹嵩未必会赞同，否则的话后来曹嵩不会对曹操避而不见。裴松之注引《世语》云："陈留孝廉卫兹以家财资太祖，使起兵，众有五千人。"曹操在《明本志令》中讲当时"合兵能多得耳，然自损，不欲多之"，恐怕不是为了"兵多意盛""更为祸始"，恐怕是财力不足，人多了供给有困难。当时号召起兵对抗董卓的应是袁绍，因为只有袁绍有这么大的号召力。当时各地起兵讨伐董卓的很多，不仅仅是袁绍与曹操，从下文亦可知曹操在当时起兵讨卓诸人中地位和影响都不怎么样。

（二十七）讨伐董卓

《三国志·魏书·武帝纪》云：

> 初平元年（190年）春正月，后将军袁术、冀州牧韩馥、豫州刺史孔伷、兖州刺史刘岱、河内太守王匡、勃海太守袁绍、陈留太守张邈、东郡太守桥瑁、山阳太守袁遗、济北相鲍信同时俱起兵，众各数万，推绍为盟主。太祖行奋武将军。

此节介绍当时各地最初起兵讨伐董卓的头面人物。实际上这些人物都各有打算，他们想的都是如何巩固和扩张自己的地盘，而不是如何讨伐董卓。如袁术，字公路，与袁绍是同父异母的兄弟，司空袁逢之嫡子，因而瞧不起庶母所生之庶子袁绍。历任折冲校尉、虎贲中郎将，董卓以术为后将军，术畏卓之祸，出奔南阳，会长沙太守孙坚杀南阳太守，袁术据南阳郡，成为这个地区的霸主，他讨伐董卓只是一个借口罢了。

韩馥，裴松之注引《英雄记》云："馥字文节，颍川人。为御史中丞。董卓举为冀州牧。于时冀州民人殷盛，兵粮优足。袁绍之在勃海，馥恐其兴兵，遣数部从事守之，不得动摇。东郡太守桥瑁（裴松之注引《英雄记》曰：“瑁字元伟，玄族子。先为兖州刺史，甚有威惠。”）诈作京师三公移书与州郡，陈卓罪恶，云‘见逼迫，无以自救，企望义兵，解国患难。’馥得移，请诸从事问曰：‘今当助袁氏邪，助董卓邪？’治中从事刘子惠曰：‘今兴兵为国，何谓袁、董！’馥自知言短而有惭色。子惠复言：‘兵者凶事，不可为首；今宜往视他州，有发动者，然后和之。冀州于他州不为弱也，他人功未有在冀州之右者也。’馥然之。馥乃作书与绍，道卓之恶，听其举兵。”看来袁术是忙着抢地盘，韩馥则是一个中间派，见势而为，东郡太守还是比较积极的。

孔伷字公绪，陈留人。这位也是不会干事只会发空论的人，裴松之注引张璠《汉纪》载郑泰说董卓云：“孔公绪能清谈高论，嘘枯吹生。”故董卓并未把他放在眼里。

刘岱为刘繇之兄，字公山，东莱牟平人，其伯父刘宠曾为汉太尉，其父刘舆曾为山阳太守。刘岱历任侍中、兖州刺史，《三国志·吴书·刘繇传》裴松之注引《英雄记》称：“岱孝悌仁恕，以虚己受人。”

王匡，字公节，泰山人。轻财好施，以任侠闻。起兵时为河内太守。裴松之注引谢承《后汉书》曰：“匡少与蔡邕善。其年为卓军所败，走还泰山，收集劲勇得数千人，欲与张邈合。匡先杀执金吾胡母班。班亲属不胜愤怒，与太祖并势，共杀匡。”

张邈，字孟卓，东平寿张人，早年其与袁绍、曹操友善，东汉末拜骑都尉，迁陈留太守，董卓之乱，邈与操共举兵讨卓，是张邈遣卫兹将兵随操。张邈曾责袁绍骄矜自持，绍使操杀张邈，为操所拒绝。曹操与张邈二人相亲。

桥瑁，字元伟，桥玄之族子，先为兖州刺史，甚有威惠。

袁遗，字伯业，也是袁绍之从兄弟，曾任长安令，曹操曾称："长大而能勤学者，惟吾与袁伯业耳。"（曹丕《典论》）袁遗被袁绍表为扬州刺史，后为袁术所败。

鲍信，泰山平阳人，灵帝时为骑都尉，何进遣其东募兵，得千余人，还到成皋而何进已遇害，信乃引军还乡里，收徒众二万、骑七百、辎重五千余乘。是年曹操起兵于己吾，鲍信与弟韬以兵从操起兵。曹操为东郡太守，以鲍信为济北相，后信死于战乱。

这许多当时起兵的领袖，以袁绍威信最高，故推袁绍为盟主，实际上各行其是，各人有各人的打算，而且内部矛盾重重。袁绍与袁术便互不相容，曹操与袁绍也面和心不和。起兵的群雄中，实际上是袁绍、袁术、曹操三个势力集团。当时真正想与董卓拼杀的还是曹操与孙坚，其他人想的大都还是如何占地为王，这样一支拼凑起来而又自相火并的部队，是不可能打败董卓的。

（二十八）董卓迁都与曹操初战失利

《三国志·魏书·武帝纪》云：

> 二月，卓闻兵起，乃徙天子都长安。卓留屯洛阳，遂焚宫室。是时绍屯河内，邈、岱、瑁、遗屯酸枣，术屯南阳，伷屯颍川，馥在邺。卓兵强，绍等莫敢先进。太祖曰："举义兵以诛暴乱，大众已合，诸君何疑？向使董卓闻山东兵起，倚王室之重，据二周之险，东向以临天下；虽以无道行之，犹足为患。今焚烧宫室，劫迁天子，海内震动，不知所归，此天亡之时也。一战而天下定矣，不可失也。"遂引兵西，将据成皋。邈遣将卫兹分兵随太祖到荥阳汴水，遇卓将徐荣，与战不利，士卒死伤甚多。太祖为流矢所中，所乘马被创，从弟洪以马与太祖，得夜遁去。荣见太祖所将兵少，力战尽日，谓酸枣未易攻也，亦引兵还。

从这一段记载看，董卓听到各地起兵的消息以后，他不是积极设法分化瓦解这支乌合之众，采取进攻的姿态，而是退缩迁都以回避联军的进攻。关于董卓决策迁都的过程，《后汉书·董卓传》云："及闻东方兵起，惧，乃鸩杀弘农王，欲徙都长安。会公卿议，太尉黄琬、司徒杨彪廷争不能得，而伍琼、周珌又固谏之。卓因大怒曰：‘卓初入朝，二子劝用善士，故相从，而诸君到官，举兵相图。此二君卖卓，卓何用相负！’遂斩琼、珌。而彪、琬恐惧，诣卓谢曰：‘小人恋旧，非欲沮国事也，请以不及为罪。’卓既杀琼、珌，旋亦悔之，故表彪、琬为光禄大夫。于是迁天子西都。”实际上这是董卓逼着大家一起迁都，而洛阳已被董卓那纪律极端败坏的军队弄得残破不堪，董卓刚进洛阳时，“洛中贵戚室第相望，金帛财产，家家殷积。卓纵放兵士，突其庐舍，淫略妇女，剽虏资物，谓之‘搜牢’（即抄家也）。人情崩恐，不保朝夕。及何后葬，开文陵，卓悉取藏中珍物。又奸乱公主，妻略宫人，虐刑滥罚，睚眦必死，群僚内外莫能自固。”（《后汉书·董卓传》）

东汉几百年积叠的洛阳城，经此番折腾破坏，也无法保持它作为政治中心的地位了。关东起兵，他就急速迁都西京。其迁都的过程，《三国志·魏书·董卓传》云：“卓以山东豪杰并起，恐惧不宁。初平元年二月，乃徙天子都长安。焚烧洛阳宫室，悉发掘陵墓，取宝物。”实际上这次起兵讨卓的韩馥、刘岱、孔伷、张邈，甚至包括袁绍、袁术，哪个不是董卓任命的？所以董卓还能相信谁呢？一场废立，引起那么严重的后果，也是董卓始料未及的。所以一个社会的政治结构不能轻易使之破裂，一旦发生破裂，社会进入无政府状态时，它所带来的毁灭性的后果是人们难以想象的。

再说由各地崛起的群雄，实际上各据一方，大家都顿兵不进，不敢与董卓的军队作战。曹操这一番议论，也不是没有道理，问题是这一群乌合之众，都没有经过实战的历练。也不是没有人与董卓军队交过锋，但都打了败仗，如“河内太守王匡，遣泰山兵屯河阳津，将以图卓。卓遣疑兵若将于平阴渡者，潜遣锐众从小平北渡，绕击其后，大破之津北，死者略尽”（《三国志·魏书·董卓传》）。还有一个便是曹操与卫兹一起在荥阳的汴水，与董卓的部将徐荣打了一仗，结果也是败得很惨。只有袁术的部下孙坚还敢与董卓的军队争锋，曾在阳人合战，“大破卓军，枭其都督华雄等”。“卓惮坚猛壮，乃遣将军李傕等来求和亲，令坚列疏子弟任刺史、郡守者，许表用之。坚曰：‘卓逆天无道，荡覆王室，今不夷汝三族，悬示四海，则吾死不瞑目，岂将与乃和亲邪？’复进军大谷。拒雒九十里。卓寻徙都西入关，焚烧雒邑。坚乃前入至雒，修诸陵，平塞卓所发掘。讫，引军还，住鲁阳。”（《三国志·吴书·孙坚传》）那么多起兵讨董卓的群雄，只有孙坚打了胜仗，并亲自到洛阳修诸陵庙，劝慰先帝神灵。

（二十九）曹操的慷慨陈词

《三国志·魏书·武帝纪》云：

太祖到酸枣，诸军兵十余万，日置酒高会，不图进取。太祖责让之，因为谋曰：“诸君听吾计，使勃海引河内之众临孟津，酸枣诸将守成皋，据敖仓，塞轘辕、太谷，全制其险；使袁将军率南阳之军军丹、析，入武关，以震三辅：皆高垒深壁，勿与战，益为疑兵，示天下形势，以顺诛逆，可立定也。今兵以义动，持疑而不进，失天下之望，窃为诸君耻之！”邈等不能用。

酸枣，在今河南延津西南，当时各路讨伐董卓的军队大都集合在酸枣，卓将徐荣亦不敢轻易进攻酸枣。讨伐董卓军队的部署是以袁绍为盟主，绍与河内太守王匡屯河内，冀州牧韩馥留邺供应军粮，孔伷屯颍川，刘岱、张邈、桥瑁、袁遗、鲍信与曹操屯酸枣，在酸枣的统帅是张邈。曹操在酸枣建议袁绍率领在河内的军队直接进攻孟津，在酸枣的军队则据敖仓进攻和占领成皋，袁术率领军队自南阳直入武关，以威胁关中三辅地区，南北三路自东向西占领要塞地区。这正是当年刘邦、项羽楚汉相争的要害地区，如果占有了这些紧要之地，便能借此包围在洛阳的董卓，从而在军事上取得明显的优势。张邈没有能采纳曹操的这个建议，原因是各路汇合起来的军队首先考虑的不是如何打败董卓，而是如何扩大自己的势力范围，这样的结果，只能是“失天下之望”。从这里也可以看到曹操不仅在观念上高于他人一筹，而且也敢拼敢打，虽然战败也有其客观上的原因。

（三十）关东诸首领如何忙于内讧

《三国志·魏书·武帝纪》云：

> 刘岱与桥瑁相恶，岱杀瑁，以王肱领东郡太守。
>
> 袁绍与韩馥谋立幽州牧刘虞为帝，太祖拒之。绍又尝得一玉印，于太祖坐中举向其肘，太祖由是笑而恶焉。

从这两件事，可以看到关东起兵反对董卓的联军，一是忙于内斗，互相兼并，若刘岱杀桥瑁；一是忙于自立为王，如袁绍立刘虞为帝是幌子，裴松之注引《魏书》曰："太祖大笑曰：'吾不听汝也。'绍复使人说太祖曰：'今袁公势盛兵强，二子已长，天下群英，孰逾于此？'太祖不应。由是益不直绍，图诛灭之。"袁绍这个人志大才疏，凭他的实力，那时废立的事还不该是他考虑的问题。

《三国志·魏书·武帝纪》云：

> (初平) 二年春 (191 年)，绍、馥遂立虞为帝，虞终不敢当。

关于袁绍与韩馥想推举刘虞为帝这件事，《通鉴·汉纪五十二》有比较详细的记载，其云："关东诸将议：以朝廷幼冲，迫于董卓，远隔关塞，不知存否，幽州牧刘虞，宗室贤俊，欲共立为主。曹操曰：'吾等所以举兵而远近莫不响应者，以义动故也。今幼主微弱，制于奸臣，非有昌邑亡国之衅，而一旦改易，天下其孰安之！诸君北面，我自西向。'韩馥、袁绍以书与袁术曰：'帝非孝灵子，欲依绛、灌诛废少主、迎立代王故事，奉大司马虞为帝。'术阴有不臣之心，不利国家有长君，乃外托公义以拒之。"所以袁绍与韩馥的这个建议，由于得不到曹操、袁术他们的支持而失败，他们骨子里的原因是若承认刘虞称帝，难道我们也要听命于你袁绍吗？后来袁绍、韩馥还派乐浪太守张岐等赍议上虞尊号，刘虞本来就不愿意当这个傀儡，所以坚决拒绝。《通鉴·汉纪五十二》云："虞见岐等，厉色叱之曰：'今天下崩乱，主上蒙尘，吾被重恩，未能清雪国耻；诸君各据州郡，宜共勠力尽心王室，而反造逆谋以相垢污邪！'固拒之。馥等又请虞领尚书事，承制封拜，复不听，欲奔匈奴以自绝，绍等乃止。"

刘虞在这件事上并没有任何过失。刘虞作为幽州刺史，毕竟不直接掌握军队，说是公孙瓒受其节制，其实刘虞哪里指挥得了公孙瓒。在乱世，谁在哪里掌握了军队，谁就能在哪里称王称霸，所以在公孙瓒心目中，刘虞这个顶头上司实在对他的发展碍手碍脚，最终二人兵戎相见，刘虞兵败，北奔居庸关，城陷被执。那时天子遣使者段训增虞封邑，督六州事，而公孙瓒反诬虞前与袁绍等欲称尊号，迫训斩虞于蓟市。《后汉书·刘虞传》称：“虞以恩厚得众，怀被北州，百姓流旧，莫不痛惜焉。”故在乱世，文官不知兵，便难以自立，只能或依附于一地之霸主，或退隐于乡里，难矣哉！刘虞人不坏，在那个时代，也只能如此结局。

（三十一）董卓在长安的胡作非为

《三国志·魏书·武帝纪》云：

夏四月，卓还长安。

董卓西入长安的情况，《后汉书·董卓传》云：“初，长安遭赤眉之乱，宫室营寺焚灭无余，是时唯有高庙、京兆府舍，遂便时幸焉。后移未央宫。于是尽徙洛阳人数百万口于长安，步骑驱蹙，更相蹈藉，饥饿寇掠，积尸盈路。”几百万人口长途跋涉自洛阳到长安，路途上的艰难可想而知。《通鉴·汉纪五十二》记董卓至长安的状况，其云：“夏，四月，董卓至长安，公卿皆迎拜车下。卓抵手谓御史中丞皇甫嵩曰：‘义真，怖未乎？’嵩曰：‘明公以德辅朝廷，大庆方至，何怖之有！若淫刑以逞，将天下皆惧，岂独嵩乎！’卓党欲尊卓比太公，称尚父，卓以问蔡邕，邕曰：'明公威德，诚为巍巍，然比之太公，愚意以为未可，宜须关东平定，车驾还反旧京，然后议之。'卓乃止。卓使司隶校尉刘嚣籍吏民有为子不孝、为臣不忠、为吏不清、为弟不顺者，皆身诛，财物没官。于是更相诬引，冤死者以千数。百姓嚣嚣，道路以目。"从这段叙述看，董卓所以西迁长安，是害怕关东讨伐他的声势，军人执政，不知政治为何物，所作所为完全颠覆常理了，如此作为，董卓的日子如何能长久。

（三十二）袁绍取冀州

《三国志·魏书·武帝纪》云：

> 秋七月，袁绍胁韩馥取冀州。

韩馥软弱，袁绍这个冀州牧，实际上是袁绍利用矛盾，通过说客软硬兼施骗来的。韩馥生性惧怕危难，一有风险，便拱手相送，实际上最终还是死路一条。做人还是要有一点拼搏的精神，相比而言，项羽那种宁死不屈的精神更显得可贵。《后汉书·袁绍传》叙其事甚详，其云：

> 是时豪杰既多附绍，且感其家祸，人思为报，州郡

蜂起，莫不以袁氏为名。韩馥见人情归绍，忌其得众，恐将图己，常遣从事守绍门，不听发兵。

……

明年，馥将麴义反畔，馥与战失利。绍既恨馥，乃与义相结。绍客逢纪谓绍曰："夫举大事，非据一州，无以自立。今冀部强实，而韩馥庸才，可密要公孙瓒将兵南下，馥闻必骇惧。并遣辩士为陈祸福，馥迫于仓卒，必可因据其位。"绍然之，益亲纪，即以书与瓒。瓒遂引兵而至，外托讨董卓，而阴谋袭馥。绍乃使外甥陈留高幹及颍川荀谌等说馥曰："公孙瓒乘胜来南，而诸郡应之。袁车骑引军东向，其意未可量也。窃为将军危之。"馥惧，曰："然则为之奈何？"谌曰："君自料宽仁容众，为天下所附，孰与袁氏？"馥曰："不如也。""临危吐决，智勇迈于人，又孰与袁氏？"馥曰："不如也。""世布恩德，天下家受其惠，又孰与袁氏？"馥曰："不如也。"谌曰："勃海虽郡，其实州也。今将军资三不如之埶(势)，久处其上，袁氏一时之杰，必不为将军下也。且公孙提燕、代之卒，其锋不可当。夫冀州天下之重资，若两军并力，兵交城下，危亡可立而待也。夫袁氏将军之旧，且为同盟。当今之计，莫若举冀州以让袁氏，必厚德将军，公孙瓒不能复与之争矣。是将军有让贤之名，而身安于太山也。愿勿有疑。”馥素性恇怯，因然其计。馥长史耿武、别驾闵纯、骑都尉沮授闻而谏曰：“冀州虽鄙，带甲百万，谷支十年。袁绍孤客穷军，仰我鼻息，譬如婴儿在股掌之上，绝其哺乳，立可饿杀。奈何欲以州与之？”馥曰：“吾袁氏故吏，且才不如本初。度德而让，古人所贵，诸君独何病焉？”先是，馥从事赵浮、程涣将强弩万人屯孟津，闻之，率兵驰还，请以拒绍，馥又不听。乃避位，出居中常侍赵忠故舍，遣子送印绶以让绍。绍遂领冀州牧，承制以馥为奋威将军，而无所将御。”

这件事明明是袁绍在韩馥掌控之下，而韩馥偏偏自动放弃优势，自愿受控于人，可悲哉！从韩馥来看，乱世不可能温良恭俭让，丛林法则弱肉强食更起作用，使自己由弱转强，由小变大，这才是英雄好汉。韩馥的结局，《后汉书·袁绍传》称：“馥自怀猜惧，辞绍索去，往依张邈。后绍遣使诣邈，有所计议，因共耳语。馥时在坐，谓见图谋，无何，如厕自杀。”他在厕所是以裁纸刀自杀的。故在那样的时代，如果奉行懦夫的原则，只能如韩馥那样受人欺凌，自取灭亡。这怨不到任何人，只能怪自己软弱可欺。

（三十三）曹操攻击黑山黄巾

《三国志·魏书·武帝纪》云：

> 黑山贼于毒、白绕、眭固等十余万众略魏郡、东郡，王肱不能御，太祖引兵入东郡，击白绕于濮阳，破之。袁绍因表太祖为东郡太守，治东武阳。
>
> 三年春，太祖军顿丘，毒等攻东武阳。太祖乃引兵西入山，攻毒等本屯。毒闻之，弃武阳还。太祖要击眭固，又击匈奴於夫罗于内黄，皆大破之。

这里是讲初平二年（191年）末三年（192年）春，曹操镇压黑山黄巾的战争。当时北方各州郡的长官都参预了对黄巾军的镇压，也都是在镇压黄巾军的过程中不断壮大自己的力量。就黑山黄巾而言，袁绍是如此，公孙瓒是如此，曹操也不例外。曹操起兵，最初与董卓军队打过两仗，都吃了败仗，但打颍川黄巾，是胜利的。《后汉书·皇甫嵩传》讲到攻打颍川黄巾时，皇甫嵩与朱儁是主力。他们各统一军合四万人，在击溃颍川黄巾的过程中，“帝遣骑都尉曹操将兵适至，嵩、操与朱儁合兵更战，大破之，斩首数万级”。故曹操的军事生涯，是在镇压黄巾军的过程中初露锋芒。这里讲的是曹操镇压河南河北地区的黑山黄巾。关于黑山黄巾，《后汉书·朱儁传》曾有过介绍，其云："自黄巾贼后，复有黑山、黄龙、白波、左校、郭大贤、于氐根、青牛角、张白骑、刘石、左髭丈八、平汉、大计、司隶、掾哉、雷公、浮云、飞燕、白雀、杨凤、于毒、五鹿、李大目、白绕、眭固（按：《集解》引惠栋说，谓《通鉴》作"睦固"）、苦哂之徒，并起山谷间，不可胜数。其大声者称雷公，骑白马者为张白骑，轻便者言飞燕，多髭者号于氐根，大眼者为大目，如此称号，各有所因。大者二三万，小者六七千。"这次曹操打击的只是黑山黄巾的于毒、白绕、眭固的这一部分，这支黄巾军也有十余万人，活动地盘在魏郡与东郡。东郡在今鲁豫交界处，东汉末它的治所在濮阳，即今河南濮阳。魏郡在今冀豫交界处，治所在邺县，今河北临漳西南，其地面临漳水。曹操在濮阳打败了白绕这支部队，有了一个落脚地点，袁绍承认他是东郡太守，把治所设在东武阳，其地位于今天的山东莘县境内。黑山军乘曹操屯军顿丘（在今河南清丰西南）而进攻东武阳。这次曹操采取围魏救赵的办法，于毒攻东武阳，曹操不直接还师救援，而是直奔其老巢山中本屯，东武阳之围自解。于是要击黑山眭固部，同时又打击在内黄（今河南安阳东部与河北相接地带）的於夫罗。於夫罗是匈奴南单于之子，裴松之注引《魏书》云："中平中，发匈奴兵，於夫罗率以助汉。会本国反，杀南单于，於夫罗遂将其众留中国。因天下挠乱，与西河白波贼合，破太原、河内，抄略诸郡为寇。"可见，东汉一且对地方行政处于失控状态，地方各自为政，那么流落在中国内地的匈奴部落会与黑山结合成为地区的一支特殊武装。南匈奴於夫罗是如此，幽州的乌桓何尝不是如此。董卓进洛阳，东汉中央政权的崩溃带来了全国全面大动乱。

（三十四）董卓被杀与吕布东奔

《三国志·魏书·武帝纪》云：

> 夏四月，司徒王允与吕布共杀卓。卓将李傕、郭汜等杀允攻布，布败，东出武关。傕等擅朝政。

这是讲那一年董卓被杀，东汉中央政权彻底瓦解的过程。董卓迁都长安以后，倒行逆施，使人人皆切齿痛恨。《后汉书·董卓传》载其事云："数与百官置酒宴会，淫乐纵恣。乃结垒于长安城东以自居。又筑坞于郿，高厚七丈，号曰'万岁坞'。积谷为三十年储。自云：'事成，雄据天下；不成，守此足以毕老。'尝至郿行坞，公卿已下祖道于横门外。卓施帐幔饮设，诱降北地反者数百人，于坐中杀之。先断其舌，次斩手足，次凿其眼目，以镬煮之。未及得死，偃转杯案间。会者战栗，亡失匕箸，而卓饮食自若。诸将有言语蹉跌，便戮于前。又稍诛关中旧族，陷以叛逆。"

东汉末年的政治尽管腐败透顶，外戚专权，或者宦官党锢之祸带来的祸害，令人痛心，但一旦这个政权瓦解，各地民众起义如水潮涌，各地的军阀一样黑暗，整个社会处于无序的状态。以董卓这样的最高统治者来取代汉灵帝时代的中央政权，他不仅荒淫，而且残暴，搞那么个“万岁坞”，说明他对自己的前途毫无信心，在他身旁的大臣哪个不以杀他为快？无知的武人执政，其后果就是如此。具体谋划暗杀董卓的是王允与吕布，其经过如《后汉书·董卓传》所云：

> 时王允与吕布及仆射士孙瑞谋诛卓。有人书“吕”字于布上，负而行于市，歌曰：“布乎！”有告卓者，卓不悟。三年四月，帝疾新愈，大会未央殿。卓朝服升车，既而马惊堕泥，还入更衣。其少妻止之，卓不从，遂行。乃陈兵夹道，自垒及宫，左步右骑，屯卫周匝，令吕布等扞卫前后。王允乃与士孙瑞密表其事，使瑞自书诏以授布，令骑都尉李肃与布同心勇士十余人，伪著卫士服于北掖门内以待卓。卓将至，马惊不行，怪惧欲还。吕布劝令进，遂入门。肃以戟刺之，卓衷甲不入，伤臂堕车，顾大呼曰：“吕布何在？”布曰：“有诏讨贼臣。”卓大骂曰：“庸狗敢如是邪！”布应声持矛刺卓，趣兵斩之。主簿田仪及卓仓头前赴其尸，布又杀之。驰赍赦书，

以令宫陛内外。士卒皆称万岁，百姓歌舞于道。长安中士女卖其珠玉衣装市酒肉相庆者，填满街肆。使皇甫嵩攻卓弟旻于郿坞，杀其母妻男女，尽灭其族。乃尸卓于市。天时始热，卓素充肥，脂流于地。守尸吏然火置卓脐中，光明达曙，如是积日。诸袁门生又聚董氏之尸，焚灰扬之于路。坞中珍藏有金二三万斤，银八九万斤，锦绮缋縠纨素奇玩，积如丘山。

董卓被杀以后，局面是不是因此会好一些呢？事实上与大家所期望的完全相反，首先董卓的下属不会心服：

傕、汜等以王允、吕布杀董卓，故忿怒并州人，并州人其在军者男女数百人，皆诛杀之。牛辅既败，众无所依，欲各散去。傕等恐，乃先遣使诣长安，求乞赦免。王允以为一岁不可再赦，不许之。傕等益怀忧惧，不知所为。武威人贾诩时在傕军，说之曰："闻长安中议欲尽诛凉州人，诸君若弃军单行，则一亭长能束君矣。不如相率而西，以攻长安，为董公报仇。事济，奉国家以正天下；若其不合，走未后也。"傕等然之，各相谓曰："京师不赦我，我当以死决之。若攻长安克，则得天下矣；不克，则钞三辅妇女财物，西归乡里，尚可延命。"

众以为然，于是共结盟，率军数千，晨夜西行。王允闻之，乃遣卓故将胡轸、徐荣击之于新丰。荣战死，轸以众降。傕随道收兵，比至长安，已十余万，与卓故部曲樊稠、李蒙等合，围长安。城峻不可攻，守之八日，吕布军有叟兵内反，引傕众得入。城溃，放兵虏掠，死者万余人。杀卫尉种拂等。吕布战败出奔。王允奉天子保宣平城门楼上。于是大赦天下。李傕、郭汜、樊稠等皆为将军。遂围门楼，共表请司徒王允出，问"太师何罪？"允穷蹙乃下，后数日见杀。傕等葬董卓于郿，并收董氏所焚尸之灰，合敛一棺而葬之。葬日，大风雨，霆震卓墓，流水入藏，漂其椁木。"（《后汉书·董卓传》）

董卓死后，吕布为李傕所败，《三国志·魏书·吕布传》云：

卓死后六旬，布亦败。将数百骑出武关，欲诣袁术。布自以杀卓为术报仇，欲以德之。术恶其反覆，拒而不受。北诣袁绍，绍与布击张燕于常山……遂破燕军。而求益兵众，将士钞掠，绍患忌之。布觉其意，从绍求去。绍恐还为己害，遣壮士夜掩杀布，不获。事露，布走河内，与张杨合。

如吕布这样一个反复无常的人，哪儿也很难有人容得下他。

再说王允这个人，取代了董卓，同样倒行逆施，至少他杀蔡邕完全不应该，结果自己却死在李傕、郭汜手中。接着掌握中央政权的仍然是没有文化知识的武夫，局面不可能比董卓好多少，汉献帝只是他们手中随意摆布的傀儡而已。

五、曹操的实力逐步壮大

（三十五）曹操与青州黄巾

《三国志·魏书·武帝纪》云：

青州黄巾众百万入兖州，杀任城相郑遂，转入东平。刘岱欲击之，鲍信谏曰："今贼众百万，百姓皆震恐，士卒无斗志，不可敌也。观贼众群辈相随，军无辎重，唯以钞略为资，今不若畜士众之力，先为固守。彼欲战不得，攻又不能，其势必离散，后选精锐，据其要害，击之可破也。"岱不从，遂与战，果为所杀。信乃与州吏万潜等至东郡迎太祖领兖州牧。遂进兵击黄巾于寿张东。信力战斗死，仅而破之。购求信丧不得，众乃刻木如信形状，祭而哭焉。追黄巾至济北。乞降。冬，受降卒三十余万，男女百余万口，收其精锐者，号为青州兵。

兖州本来是刘岱、鲍信他们的地盘，青州黄巾涌入兖州，刘岱被杀以后，鲍信才不得已到东郡请曹操来兖州，领兖州牧。裴松之注引《世语》曰："岱既死，陈宫谓太祖曰：'州今无主，而王命断绝，宫请说州中，明府寻往牧之，资之以收天下，此霸王之业也。'宫说别驾、治中曰：'今天下分裂而州无主，曹东郡，命世之才也，若迎以牧州，必宁生民。'鲍信等亦谓之然。"从此兖州成了曹操起家的地盘。青州黄巾所信还是太平道那一套宗教迷信，裴松之注引《魏书》曰："贼乃移书太祖曰：'昔在济南，毁坏神坛，其道乃与中黄太乙同，似若知道，今更迷惑。汉行已尽，黄家当立。天之大运，非君才力所能存也。'太祖见檄书，呵骂之，数开示降路；遂设奇伏，昼夜会战，战辄禽获，贼乃退走。"这次曹操受降三十万黄巾，男女百万余口，后来成为曹操起家最基本的兵力和劳动大军。

（三十六）曹操如何在关东军阀混战中谋划立足之地

《三国志·魏书·武帝纪》云：

> 袁术与绍有隙，术求援于公孙瓒，瓒使刘备屯高唐，单经屯平原，陶谦屯发干，以逼绍。太祖与绍会击，皆破之。

这是发生在袁家弟兄俩各自联合一批军阀，南北对峙的一场军阀混战。自初平三年到四年（193年）初，关东地区是袁氏两兄弟之间南北混战的局面，两人谁也不顾及关中的乱局。这一段时期全国东西南北大乱。若就袁术与袁绍的关系讲，《后汉书·袁术传》云："袁术字公路，汝南汝阳人，司空逢之子也。少以侠气闻，数与诸公子飞鹰走狗，后颇折节。举孝廉，累迁至河南尹、虎贲中郎将。时董卓将欲废立，以术为后将军。术畏卓之祸，出奔南阳。会长沙太守孙坚杀南阳太守张咨，引兵从术。刘表上术为南阳太守。"这样，袁术在南阳地区方始站稳脚跟，袁术又表孙坚领豫州刺史。而袁绍又乘袁术在关中讨董卓未返之机，派兵夺孙坚的豫州刺史，且袁绍想立刘虞为帝，袁术又表示反对，两人嫌隙已成，于是"乃各外交党援，以相图谋，术结公孙瓒（在袁绍之北），而绍连刘表（在袁术之西南）。豪桀多附于绍，术怒曰：'群竖不吾从，而从吾家奴乎！'又与公孙瓒书，云绍非袁氏子，绍闻大怒。初平三年，术遣孙坚击刘表于襄阳，坚战死。公孙瓒使刘备与术合谋共逼绍，绍与曹操会击，皆破之。四年，术引军入陈留，屯封丘。黑山余贼及匈奴於夫罗等佐术，与曹操战于匡亭，大败。术退保雍丘，又将其余众奔九江，杀杨州刺史陈温而自领之，又兼称徐州伯”（《后汉书·袁术传》）。在这个背景下，关东地区的各个军阀又陷于互相混战的状态，曹操站在袁绍一边，刘备则站在袁术一边。那时袁绍所以未能穷追袁术，因为他背后有公孙瓒的力量，正威胁着自身的安全，不得不集中兵力来对付公孙瓒。

《三国志·魏书·武帝纪》云：

> 四年春，军鄄城。荆州牧刘表断术粮道，术引军入陈留，屯封丘，黑山余贼及於夫罗等佐之。术使将刘详屯匡亭。太祖击详，术救之，与战，大破之。术退保封丘，遂围之，未合，术走襄邑，追到太寿，决渠水灌城。走宁陵，又追之，走九江。夏，太祖还军定陶。
>
> 下邳阙宣聚众数千人，自称天子；徐州牧陶谦与共举兵，取泰山华、费，略任城。秋，太祖征陶谦，下十余城，谦守城不敢出。
>
> 是岁，孙策受袁术使渡江，数年间遂有江东。

鄄城，在今山东西南，当时属济阴郡。陈留在今开封东南，封丘在今河南新乡东南。鄄城、陈留都在东郡附近，都属曹操的势力范围，袁术由于刘表断其粮道，便不得不由进攻转为退却。

襄邑，今为睢县；宁陵，在襄邑之东，已在陈留郡之外了，皆在今商丘以西。袁术在退却途中，一路受曹操的追击，当袁术退出曹操的势力范围进入扬州时，那时扬州的治所在寿春，今安徽之寿县，袁术赶走扬州刺史陈温，而曹操则还军于定陶，即济阴郡的治所、今山东定陶，那儿是曹操的根据地了。这次袁术向袁绍的攻势，必须通过曹操在东郡、济阴的地区，当然首先与曹操交锋，故曹操站在袁绍一边。而刘表在荆州是袁术的后方，他断了袁术的后路，袁术便无心恋战，步步后退，一直退到扬州占了扬州的地盘，故使孙策不得不渡江，想在南方站住脚跟，反而成全了孙策及后来的孙权在长江以南建立了一个割据政权，而袁术自己仍旧留居在长江以北今皖北地区。

（三十七）曹操与陶谦之间的战争——为报杀父之仇

《三国志·魏书·武帝纪》云：

> 兴平元年（194年）春，太祖自徐州还。初，太祖父嵩，去官后还谯，董卓之乱，避难琅邪，为陶谦所害，故太祖志在复仇东伐。夏，使荀彧、程昱守鄄城，复征陶谦，拔五城，遂略地至东海。还过郯，谦将曹豹与刘备屯郯东，要太祖。太祖击破之，遂攻拔襄贲，所过多所残戮。

此言曹操伐徐州陶谦之事。陶谦其人，《后汉书·陶谦传》曰：“陶谦字恭祖，丹阳人也。少为诸生，仕州郡，四迁为车骑将军张温司马，西讨边章。会徐州黄巾起，以谦为徐州刺史，击黄巾，大破走之，境内晏然。”可见陶谦也是靠剿杀黄巾起家的，这些地区的地方长官，如陶谦、曹操、袁绍、公孙瓒等都是靠剿杀黄巾起家占地为王的。陶谦与曹操矛盾的起因是陶谦杀曹操的父亲曹嵩，《后汉书·陶谦传》言其事云：

> 初，曹操父嵩避难琅邪，时谦别将守阴平，士卒利嵩财宝，遂袭杀之。初平四年，曹操击谦，破彭城傅阳。谦退保郯，操攻之不能克，乃还。过拔取虑、睢陵、夏丘，皆屠之。凡杀男女数十万人，鸡犬无余，泗水为之不流，自是五县城保，无复行迹。初三辅遭李傕乱，百姓流移依谦者皆歼。

这里讲陶谦杀曹嵩的原因是部队纪律不好，利曹嵩的财货而杀之。《三国志·魏书·武帝纪》裴松之注引《世语》曰：

> 嵩在泰山华县。太祖令泰山太守应劭送家诣兖州，劭兵未至，陶谦密遣数千骑掩捕。嵩家以为劭迎，不设备。谦兵至，杀太祖弟德于门中。嵩惧，穿后垣，先出其妾，

妾肥，不时得出；嵩逃于厕，与妾俱被害，阖门皆死。劭惧，弃官赴袁绍。后太祖定冀州，劭时已死。

这里是讲陶谦有意派人杀害曹嵩一门，这是一说。裴松之注引韦曜《吴书》曰：

太祖迎嵩，辎重百余两。陶谦遣都尉张闿将骑二百卫送，闿于泰山华、费间杀嵩，取财物，因奔淮南。太祖归咎于陶谦，故伐之。

按此说法，那就不是陶谦故意杀之，而是其部属贪其财货，故杀之。看来曹操父亲富于财，故不愿随曹操奔走于战场之间，杀他的原因是家里瓶瓶罐罐太多，反害他走不动了。从曹操追杀陶谦的过程看，曹操屠城杀戮，军队所过之处都弄个鸡犬不留，泗水为之断流，墟邑无复行人。故裴松之注引孙盛曰："夫伐罪吊民，古之令轨；罪谦之由，而残其属部，过矣。"曹操这次并没有抓到陶谦，陶是在逃亡丹阳途中病死的。曹操所以没有进一步追杀陶谦，是因为张邈迎吕布据兖州，占了曹操的老巢，故曹操必须还军击吕布。

六、曹操攻灭吕布、袁术的战争

（三十八）曹操与吕布的首次交手仗

《三国志·魏书·武帝纪》云：

会张邈与陈宫叛迎吕布，郡县皆应。荀彧、程昱保鄄城，范、东阿二县固守，太祖乃引军还。布到，攻鄄城不能下，西屯濮阳。太祖曰："布一旦得一州，不能据东平，断亢父、泰山之道乘险要我，而乃屯濮阳，吾知其无能为也。"遂进军攻之。布出兵战，先以骑犯青州兵。青州兵奔，太祖阵乱，驰突火出，坠马，烧左手掌。司马楼异扶太祖上马，遂引去。未至营止，诸将未与太祖相见，皆怖。太祖乃自力劳军，令军中促为攻具，进复攻之，与布相守百余日。蝗虫起，百姓大饿，布粮食亦尽，各引去。

这次事变是曹操部属的内乱。张邈，《后汉书·吕布传》称："邈字孟卓，东平人，少以侠闻。初辟公府，稍迁陈留太守。董卓之乱，与曹操共举义兵。及袁绍为盟主，有骄色，邈正义责之。绍既怨邈，且闻与布厚，乃令曹操杀邈。操不听，然邈心不自安。"陈宫，《后汉书·吕布传》李贤注引《典略》曰："陈宫字公台，东郡人也，刚直烈壮，少与海内知名之士皆连结。及天下乱，始随太祖。后自疑，乃从吕布。为布画策，布每不从。"这次事变是张邈害怕曹操对自己有杀心，因袁绍曾要操杀邈，故陈宫说张邈迎吕布，欲占据兖州自成一地之王。《后汉书·吕布传》云："兴平元年，曹操东击陶谦，令其将武阳人陈宫屯东郡。宫因说邈曰：'今天下分崩，雄桀并起。君拥十万之众，当四战之地，抚剑顾眄，亦足以为人豪，而反受制，不以鄙乎！今州军东征，其处空虚，吕布壮士，善战无前，迎之共据兖州，观天下形势，俟时事变通，此亦从横一时也。'邈从之，遂与弟超及宫等迎布为兖州牧，据濮阳，郡县皆应之。曹操闻而引军击布，累战，相持百余日。是时旱蝗少谷，百姓相食，布移屯山阳。"

为曹操坚守兖州这块根据地的是荀彧。荀彧，字文若，《三国志·魏书·荀彧传》称：

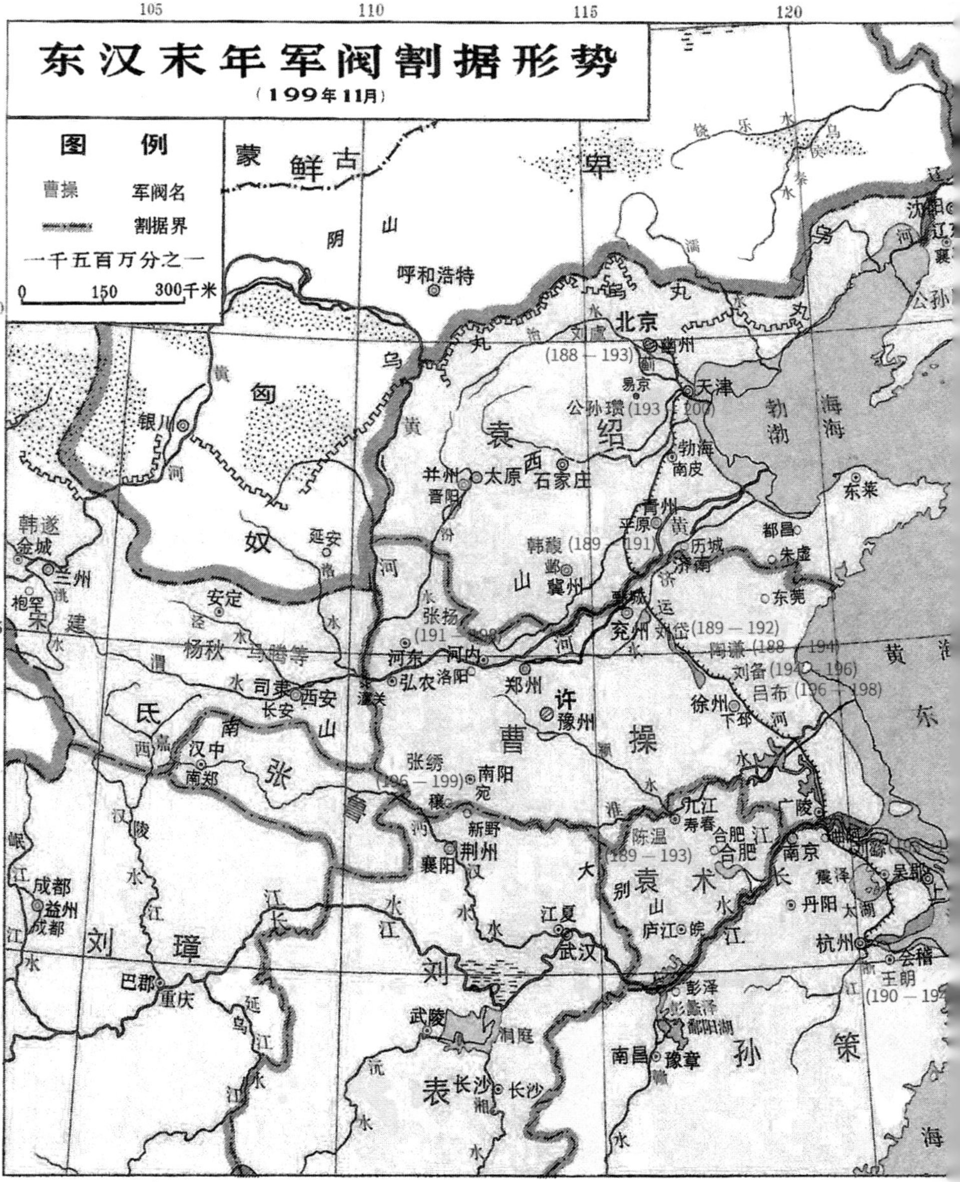
东汉末年军阀割据形势
（199年11月）
图例
曹操 军阀名
割据界
一千五百万分之一
0 150 300千米
105
110
115
120
40
35
30
蒙古
鲜卑
阴山
呼和浩特
乌丸
匈奴
银川
黄河
延安
洛
刘虞 (188—193)
北京 幽州
易京
公孙瓒 (193—200)
天津
袁绍
渤海 南皮
渤海
黄海
东莱
都昌
朱虚
东莞
并州 晋阳
太原
石家庄
青州 平原
韩馥 (189—191)
邺 冀州
历城 济南
鄄城
兖州 刘岱 (189—192)
陶谦 (188—194)
刘备 (194—196)
吕布 (196—198)
徐州 下邳
张杨 (191—198)
河东 河内
弘农 洛阳
郑州
许 豫州
曹操
韩遂 金城
兰州
枹罕
宋建
安定
杨秋 马腾等
司隶 西安 长安
潼关
氐
汉中 南郑
张鲁
张绣 (196—199)
南阳 宛
穰
新野
襄阳 荆州
九江 寿春
陈温 (189—193)
合肥
袁术
广陵
南京
震泽
丹阳
吴郡
成都 益州
刘璋
巴郡 重庆
江夏 武汉
刘表
庐江 皖
彭泽
鄱阳湖
杭州
会稽
王朗 (190—19
武陵
洞庭
长沙
南昌 豫章
孙策

兴平元年，太祖征陶谦，任彧留事。会张邈、陈宫以兖州反，潜迎吕布。布既至，邈乃使刘翊告彧曰："吕将军来助曹使君击陶谦，宜亟供其军食。"众疑惑。彧知邈为乱，即勒兵设备，驰召东郡太守夏侯惇，而兖州诸城皆应布矣。时太祖悉军攻谦，留守兵少，而督将大吏多与邈、宫通谋。惇至，其夜诛谋叛者数十人，众乃定。豫州刺史郭贡帅众数万来至城下，或言与吕布同谋，众甚惧。贡求见彧，彧将往。惇等曰："君，一州镇也，往必危，不可。"彧曰："贡与邈等，分非素结也，今来速，计必未定；及其未定说之，纵不为用，可使中立，若先疑之，彼将怒而成计。"贡见彧无惧意，谓鄄城未易攻，遂引兵去。又与程昱计，使说范、东阿，卒全三城，以待太祖。太祖自徐州还击布濮阳，布东走。

当时整个兖州，只有鄄城、范、东阿三个县城为曹操坚守，曹操才能继续与吕布相持作战。

帮助曹操稳住鄄城、范、东阿的另一个人是程昱，《通鉴·汉纪五十三》纪其事云：

程昱本东阿人，彧谓昱曰："今举州皆叛，唯有此三城，宫等以重兵临之，非有以深结其心，三城必动。君，民之望也，宜往抚之。”昱乃归过范，说其令靳允曰：“闻吕布执君母、弟、妻子，孝子诚不可为心。今天下大乱，英雄并起，必有命世能息天下之乱者，此智者所宜详择也。得主者昌，失主者亡。陈宫叛迎吕布而百城皆应，似能有为，然以君观之，布何如人哉？夫布粗中少亲，刚而无礼，匹夫之雄耳。宫等以势假合，不能相君也；兵虽众，终必无成。曹使君智略不世出，殆天所授。君必固范，我守东阿，则田单之功可立也。孰与违忠从恶而母子俱亡乎？唯君详虑之！”允流涕曰：“不敢有贰心。”时氾嶷已在县，允乃见嶷，伏兵刺杀之，归，勒兵自守。

昱又遣别骑绝仓亭津，陈宫至，不得渡。昱至东阿，东阿令颍川枣祗已率厉吏民拒城坚守，卒完三城以待操。操还，执昱手曰：“微子之力，吾无所归矣。”

曹操自徐州还击吕布，争兖州，徐州复失。

（三十九）刘备接替陶谦领徐州牧

《三国志·魏书·武帝纪》云：

秋九月，太祖还鄄城。布到乘氏，为其县人李进所破，东屯山阳。于是绍使人说太祖，欲连和。太祖新失兖州，军食尽，将许之。程昱止太祖，太祖从之。冬十月，太祖至东阿。是岁谷一斛五十余万钱，人相食，乃罢吏兵新募者。陶谦死，刘备代之。

陶谦死，众拥刘备为徐州牧事，《通鉴·汉纪五十三》纪其事的过程云："徐州牧陶谦疾笃，谓别驾东海麋竺曰：'非刘备不能安此州也。'谦卒，竺率州人迎备。备未敢当，曰：'袁公路近在寿春，君可以州与之。'典农校尉下邳陈登曰：'公路骄豪，非治乱之主。今欲为使君合步骑十万，上可以匡主济民，下可以割地守境；若使君不见听许，登亦未敢听使君也。'北海相孔融谓备曰：'袁公路岂忧国忘家者邪！冢中枯骨，何足介意！今日之事，百姓与能。天与不取，悔不可追。'备遂领徐州。"

（四十）曹操面临的选择——先巩固兖州，还是先取徐州

《三国志·魏书·武帝纪》云：

（兴平）二年（195 年）春，袭定陶。济阴太守吴资保南城，未拔。会吕布至，又击破之。夏，布将薛兰、李封屯钜野，太祖攻之，布救兰，兰败，布走，遂斩兰等。

布复从东缗与陈宫将万余人来战，时太祖兵少，设伏，纵奇兵击，大破之。布夜走，太祖复攻，拔定陶，分兵平诸县。布东奔刘备，张邈从布，使其弟超将家属保雍丘。秋八月，围雍丘。冬十月，天子拜太祖兖州牧。十二月，雍丘溃，超自杀。夷邈三族。邈诣袁术请救，为其众所杀，兖州平，遂东略陈地。

这一年曹操面临两个选择，一是曹操原意陶谦死后，乘刘备尚未站稳脚跟时，先取徐州。为此，荀彧曾向曹操建议，《三国志·魏书·荀彧传》载其言，其云："彧曰：'昔高祖保关中，光武据河内，皆深根固本以制天下，进足以胜敌，退足以坚守，故虽有困败而终济大业。将军本以兖州首事，平山东之难，百姓无不归心悦服。且河、济，天下之要地也，今虽残坏，犹易以自保，是亦将军之关中、河内也，不可以不先定。今以破李封、薛兰，若分兵东击陈宫，宫必不敢西顾，以其间勒兵收熟麦，约食畜谷，一举而布可破也。破布，然后南结扬州，共讨袁术，以临淮、泗。若舍布而东，多留兵则不足用，少留兵则民皆保城，不得樵采。布乘虚寇暴，民心益危，唯鄄城、范、卫可全，其余非己之有，是无兖州也。若徐州不定，将军当安所归乎？且陶谦虽死，徐州未易亡也。彼惩往年之败，将惧而结亲，相为表里。今东方皆以收麦，必坚壁清野以待将军，将军攻之不拔，略之无获，不出十日，则十万之众未战而自困耳。前讨徐州，威罚实行，其子弟念父兄之耻，必人自为守，无降心，就能破之，尚不可有也。夫事固有弃此取彼者，以大易小可也，以安易危可也，权一时之势，不患本之不固可也。今三者莫利，愿将军熟虑之。’太祖乃止。大收麦，复与布战，分兵平诸县。布败走，兖州遂平。”荀彧这一番话，是历史经验的总结，刘邦靠的是萧何为其经营关中这块根据地，军队没有后方的支持是很难持久作战的，项羽的失败也就是后方不稳不得不两面作战造成的，四面树敌，无论如何难以持久。刘秀有河内为其根据地，曹操的根据地在兖州，只有兖州巩固了，才有向外发展的余地，所以必须先打败吕布、陈宫、张邈这股反叛自己的力量，才能行有余力。故这个时候不打吕布去打刘备，有害无益。事实上刘备在徐州日子并不好过，南有袁术发难，内有吕布与其争夺，因而尽可将刘备搁置一边。曹操在这个问题上的优点是不自以为是，能择善而从。这是所有为领导者都应吸取的经验，要能虚心地听取反对自己既定方针的意见，然后择善而从，不是因人，而是因事，就事客观地论事之是非而择善相从。

《通鉴·汉纪五十三》记曹操再平兖州事云：“布复从东缗与陈宫将万余人来战，操兵皆出收麦，在者不能千人，屯营不固。屯西有大堤，其南树木幽深，操隐兵堤里，出半兵堤外。布益进，乃令轻兵挑战，既合，伏兵乃悉乘堤，步骑并追，大破之，追至其营而还。布夜走，操复攻拔定陶，分兵平诸县。布东奔刘备，张邈从布，使其弟超将家属保雍丘。”“曹操围雍丘，张邈诣袁术求救，未至，为其下所杀。冬，十月，以曹操为兖州牧。”消灭了张邈这股力量，吕布被赶到在徐州的刘备处，曹操在兖州的地盘才真正能稳定下来。

（四十一）长安乱，汉献帝只能逃亡

《三国志·魏书·武帝纪》云：

> 是岁，长安乱，天子东迁，败于曹阳，渡河幸安邑。

长安的混乱，自初平三年便已开始。王允与吕布杀了董卓以后，并没有能控制三辅的局面，先是董卓的部曲李傕、郭汜、樊稠、张济等反，攻陷长安，吏民死者万余人，接着杀黄琬和王允，董卓余部左右着中央的政局。到兴平元年，陇西的韩遂与马腾又南下三辅地区，与郭汜、樊稠打了一仗，韩遂退还陇西。这一年，三辅地区又是大旱，从四月到七月没有雨水，《后汉书·献帝纪》称：“是时谷一斛五十万，豆麦一斛二十万，人相食啖，白骨委积。帝使侍御史侯汶出太仓米豆，为饥人作糜粥，经日而死者无降。帝疑赋恤有虚，乃亲于御坐前量试作糜，乃知非实。”次年，李傕杀樊稠，而与郭汜互相攻击，矢及御前。

在这种情况下，汉献帝在长安也待不下去了，七月间献帝东归，杨定、杨奉、董承他们护送献帝至陕，又有郭汜阻击，汉献帝是在逃亡过程中渡黄河到安邑的，安邑在今山西夏县西北，那时汉献帝的中央政府实际上是一个断了奶的流亡政府。汉献帝在次年正月，改元建安。取“建安”二字，是因为到处大乱，朝廷希望找到一个能让皇帝安定的场所。到七月间，汉献帝才回到洛阳，先住在中常侍赵忠的宅内，宫庭打扫以后，到八月间才回到南宫杨安殿。那时随汉献帝至洛阳的有张杨、韩暹、杨奉等，《后汉书·献帝纪》称：“是时，宫室烧尽，百官披荆棘，依墙壁间。州郡各拥强兵，而委输不至，群僚饥乏，尚书郎以下自出采稆，或饥死墙壁间，或为兵士所杀。”东汉政权经历外戚、宦官之间自相残杀和黄巾起义、董卓之乱、各地军阀割据之后，它已经是名存实亡。一个皇朝的统治，一旦由于内部自相残杀而陷于崩塌时，带来的后果，不仅是统治集团自身的苦难，而且会把全国人民都推入灾难的深渊之中。破坏是迅即的，重建是艰难的，要重新建立一个平衡稳定的社会秩序，那需要几十年甚至上百年的时间，人口得死亡三分之二左右，这个代价实在可怕啊！何进动了开杀戒的念头，此后带来如此严重的后果，谁都始料不及。宦官与外戚两败俱伤以后，请进来的董卓的野蛮统治又进一步加速了东汉王朝的崩溃。

每一次旧王朝的崩溃，新王朝的重建，老百姓都要付出沉重的血的代价，社会生产，人口数量，都有一次大的倒退。比较而言，旧王朝即使腐败，如能改进、维持，总比推倒重来付出的代价要小一些，有时候只能两害相权取其轻。每一次改朝换代，虽然有得有失，但在更迭时期的痛苦，往往是常人难以想象的。虽然革命是历史的火车头，但革命是有代价的，这是一个非常沉重的代价。维稳使人厌倦，有时甚至使人憎恨，但若能不断有点滴进步，因此而付出的代价，相对于革命而言要小一些，只要读过中国历史，这个道理是不言而喻的。

（四十二）挟天子以令诸侯

《三国志·魏书·武帝纪》云：

> 建安元年（196年）春正月，太祖军临武平，袁术所置陈相袁嗣降。

武平，当时属陈郡，在今河南柘城县之南。陈县，在今淮阳。曹操平定兖州以后，开始向南发展，直接与袁术的势力范围发生冲突。

《三国志·魏书·武帝纪》云：

太祖将迎天子，诸将或疑，荀彧、程昱劝之，乃遣曹洪将兵西迎，卫将军董承与袁术将苌奴拒险，洪不得进。

汝南、颍川黄巾何仪、刘辟、黄邵、何曼等，众各数万，初应袁术，又附孙坚。二月，太祖进军讨破之，斩邵等，辟、仪及其众皆降。天子拜太祖建德将军，夏六月，迁镇东将军，封费亭侯。秋七月，杨奉、韩暹以天子还洛阳，奉别屯梁。太祖遂至洛阳，卫京都，暹遁走。天子假太祖节钺，录尚书事。洛阳残破，董昭等劝太祖都许。九月，车驾出轘辕而东，以太祖为大将军，封武平侯。自天子西迁，朝廷日乱，至是宗庙社稷制度始立。

当时汉献帝在洛阳，杨奉、董承、韩暹三人内斗不止，这个小朝廷在洛阳难以为继，当时有可能迎献帝去的有三个方向，即袁术、袁绍、曹操，当时郭图曾奉袁绍之命去洛阳见汉献帝，郭图回来，劝袁绍迎天子都邺，绍不从。在袁术方面，他曾与群下为自己议尊号称帝，他的主簿阎象不赞成，并讲了一番大道理，其处士张范之弟张承亦表示反对，也讲了许多道理，袁术不接受，最后孙策劝阻袁术，袁术仍拒不接纳。袁绍与袁术都自己想做皇帝，弄一个汉献帝过来，反而碍手碍脚。结果还是曹操接受荀彧和程昱的建议，迎接汉献帝都许。《三国志·魏书·荀彧传》称：

“汉献帝自河东还洛阳。太祖议奉迎都许，或以山东未平，韩暹、杨奉新将天子到洛阳，北连张杨，未可卒制。彧劝太祖曰：‘昔高祖东伐为义帝缟素而天下归心。自天子播越，将军首唱义兵，徒以山东扰乱，未能远赴关右，然犹分遣将帅，蒙险通使，虽御难于外，乃心无不在王室，是将军匡天下之素志也。今车驾旋轸，义士有存本之思，百姓感旧而增哀。诚因此时，奉主上以从民望，大顺也；秉至公以服雄杰，大略也；扶弘义以致英俊，大德也。天下虽有逆节，必不能为累，明矣。韩暹、杨奉其敢为害！若不时定，四方生心，后虽虑之，无及。’太祖遂至洛阳，奉迎天子都许。”这实际是高明的一着，把汉献帝掌控在自己手上，那就可以挟天子以令诸侯，政治上对自己有利。而汉献帝如果没有相应的力量支持，实际上他无法左右曹操的行动和决策。当曹操迎汉献帝都许后，袁绍后悔了。《三国志·袁绍传》称：“会太祖迎天子都许，收河南地，关中皆附。绍悔，欲令太祖徙天子都鄄城以自密近，太祖拒之。”这时，袁绍感到汉献帝还有利用的价值，再想要他，那就得不到了。曹操迎汉献帝都许的过程，亦颇费周折，《通鉴·汉纪五十四》纪其经过云：

操乃遣扬武中郎将曹洪将兵西迎天子，董承等据险拒之，洪不得进。

议郎董昭，以杨奉兵马最强而少党援，作操书与奉曰："吾与将军闻名慕义，便推赤心。今将军拔万乘之艰难，反之旧都，翼佐之功，超世无畴，何其休哉！方今群凶猾夏，四海未宁，神器至重，事在维辅；必须众贤，以清王轨，诚非一人所能独建，心腹四支，实相恃赖，一物不备，则有阙焉。将军当为内主，吾为外援，今吾有粮，将军有兵，有无相通，足以相济，死生契阔，相与共之。"奉得书喜悦，语诸将军曰："兖州诸军近在许耳，有兵有粮，国家所当依仰也。"遂共表操为镇东将军，袭父爵费亭侯。

韩暹矜功专恣，董承患之，因潜召操。操乃将兵诣雒阳。既至，奏韩暹、张杨之罪。暹惧诛，单骑奔杨奉。帝以暹、杨有翼车驾之功，诏一切勿问。辛亥，以曹操领司隶校尉、录尚书事。操于是诛尚书冯硕等三人，讨有罪也；封卫将军董承等十三人为列侯，赏有功也；赠射声校尉沮儁为弘农太守，矜死节也。

操引董昭并坐，问曰："今孤来此，当施何计？"昭曰："将军兴义兵以诛暴乱，入朝天子，辅翼王室，此五霸之功也。此下诸将，人殊意异，未必服从。今留匡弼，事势不便，惟有移驾幸许耳。然朝廷播越，新还旧京，远近跂望，冀一朝获安，今复徙驾，不厌众心。夫行非常之事，乃有非常之功，愿将军算其多者。"操曰："此孤本志也。杨奉近在梁耳，闻其兵精，得无为孤累乎？”昭曰：“奉少党援，心相凭结，镇东、费亭之事，皆奉所定，宜时遣使厚遗答谢，以安其意。说‘京都无粮，欲车驾暂幸鲁阳，鲁阳近许，转运稍易，可无县乏之忧。’奉为人勇而寡虑，必不见疑，比使往来，足以定计，奉何能为累！”操曰：“善！”即遣使诣奉。庚申，车驾出轘辕而东，遂迁都许。己巳，幸曹操营，以操为大将军，封武平侯。始立宗庙社稷于许。

《三国志·魏书·武帝纪》云：

天子之东也，奉自梁欲要之，不及。冬十月，公征奉，奉南奔袁术，遂攻其梁屯，拔之。于是以袁绍为太尉，绍耻班在公下，不肯受。公乃固辞，以大将军让绍。天子拜公司空，行车骑将军。是岁用枣祗、韩浩等议，始兴屯田。

《通鉴·汉纪五十四》记东迁过程及袁绍与曹操之间书信往返，其云：

车驾之东迁也，杨奉自梁欲邀之，不及。冬，十月，曹操征奉，奉南奔袁术，遂攻其梁屯，拔之。

诏书下袁绍，责以“地广兵多，而专自树党，不闻勤王之师，但擅相讨伐。”绍上书深自陈诉。戊辰，以绍为太尉，封邺侯。绍耻班在曹操下，怒曰：“曹操当死数矣，我辄救存之，今乃挟天子以令我乎！”表辞不受。操惧，请以大将军让绍。丙戌，以操为司空，行车骑将军事。

操以荀彧为侍中，守尚书令。

是岁曹操在许下兴屯田事，裴松之注引《魏书》曰：“自遭荒乱，率乏粮谷。诸军并起，无终岁之计，饥则寇略，饱则弃余，瓦解流离，无敌自破者不可胜数。袁绍之在河北，军人仰食桑椹。袁术在江、淮，取给蒲蠃。民人相食，州里萧条。公曰：‘夫定国之术，在于强兵足食，秦人以急农兼天下，孝武以屯田定西域，此先代之良式也。’是岁乃募民屯田许下，得谷百万斛。于是州郡例置田官，所在积谷。”从当时袁绍在河北、袁术在江淮的情况，可知当时生产破坏、社会凋敝的状况，人吃人是相当普遍的情况，袁术的军队有杀人用盐腌制以备军粮之事。再有当初汉献帝在关中及洛阳的惨状，可见整个社会缺粮之严重。故枣祗、韩浩的建议，对当时社会生产的恢复有重大意义，为曹操统一北方奠定了经济基础。

（四十三）刘备投奔曹操——天下英雄唯使君与操耳

《三国志·魏书·武帝纪》云：

吕布袭刘备，取下邳。备来奔。程昱说公曰："观刘备有雄才而甚得众心，终不为人下，不如早图之。"公曰："方今收英雄时也，杀一人而失天下之心，不可。"

吕布袭刘备之事，见《后汉书·吕布传》，其云：

时刘备领徐州，居下邳，与袁术相拒于淮上。术欲引布击备，乃与布书曰："术举兵诣阙，未能屠裂董卓。将军诛卓，为术报耻，功一也。昔金元休南至封丘，为曹操所败。将军伐之，令术复明目于遐迩，功二也。术生年以来，不闻天下有刘备，备乃举兵与术对战。凭将军威灵，得以破备，功三也。将军有三大功在术，术虽不敏，奉以死生。将军连年攻战，军粮苦少，今送米二十万斛。非唯此止，当骆驿复致。凡所短长亦唯命。"布得书大悦，即勒兵袭下邳，获备妻子。备败走海西，饥困，请降于布。布又恚术运粮不复至，乃具车马迎备，以为豫州刺史，遣屯小沛。布自号徐州牧。术惧布为己害，为子求婚，布复许之。

术遣将纪灵等步骑三万以攻备，备求救于布。诸将谓布曰："将军常欲杀刘备，今可假手于术。"布曰："不然。术若破备，则北连太山，吾为在术围中，不得不救也。"便率步骑千余，驰往赴之。灵等闻布至，皆敛兵而止。布屯沛城外，遣人招备，并请灵等与共飨饮。布谓灵曰："玄德，布弟也，为诸君所困，故来救之。布性不喜合斗，但喜解斗耳。"乃令军候植戟于营门，布弯弓顾曰："诸君观布射戟小支，中者当各解兵，不中可留决斗。"布即一发，正中戟支。灵等皆惊，言"将军天威也"。明日复欢会，然后各罢。

从这段叙述，可见吕布与袁术这两个人反复无常。吕布本人的箭术确实不同寻常，但勇而无谋，轻于去就，他与袁术之间忽而联姻，忽而反目，给人的印象此人不可信。

这里得介绍一下刘备的情况。《三国志·蜀书·先主传》云："先主姓刘，讳备，字玄德，涿郡涿县人，汉景帝子中山靖王胜之后也。""先主少孤，与母贩履织席为业。"灵帝末，黄巾起，州郡各举义兵，先主率属从邹靖讨黄巾贼有功，除安善尉。后来投奔在幽州的中郎将公孙瓒，公孙瓒表为别部司马，助公孙瓒与袁绍相抗，后来又投靠徐州牧陶谦，谦以备为豫州刺史，屯小沛。

陶谦死，他受陶谦部属及陈登、孔融的支持，遂领徐州牧。那时袁术来攻刘备，相持于盱眙、淮阴。因刘备与袁术相抗，曹操那时站在袁绍一边，亦与袁术相抗，故曹操表刘备为镇东将军，封宜城亭侯。吕布袭刘备，是刘备与袁术相持时，对刘备发动的一场突然袭击。那时下邳的守将曹豹反刘备迎吕布，虏备之妻子，备只能求和于吕布，布还其妻子，于是刘备让关羽守下邳。

从这个过程可以知道袁术、袁绍、公孙瓒、刘备、吕布各个势力集团之间的相互关系，都是利益关系，而且反复无常。从刘备看也是如此，他先是站在公孙瓒一边与袁绍相抗，曹操是既与袁术相联又与袁术相抗，吕布与袁术之间更是反复无常，刘备被袁术攻击，便倒向曹操、袁绍一边，敌我友的关系变化无常，因形势和利害关系迅即巨变。了解这一段历史有助于我们今天观察国际上国与国之间的关系，在这个列国争强的历史时期，没有永远的敌人，也没有永远的朋友，一切因时因势而变，老实人吃亏。

至于曹操部下劝他早图刘备，那已是建安三年（198 年）的事，在刘备与吕布相对抗的时候，曹操是支持刘备的。《三国志·蜀书·先主传》："先主还小沛，后合兵得万余人。吕布恶之，自出兵攻先主，先主败走归曹公。曹公厚遇之，以为豫州牧。将至沛收散卒，给其军粮，益与兵使东击布。布遣高顺攻之，曹公遣夏侯惇往，不能救，为顺所败，复虏先主妻子送布。曹公自出东征，助先主围布于下邳，生擒布。先主复得妻子，从曹公还许。表先主为左将军，礼之愈重，出则同舆，坐则同席。袁术欲经徐州北就袁绍，曹公遣先主督朱灵、路招要击术。未至，术病死。”又称：“先主未出时，献帝舅车骑将军董承辞受帝衣带中密诏，当诛曹公。先主未发。是时曹公从容谓先主曰：‘今天下英雄，唯使君与操耳。本初之徒，不足数也。’先主方食，失匕箸。”——《三国演义》第二十一回曹操与刘备二人煮酒论英雄的典故即出于此。《三国演义》描述的那个场景，盖出于裴松之为《先主传》注引的《华阳国志》，其云：“于时正当雷震，备因谓操曰：‘圣人云“迅雷风烈必变”，良有以也。一震之威，乃可至于此也！’”实际上刘备的慌张，不在于曹操“今天下英雄，唯使君与操耳”那句话，而是他受献帝通过董承给他的衣带密诏，曹操那样诚心待他，他却受献帝衣带密诏，要给曹操背后刺上一刀，内心难免复杂。演义小说中论英雄，亦只是对当时各路诸侯的评述而已。

（四十四）曹操在南阳打了一次败仗

《三国志·魏书·武帝纪》云：

张济自关中走南阳。济死，从子绣领其众。（建安）二年春正月，公到宛。张绣降，既而悔之，复反。公与战，军败，为流矢所中，长子昂、弟子安民遇害。公乃引兵还舞阴，绣将骑来钞，公击破之。绣奔穰，与刘表合。公谓诸将曰："吾降张绣等，失不便取其质，以至于此。吾知所以败。诸卿观之，自今已后不复败矣。"遂还许。

曹操对这次失败，还能在众将面前作一点自我批评，没有责怪下属，自己承担责任，当然这个自我批评还是有一点遮遮掩掩，并不彻底。这次曹操失败不仅自己负伤，还丢了儿子的性命。至于其失败的原因，《三国志·张绣传》讲得更加具体，其云："张绣，武威祖厉人，骠骑将军济族子也。边章、韩遂为乱凉州，金城麴胜袭杀祖厉长刘隽。绣为县吏，间伺杀胜，郡内义之。遂招合少年，为邑中豪杰。董卓败，济与李傕等击吕布，为卓报仇。语在《卓传》。绣随济，以军功稍迁至建忠将军，封宣威侯。济屯弘农，士卒饥饿，南攻穰，为流矢所中死。绣领其众，屯宛，与刘表合。太祖南征，军淯水，绣等举众降。太祖纳济妻，绣恨之。太祖闻其不悦，密有杀绣之计。计漏，绣掩袭太祖。太祖军败，二子没。绣还保穰，太祖比年攻之，不克。"可见，张绣这次反叛的原因是曹操娶了张济的妻子，引起张绣不满，又密谋杀绣，绣掩袭曹操是出于自卫。故问题的关键是曹操对降人干这种事太缺德，当然需要作一点自我批评，即使不彻底也是好的，因为要处于领袖地位的曹操放下架子作自我批评，也难。

（四十五）袁术的称帝及其失败

《三国志·魏书·武帝纪》云：

> 袁术欲称帝于淮南，使人告吕布。布收其使，上其书。术怒，攻布，为布所破。秋九月，术侵陈，公东征之。术闻公自来，弃军走，留其将桥蕤、李丰、梁纲、乐就；公到，击破蕤等，皆斩之。术走渡淮。公还许。

袁术于建安二年（197 年）初在寿春称帝，《通鉴·汉纪五十四》曰："袁术称帝于寿春，自称仲家，以九江太守为淮南尹，置公卿百官，郊祀天地。"五月，"袁术遣使者韩胤以称帝事告吕布，因求迎妇，布遣女随之。陈珪恐徐、扬合从，为难未已，往说布曰：'曹公奉迎天子，辅赞国政，将军宜与协同策谋，共存大计。今与袁术结昏，必受不义之名，将有累卵之危矣！'布亦怨术初不已受也，女已在途，乃追还绝昏，械送韩胤，枭首许市。"至九月间，曹操复起兵伐袁术，"秋，九月，司空曹操东征袁术。术闻操来，弃军走，留其将桥蕤等于蕲阳以拒操；操击破蕤等，皆斩之。术走渡淮，时天旱岁荒，士民冻馁，术由是遂衰。"

《后汉书·袁术传》亦言其事云：

术又率兵击陈国，诱杀其王宠及相骆俊，曹操乃自征之。术闻大骇，即走度淮，留张勋、桥蕤于蕲阳，以拒操。操击破斩蕤，而勋退走。术兵弱，大将死，众情离叛。加天旱岁荒，士民冻馁，江、淮间相食殆尽。时舒仲应为术沛相，术以米十万斛与为军粮，仲应悉散以给饥民。术闻怒，陈兵将斩之。仲应曰："知当必死，故为之耳。宁可以一人之命，救百姓于涂炭。"术下马牵之曰："仲应，足下独欲享天下重名，不与吾共之邪？"

……

术因欲北至青州从袁谭，曹操使刘备徼之，不得过，复走还寿春。六月，至江亭。坐箦床而叹曰："袁术乃至是乎！"因愤慨结病，欧血死。

袁术称帝失败，对曹操讲，这也是一个前车之鉴。

（四十六）曹操再战张绣

《三国志·魏书·武帝纪》云：

公之自舞阴还也，南阳、章陵诸县复叛为绣，公遣曹洪击之，不利，还屯叶，数为绣、表所侵。冬十一月，公自南征，至宛。表将邓济据湖阳。攻拔之，生擒济，湖阳降。攻舞阴，下之。

（建安）三年春正月，公还许，初置军师祭酒。三月，公围张绣于穰。夏五月，刘表遣兵救绣，以绝军后。公将引还，绣兵来追，公军不得进，连营稍前。公与荀彧书曰："贼来追吾，虽日行数里，吾策之，到安众，破绣必矣。"到安众，绣与表兵合守险，公军前后受敌。公乃夜凿险为地道，悉过辎重，设奇兵。会明，贼谓公为遁也，悉军来追。乃纵奇兵步骑夹攻，大破之。秋七月，公还许。荀彧问公："前以策贼必破，何也？"公曰："虏遏吾归师，而与吾死地战，吾是以知胜矣。"

曹操这次在南方继续与张绣交战，自建安二年至三年，前后相持半年左右，最终是曹操险胜。舞阴在荆州，起初曹操南征南阳的张绣没有取得胜利，从舞阴退还许昌，南阳地区复归张绣，这个地区成为曹操与荆州刘表之间必争之地。张绣为了与曹操对抗，必然得求得刘表的支持。曹洪，字子廉，是曹操的堂弟，从曹操起兵讨董卓时，便追随曹操行军。建安初，拜曹洪为谏议大夫。曹操先令曹洪击张绣，不利，于是曹操再次南征张绣。湖阳，即舞阳，属颍川郡，曹操拿下舞阳，抓住刘表在那里的守将邓济，乘势取南阳郡的舞阴，然后还许，未深入南阳。次年三月，曹操又深入南阳郡，攻张绣，围张绣于穰（今属河南南阳邓州，在南阳西南）。于是刘表派兵断曹军的后路，曹操不得不退兵，由穰城退兵至其西北的安众。这次曹操处于受到前后夹击的险境，曹操给荀彧的书信中说到安众必破绣军。曹军脱险后，荀彧问他为什么预知能在安众破张绣，曹操回答"遏吾归师"，胜利的原因是被置之死地。曹操打仗与他人不同，他能学习，这些道理都是他注《孙子兵法》学来的。当了头头，不能忙于吃喝玩乐，还得好好学习。其实曹操这次险胜是以奇取胜，曹操注孙子的《作战篇》，孙子曰："敌则能战之。"曹公曰："已与敌人众等，善者当设伏奇以胜之。"孙子曰："凡战者，以正合，以奇胜。"曹公曰："正者当敌，奇兵从旁击不备也。"曹操这次取胜，因为在安众，张绣守险，使曹操前后受敌，曹操的对策是凿险为地道，过辎重，另设奇兵，示张绣他已逃跑的假象，张绣弃险追曹军而中伏，故败。曹操说的置之死地而后生，也是大话而已，那得看士兵的士气，也就是战斗的决心，这是有条件的。

（四十七）吕布的失败及其为人

《三国志·魏书·武帝纪》云：

吕布复为袁术使高顺攻刘备，公遣夏侯惇救之，不利。备为顺所败。九月，公东征布。冬十月，屠彭城，获其相侯谐。进至下邳，布自将骑逆击。大破之，获其骁将成廉。追至城下，布恐，欲降。陈宫等沮其计，求救于术，劝布出战，战又败，乃还固守，攻之不下。时公连战，士卒罢，欲还，用荀攸、郭嘉计，遂决泗、沂水以灌城。月余，布将宋宪、魏续等执陈宫，举城降，生禽布、宫，皆杀之。太山臧霸、孙观、吴敦、尹礼、昌豨各聚众。布之破刘备也，霸等悉从布。布败，获霸等，公厚纳待，遂割青、徐二州附于海以委焉，分琅邪、东海、北海为城阳、利城、昌虑郡。

初，公为兖州，以东平毕谌为别驾。张邈之叛也，邈劫谌母弟妻子；公谢遣之，曰："卿老母在彼，可去。"谌顿首无二心，公嘉之，为之流涕。既出，遂亡归。及布破，谌生得，众为谌惧，公曰："夫人孝于其亲者，岂不亦忠于君乎！吾所求也。"以为鲁相。

这里值得注意的是曹操在处理降者时，如何根据情况区别对待。关于这次与吕布的战争，《后汉书·吕布传》的记载更具体生动，其云：

曹操堑围之，壅沂、泗以灌其城，三月，上下离心。

其将侯成使客牧其名马，而客策之以叛。成追客得马，诸将合礼以贺成。成分酒肉，先入诣布而言曰："蒙将军威灵，得所亡马，诸将齐贺，未敢尝也，故先以奉贡。"布怒曰："布禁酒而卿等酝酿，为欲因酒共谋布邪？"成忿惧，乃与诸将共执陈宫、高顺，率其众降。布与麾下登白门楼。兵围之急，令左右取其首诣操。左右不忍，乃下降。布见操曰："今日已往，天下定矣。"操曰："何以言之？"布曰："明公之所患不过于布，今已服矣。令布将骑，明公将步，天下不足定也。"顾谓刘备曰："玄德，卿为坐上客，我为降虏，绳缚我急，独不可一言邪？"操笑曰："缚虎不得不急。"乃令缓布缚。刘备曰："不可。明公不见吕布事丁建阳、董太师乎？"操颔之。布目备曰："大耳儿最叵信！"操谓陈宫曰："公台平生自谓智有余，今意何如？"宫指布曰："是子不用宫言，以至于此。若见从，未可量也。"操又曰："奈卿老母何？"宫曰："老母在公，不在宫也。夫以孝理天下者，不害人之亲。"操复曰："奈卿妻子何？"宫曰："宫闻霸王之主，不绝人之祀。"固请就刑，遂出不顾，操为之泣涕。布及宫、顺皆缢杀之，传首许市。

从战争过程看，吕布这个人不坚定，先是欲降，被陈宫劝阻，陈宫提出他守城，布分兵城外出奇兵，这也是取胜之道，布因恋妻儿而留在城内等死，这是消极防御的办法。在城内又不能团结部众、上下一心，结果为小事与部众忿争而为下属执而投降。被俘以后，又向曹操乞生，刘备讲了吕布对丁原、董卓的故事，临刑时不如陈宫慷慨。吕布这个人反复背叛自己的主人和朋友，这样的人，谁愿从他？又有谁愿收留他？除了死没有别的出路，而他最后又贪生怕死，实在缺少一个做人的样子。王夫之的《读通鉴论·卷九·献帝》第十七小节，论吕布此人，其云：

> 呜呼！布之恶无他，无恒而已。人至于无恒而止矣。不自信而人孰信之？不自度而安能度人？不思自全，则视天下之糜烂皆无足恤也。故君子于无恒之人，远之唯恐不速，绝之唯恐不早，可诛之，则勿恤其小惠、小勇、小信、小忠之区区而必诛之，而后可以名不辱而身不危。与无恒者处，有家而家毁，有身而身危，乃至父子、兄弟、夫妇之不能相保。论交者通此义以知择，三人行，亦必慎之哉！

这个话有道理，对于经常反复的小人，即使他有某种长处，也是趁早分手的好，否则的话，说不定什么时候会受其伤害。董卓之死，为前车之鉴，曹操杀吕布自有其理。与吕布相似的人，在东晋也有一个，那就是刘牢之，他是北府兵的开创者，在淝水之战中有过战功，但这个人后来就是反复无常，在各个势力集团之间游移不定，谁相信他，谁就会一不小心因他的反叛而致命。记得 1972 年毛泽东要我们标点《刘牢之传》，1975 年再次要我们标注这一篇传，为什么？因为刘牢之出身于北府兵，能征善战，在淝水之战立过大功，但此人反复无常，在各个势力集团之间反复倒戈，最终他的参军刘袭曰："事不可者，莫大于反，而将军往年反王兖州，近日反司马郎君，今复欲反桓公，一人而三反，岂得立也！"语毕，趋出，佐吏多散走。最后他"自缢而死"。

毛泽东第一次是拿刘牢之讲陈伯达的，陈伯达先是与刘一伙，要为刘修改出版《论共产党员的修养》，后则投靠林彪，毛泽东说我船还没有沉，你老鼠先搬家了。吕布这个人是一个反面的典型。不能为了眼前的利益，忘了做人的基本准则。毛主席 1975 年再次要我们标点这篇古文，是为警惕这样的人物在内部反复制造矛盾和冲突。在这里另外一个值得我们注意的，是对待被俘的敌人，要区别对待，如吕布，固然该杀，从曹操与陈宫的对话看，曹操是想留陈宫的，陈宫却宁死不屈。做人要有气节，有的东西比生命更重要。至于臧霸等人，那就留下来用了，如毕谌，虽亦背叛过曹操，但是迫于其母弟妻子为张邈所胁，有其不得已之处，故曹操放他去张邈处。这次被俘，曹操没有计较其过失，反而讲："夫人孝于其亲者，岂不亦忠于君乎！吾所求也。"任毕谌为鲁相，这才是王者气度，同时这说明做人还得有德性，缺德的人最终只会是众叛亲离，因为这样的人不可信也。

七、官渡之战前双方的形势

（四十八）善待降人

《三国志·魏书·武帝纪》云：

（建安）四年（199年）春二月，公还至昌邑。张杨将杨丑杀杨，眭固又杀丑，以其众属袁绍，屯射犬。夏四月，进军临河，使史涣、曹仁渡河击之。固使杨故长史薛洪、河内太守缪尚留守，自将兵北迎绍求救，与涣、仁相遇犬城。交战，大破之，斩固。公遂济河，围射犬。洪、尚率众降，封为列侯，还军敖仓。以魏种为河内太守，属以河北事。

初，公举种孝廉。兖州叛，公曰："唯魏种且不弃孤也。”及闻种走，公怒曰：“种不南走越、北走胡，不置汝也！”既下射犬，生禽种，公曰：“唯其才也！”释其缚而用之。

这里是并列的两件事，一件是关于张杨的事。在曹操讨伐吕布时，张杨支持过吕布，时间是建安四年，昌邑在今山东巨野东南，他的位置在曹操东侧与吕布相呼应。《三国志·魏书》有《张杨传》：

张杨字稚叔，云中人也，以武勇给并州，为武猛从事。……(灵帝崩)杨复为进所遣，归本州募兵，得千余人，因留上党，击山贼。进败，董卓作乱，杨遂以所将攻上党太守于壶关，不下，略诸县，众至数千人。山东兵起，欲诛卓。袁绍至河内，杨与绍合，复与匈奴单于於夫罗屯漳水。……天子之在河东，杨将兵至安邑，拜安国将军，封晋阳侯。杨欲迎天子还洛，诸将不听；杨还野王。建安元年，杨奉、董承、韩暹挟天子还旧京，粮乏。杨以粮迎道路，遂至洛阳。谓诸将曰：“天子当与天下共之，幸有公卿大臣，杨当捍外难，何事京都？”遂还野王。即拜为大司马。杨素与吕布善，太祖之围布，杨欲救之，不能。乃出兵东市，遥为之势。其将杨丑，杀杨以应太祖。杨将眭固杀丑，将其众，欲北合袁绍。太祖遣史涣邀击，破之于犬城，斩固，尽收其众也。

从《三国志·魏书·武帝纪》与《张杨传》关于张杨的记载，可知张杨是游移于各个割据势力之间的一个弱小集团。关于张杨个人的性格，裴松之注引《英雄记》称："杨性仁和，无威刑。下人谋反，发觉，对之涕泣，辄原不问。"他对于东汉王朝还是忠心耿耿，这样性格的人，在丛林法则支配下，只能成为弱肉强食的牺牲品了。

另一件事，是曹操在杀了眭固打败张杨这股势力以后，对其下属还是采取宽容的态度，没有采取斩尽杀绝的政策，对张杨原来的长史薛洪、缪尚，投降以后仍封他们为列侯。魏种本来是曹操举为孝廉的，张邈与陈宫在兖州叛曹操时也走了。这次在射犬生擒魏种，曹操不计前嫌，亲释其缚，还说"唯其才也"，看重他的才能啊！有的人在危难时刻不得已有逃跑和变节的行为，固然不好，但也不宜深究，因为有环境的原因，正是这一点使曹操能得人之力。

后来曹操在官渡之战以后，在袁绍的档案中，看到"许多下级军中人书"，这些书信都是向袁绍表示忠心的，《武帝纪》裴松之引《魏氏春秋》曰："公云：'当绍之强，孤犹不能自保，而况众人乎！'"曹操对这些书信一烧了之，这样内部曾有二心的人，都稳定下来了，于是冀州各郡邑原来袁绍属下诸郡多举城降。

（四十九）袁绍消灭公孙瓒的战争

《三国志·魏书·武帝纪》云：

> 是时袁绍既并公孙瓒，兼四州之地，众十余万，将进军攻许。诸将以为不可敌，公曰："吾知绍之为人，志大而智小，色厉而胆薄，忌克而少威，兵多而分画不明，将骄而政令不一，土地虽广，粮食虽丰，适足以为吾奉也。"秋八月，公进军黎阳，使臧霸等入青州破齐、北海、东安，留于禁屯河上。九月，公还许，分兵守官渡。冬十一月，张绣率众降，封列侯。十二月，公军官渡。

这是曹操与袁绍在官渡决战前的形势。一是叙述袁绍当时的形势，关于袁绍打败和并吞公孙瓒的情况，袁绍是以被董卓任为渤海太守的地方起兵诛董卓，被推为盟主起家的，冀州牧韩馥本来是与袁绍起兵讨伐董卓的，馥部将麹义反叛，冀州北面是幽州的公孙瓒，袁绍一面与麹义相结，同时约公孙瓒南下外讨董卓，而阴谋袭馥，然后逼韩馥将冀州让位于他，这样袁绍便领了冀州牧，最终韩馥被逼自杀于厕。接下来是公孙瓒与袁绍争夺北方的霸权。下文先说一下公孙瓒其人其事，然后再说袁绍如何并吞幽州，打垮公孙瓒。公孙瓒失败的原因何在？《后汉书·公孙瓒传》云：

> 公孙瓒字伯珪，辽西令支人也。家世二千石。瓒以母贱，遂为郡小吏。为人美姿貌，大音声，言事辩慧。太守奇其才，以女妻之。后从涿郡卢植学于缑氏山中，略见书传。举上计吏。太守刘君坐事槛车征，官法不听吏下亲近，瓒乃改容服，诈称侍卒，身执徒养，御车到洛阳。太守当徙日南，瓒具豚酒于北芒上，祭辞先人，酹觞祝曰："昔为人子，今为人臣，当诣日南。日南多瘴气，恐或不还，便当长辞坟茔。"慷慨悲泣，再拜而去，观者莫不叹息。既行，于道得赦。
>
> 瓒还郡，举孝廉，除辽东属国长史。尝从数十骑出行塞下，卒逢鲜卑数百骑。瓒乃退入空亭，约其从者曰："今不奔之，则死尽矣。"乃自持两刃矛，驰出冲贼，杀伤数十人，瓒左右亦亡其半，遂得免。

范晔《后汉书》的这段记载，与陈寿《三国志》关于公孙瓒起家的历史叙述，在基本事实上是一致的，范晔在文字上重新组合，较陈书生动。范晔成书在后，陈寿成书在前，陈寿不得不考虑魏晋之际现实政治状况，而范晔则没有这个必要了，但范晔与裴松之同时，故范晔看到的资料比陈寿要多，范晔没有裴松之芜杂的缺陷，但亦有遗漏之处。唐人章怀太子李贤的注，弥补了这个缺点。

这些都是公孙瓒其人其事之题外话，讲这一点，是为了说明读一本书要了解作者的时代背景，才能评定其何以如此说，其中有哪一些有可取舍之处。要真正理解历史事实，吸取其中的经验教训，还得读原著，比较不同时期不同的叙述，同时还要对那时的实际生活有洞察力，才能求得历史的真实，从而吸取对自己有益的养料。中国有文字记载的三千年历史，可以为我们提供无穷无尽的经验教训，海外的学者总是说我们对历史上的事，记得特牢，特别不忘近百年来被侵略、被奴役的历史。这一点我们与他们不同，美国只有几百年的历史，如何与我们相比呢？现在海外汉学也很流行，曾经是费正清主持的剑桥出版的中国史，在国内也曾一度风行。如果透过文字看作者的视角和用心，恐怕他们不是出于对中国历史的热爱，也许别有所图，他们讲中国历史，我总有隔靴搔痒的感觉，抓不到要领，不懂得中国人在读史中内心世界的活动。现在对外国那些不三不四的汉学家，也在报刊上捧作神明似的，我感觉实实在在显示了一副奴才相。

中华民族的历史，还得中国人自己来研究，海外的汉学家们，只能作为参考，不能让他们反客为主，否则的话，其贻害将无穷尽。我们不能不让外国人研究中国史，但中国的历史的研究者，可要有一点主心骨，不要见了什么洋菩萨，就如京剧《法门寺》里的那个贾桂那样双膝发软，跪倒在地。一个民族要自立于世界之林，对自己民族的历史要有自信和尊严，不要洋和尚来念歪经，便当真经，跪倒在地。我对这些赶时髦的朋友，历来是嗤之以鼻的。

言归正传，继续讲公孙瓒。他是靠征讨鲜卑乌桓起家的，在与鲜卑乌桓的斗争中，他表现勇敢，为乌桓所惧。《后汉书·公孙瓒传》云：

> 中平中，以瓒督乌桓突骑，车骑将军张温讨凉州贼。会乌桓反畔，与贼张纯等攻击蓟中，瓒率所领追讨纯等有功，迁骑都尉。张纯复与叛胡丘力居等寇渔阳、河间、勃海，入平原，多所杀略。瓒追击战于属国石门，虏遂大败，弃妻子逾塞走，悉得其所略男女。瓒深入无继，反为丘力居等所围于辽西管子城，二百余日，粮尽食马，马尽煮弩楯，力战不敌，乃与士卒辞诀，各分散还。时多雨雪，队坑死者十五六，虏亦饥困，远走柳城。诏拜瓒降虏校尉，封都亭侯，复兼领属国长史。职统戎马，连接边寇。每闻有警，瓒辄厉色愤怒，如赴仇敌，望尘奔逐，或继之以夜战。虏识瓒声，惮其勇，莫敢抗犯。
>
> 瓒常与善射之士数十人，皆乘白马，以为左右翼，自号“白马义从”。乌桓更相告语，避白马长史。乃画作瓒形，驰骑射之，中者咸称万岁。虏自此之后，遂远窜塞外。

公孙瓒与袁绍之间的矛盾，从刘虞任幽州牧时便已开始，当时公孙瓒与刘虞对如何处置乌桓的问题，政见不同，刘虞主柔和招降，而公孙瓒主强硬和打击的态度。其《后汉书·公孙瓒传》续云：

> 瓒志扫灭乌桓，而刘虞欲以恩信招降，由是与虞相忤。初平二年，青、徐黄巾三十万众入勃海界，欲与黑山合。瓒率步骑二万人，逆击于东光南，大破之，斩首三万余级。贼弃其车重数万辆，奔走度河。瓒因其半济薄之，贼复大破，死者数万，流血丹水，收得生口七万余人，车甲财物不可胜算，威名大震。拜奋武将军，封蓟侯。

可见那时由于公孙瓒与刘虞意见不合，接着又是在打击黑山与青徐黄巾时，公孙瓒取得了胜利。

> 瓒既谏刘虞遣兵就袁术，而惧术知怨之，乃使从弟越将千余骑诣术自结。术遣越随其将孙坚，击袁绍将周昕，越为流矢所中死。瓒因此怒绍，遂出军屯槃河，将以报绍。

幽州与冀州相邻而居，都把对方看作扩大自己势力范围的障碍，加上袁绍部下杀公孙瓒之弟公孙越，故公孙瓒上疏劾袁绍之十大罪状，举兵攻绍。战争初期，公孙瓒占优势，“冀州诸城悉畔从瓒”（《后汉书·公孙瓒传》）。加上那一年，公孙瓒破擒刘虞，尽有幽州之地，而刘虞的余部与袁绍联合攻击公孙瓒，双方各有胜败，但由于连年的战争和灾荒，民相食，公孙瓒又不顾恤百姓，其部属纪律败坏，各地群起杀公孙瓒所置长吏。于是公孙瓒害怕民众造反，他由积极进攻的战略，转而为消极防御。《后汉书·公孙瓒传》称：

瓒虑有非常，乃居于高京，以铁为门。斥去左右，男人七岁以上不得入易门。专侍姬妾，其文簿书记皆汲而上之。令妇人习为大言声，使闻数百步，以传宣教令。疏远宾客，无所亲信，故谋臣猛将，稍有乖散。自此之后，希复攻战。或问其故。瓒曰：“我昔驱畔胡于塞表，扫黄巾于孟津，当此之时，谓天下指麾可定。至于今日，兵革方始，观此非我所决，不如休兵力耕，以救凶年。兵法百楼不攻。今吾诸营楼橹千里，积谷三百万斛，食此足以待天下之变。”

公孙瓒这个消极防御的观念是错误的，什么高城铁门都是靠不住的，百姓对你的支持与信任，才是真正的铜墙铁壁。公孙瓒指望黑山的张燕来救他，什么事靠别人都是靠不住的，只有自力更生，靠群众对你真心诚意的支持，才可靠。公孙瓒之所以失败，就是他指望外援的心理。《后汉书·公孙瓒传》曰：

（建安）四年春，黑山贼帅张燕与续率兵十万，三道来救瓒。未及至，瓒乃密使行人赍书告续曰："昔周末丧乱，僵尸蔽地，以意而推，犹为否也。不图今日亲当其锋。袁氏之攻，状若鬼神，梯冲舞吾楼上，鼓角鸣于地中，日穷月急，不遑启处，鸟厄归人，滀水陵高，汝当碎首于张燕，驰骤以告急。父子天性，不言而动。且厉五千铁骑于北隰之中，起火为应，吾当自内出，奋扬威武，决命于斯。不然，吾亡之后，天下虽广，不容汝足矣。"绍候得其书，如期举火，瓒以为救至，遂便出战。绍设伏，瓒遂大败，复还保中小城。自计必无全，乃悉缢其姊妹妻子，然后引火自焚。绍兵趣登台斩之。

公孙瓒失败以后，其部属亦有殉难者，若：

关靖见瓒败，叹恨曰："前若不止将军自行，未必不济。吾闻君子陷人于危，必同其难，岂可以独生乎！"

乃策马赴绍军而死。续为屠各所杀。田揩与袁绍战死。
（《后汉书·公孙瓒传》）

有的则转而投奔曹操，利用其与袁绍的矛盾，成为曹操的同盟军，若：

鲜于辅将其众归曹操，操以辅为度辽将军，封都亭侯。阎柔将部曲从曹操击乌桓，拜护乌桓校尉，封关内侯。

张燕既为绍所败，人众稍散。曹操将定冀州，乃率众诣邺降，拜平北将军，封安国亭侯。（《后汉书·公孙瓒传》）

（五十）官渡之战前袁、曹双方的形势

接下来我们讲袁绍打败公孙瓒以后的状态，有一句老话，失败是成功之母，即遇到失败，不要气馁，要再接再厉，遇到胜利的环境，不能骄傲，骄兵必败。反过来讲，胜利也是失败之母，过分自我陶醉于胜利的迷幻之中，那么离失败的拐点也就不会太远了。陶醉于胜利往往是冲昏头脑的时候，袁绍与曹操对峙的失败，其思想上讲是打败公孙瓒以后，便不可一世了，不懂得优势与弱势是相对的，可以互相转化的。

《后汉书·袁绍传》云：

绍既并四州之地，众数十万，而骄心转盛，贡御稀简。主簿耿包密白绍曰：“赤德衰尽，袁为黄胤，宜顺天意，以从民心。”绍以包白事示军府僚属，议者以包妖妄宜诛。绍知众情未同，不得已乃杀包以弭其迹。于是简精兵十万，骑万匹，欲出攻许，以审配、逢纪统军事，田丰、荀谌及南阳许攸为谋主，颜良、文丑为将帅。沮授进说曰：“近讨公孙，师出历年，百姓疲敝，仓库无积，赋役方殷，此国之深忧也。宜先遣使献捷天子，务农逸人。若不得通，乃表曹操隔我王路，然后进屯黎阳，渐营河南，益作舟船，缮修器械，分遣精骑，抄其边鄙，令彼不得安，我取其逸。如此可坐定也。”郭图、审配曰：“兵书之法，十围五攻，敌则能战。今以明公之神武，连河朔之强众，以伐曹操，其势譬若覆手。今不时取，后难图也。”授曰：“盖救乱诛暴，谓之义兵；恃众凭强，谓之骄兵。义者无敌，骄者先灭。曹操奉迎天子，建宫许都。今举师南向，于义则违。且庙胜之策，不在强弱。曹操法令既行，士卒精练，非公孙瓒坐受围者也。今弃万安之术，而兴无名之师，窃为公惧之。”图等曰：“武王伐纣，不为不义；况兵加曹操，而云无名！且公师徒精勇，将士思奋，而不及时早定大业，所谓‘天与不取，反受其咎’。此越之所以霸，吴之所以灭也。监军之计，在于持牢，而非见时知几之变也。”绍纳图言。图等因是谮沮授曰：“授监统内外，威震三军，若其浸盛，何以制之！夫臣与主同者昌，主与臣同者亡，此《黄石》之所忌也。且御众于外，不宜知内。”绍乃分授所统为三都督，使授及郭图、淳于琼各典一军，未及行。

这一大段是讲袁绍在官渡之战以前的内部状况。四州是冀、青、幽、并四州，地盘大了，也骄傲了，便想着称皇帝了。这本身是一件招忌树敌之事，袁术称帝成了一场闹剧，袁绍也是如此。要称帝第一个障碍便是在他南边还有拥天子以号令诸侯的曹操在那里，所以讨伐曹操成为袁绍在消灭公孙瓒以后第一个大目标。沮授对袁绍提出的方针是正确的，首先是给百姓休养生息的机会，才能积累力量作进一步的讨伐，公孙瓒所以失败也是这个原因，一张一弛，文武之道，不懂休养民力，那就不可能得民力之用。在袁绍面前两种意见的争论中，沮授是一方，郭图、审配是另一方，事实证明沮授是正确的，而郭图、审配的意见是迎合和揣摩袁绍的意图而言。实际情况并不如郭图所言那么简单，不是什么“天与不取，反受其咎”，也不是吴越之间，吴王夫差不灭越，最终反被越王勾践所灭的关系，关键是如何处理好内部的相互关系，如何善纳与自己相悖的良言，这一点曹操比袁绍要高明一筹。次年，袁绍对曹操下达了宣战的檄文，这篇檄文是陈琳写的，文章写得很漂亮，大家在《后汉书·袁绍传》中可以看到这篇檄文的全文，确实是一篇好文章。

再说曹操如何看待此时袁绍的状态，如何考虑应对袁绍对自己的进攻。《三国志·魏书·荀彧传》称：

> 自太祖之迎天子也，袁绍内怀不服。绍既并河朔，天下畏其强。太祖方东忧吕布，南拒张绣，而绣败太祖军于宛。绍益骄，与太祖书，其辞悖慢。太祖大怒，出入动静变于常，众皆谓以失利于张绣故也。钟繇以问彧，彧曰："公之聪明，必不追咎往事，殆有他虑。"则见太祖问之，太祖乃以绍书示彧，曰："今将讨不义，而力不敌，何如？"彧曰："古之成败者，诚有其才，虽弱必强，苟非其人，虽强易弱，刘、项之存亡，足以观矣。今与公争天下者，唯袁绍尔。绍貌外宽而内忌，任人而疑其心；公明达不拘，唯才所宜，此度胜也。绍迟重少决，失在后机；公能断大事，应变无方，此谋胜也。绍御军宽缓，法令不立，士卒虽众，其实难用；公法令既明，赏罚必行，士卒虽寡，皆争致死，此武胜也。绍凭世资，从容饰智，以收名誉，故士之寡能好问者多归之；公以

至仁待人，推诚心不为虚美，行己谨俭，而与有功者无所悋惜，故天下忠正效实之士咸愿为用，此德胜也。夫以四胜辅天子，扶义征伐，谁敢不从？绍之强其何能为！”太祖悦。彧曰：“不先取吕布，河北亦未易图也。”太祖曰：“然吾所惑者，又恐绍侵扰关中，乱羌、胡，南诱蜀汉，是我独以兖、豫抗天下六分之五也。为将奈何？”彧曰：“关中将帅以十数，莫能相一，唯韩遂、马超最强。彼见山东方争，必各拥众自保。今若抚以恩德，遣使连和，相持虽不能久安，比公安定山东，足以不动。钟繇可属以西事。则公无忧矣。”

这是建安三年以前荀彧替曹操分析袁绍其人及其集团内部的情况，曹操提出的第一个问题是，与袁绍相比，敌强我弱，怎么办？荀彧提出当前唯一能与曹操争天下的就是袁绍，他分析袁绍这个人，“绍貌外宽而内忌，任人而疑其心，公明达不拘，唯才所宜，此度胜也”。用人不疑，疑人不用，你不信任别人，而又加以重任，那个结果很坏，对方知道你怀疑自己，也就有不安之心，那么君臣疑忌未有不败之事。在用人的度量上，曹操高于袁绍。在谋略上，“绍迟重少决，失在后机，公能断大事，应变无方，此谋胜也”。那就是袁绍不善于抓住瞬息万变的战机，见机太慢，又往往优柔寡断，而曹操能多谋善断，随机应变。在部队的管理上，“绍御军宽缓，法令不立，士卒虽众，其实难用，公法令既明，赏罚必行，士卒虽寡，皆争致死，此武胜也”。对军队的管理必须纪律严明，才有战斗力，否则的话，人再多，也是乌合之众，一有风吹草动，便作鸟兽散。从为人上讲，袁绍虽然凭借四世五公的门第博得众士之好誉，然而曹操能以至仁待人，行己谨俭，与有功者无所吝惜，故强弱不以一时人力物力作比，而以双方为人行事之优劣作比。这也是分析敌我双方形势的一种方法，为什么？因为得人心者得天下也。荀彧当时比较了与袁绍关系之外，还比较了关中及吕布这两股力量在全局中的地位，在战略决策上有一个轻重缓急的问题。有一个明确的全局性的观念，才能运筹帷幄之中，决胜千里之外。还有一个人郭嘉，《三国志·魏书》有传，其传称：

> 郭嘉字奉孝，颍川阳翟人也。初，北见袁绍，谓绍谋臣辛评、郭图曰：“夫智者审于量主，故百举百全而功名可立也。袁公徒欲效周公之下士，而未知用人之机。多端寡要，好谋无决，欲与共济天下大难，定霸王之业，难矣！”于是遂去之。

在国家统一的时候，只是君主挑选臣子，在分裂和混乱的时候，君择臣，臣亦可择君。战国时是这样，东汉末年群雄崛起时也是如此。说到底现在小白领跳槽忙也就是这么回事，希望找到一个能使自己施展才能、谋求个人前途的单位和岗位，这要看企业对人才的态度，是要人才还是要奴才，哪一个单位奴才多了，只会坏事。再说郭嘉那时对袁绍的分析，亦还中肯，说他的问题在于“多端寡要，好谋无决”。为君者，要多谋善断，多谋不可能靠一个人的智慧，善断则是为君者必须具备的才能，善于从全局出发，权衡各方面的利弊得失，分别事物的轻重缓急，作出比较正确的决策，并提出可以实际操作的计划和方案，然后付诸实施。毛泽东在 1959 年的 4 月 5 日，八届七中全会的最后一天，讲工作方法的问题，就讲了多谋善断、留有余地的问题，这个话题便是由郭嘉对袁绍的评论提出来的，那是为了纠正“大跃进”的错误。要多谋，才能善断，曹操身边有一大批谋士为他出谋划策，是曹操权衡利弊得失及事物之轻重缓急，然后从中选择最优最佳的，并最终作出正确的决断。故毛泽东不止一次地鼓励大家读《三国志》中这篇《郭嘉传》。裴松之在《郭嘉传》中引《傅子》一书所载郭嘉为曹操对比他与袁绍之十条优劣，其大旨与荀彧所言基本相同，今引全文如下，供参阅：

> 太祖谓嘉曰：“本初拥冀州之众，青、并从之，地广兵强，而数为不逊。吾欲讨之，力不敌，如何？”对曰：“刘、项之不敌，公所知也。汉祖唯智胜；项羽虽强，终为所禽。嘉窃料之，绍有十败，公有十胜，虽兵强，

无能为也。绍繁礼多仪，公体任自然，此道胜一也。绍以逆动，公奉顺以率天下，此义胜二也。汉末政失于宽，绍以宽济宽，故不摄，公纠之以猛而上下知制，此治胜三也。绍外宽内忌，用人而疑之，所任唯亲戚子弟，公外易简而内机明，用人无疑，唯才所宜，不间远近，此度胜四也。绍多谋少决，失在后事，公策得辄行，应变无穷，此谋胜五也。绍因累世之资，高议揖让以收名誉，士之好言饰外者多归之，公以至心待人，推诚而行，不为虚美，以俭率下，与有功者无所吝，士之忠正远见而有实者皆愿为用，此德胜六也。绍见人饥寒，恤念之形于颜色，其所不见，虑或不及也，所谓妇人之仁耳，公于目前小事，时有所忽，至于大事，与四海接，恩之所加，皆过其望，虽所不见，虑之所周，无不济也，此仁胜七也。绍大臣争权，谗言惑乱，公御下以道，浸润不行，此明胜八也。绍是非不可知，公所是进之以礼，所不是正之以法，此文胜九也。绍好为虚势，不知兵要，公以少克众，用兵如神，军人恃之，敌人畏之，此武胜十也。”太祖笑曰：“如卿所言，孤何德以堪之也！”嘉又曰：“绍方北击公孙瓒，可因其远征，东取吕布。不先取布，若绍为寇，布为之援，此深害也。”太祖曰：“然。”

曹操手下有一批谋臣，如荀彧、郭嘉、程昱、荀攸等，他们对形势之分析皆有其独到之处，他们能各尽所言，从荀彧到郭嘉对曹操优点的分析，最重要的是曹操能虚怀若谷，认真听取他们的忠言良谋，并定出可行的实施方案，从而取得以弱胜强、以少胜多的胜利。前面在建安三年春，讲到曹操在许昌“初置军师祭酒”，军师是参谋人员，曹操有一个参谋群体，设置祭酒，是这一群体的长官。古人祭祀祖先时，设一祭酒，以领祭祖事宜，洒地以酒飨先祖时，祭酒第一个洒酒于祭殿灵牌之前，故祭酒成为一种官称，表示他是这一群体的领军人物。曹操那时就懂得身边要有一个足智多谋的智囊团，才能取得胜利。刘邦身边有一批谋臣，张良、陈平，但还没有设立这方面群体性的组织机构，曹操有了。刘备身边只有诸葛亮，但也不能言听计从，刘备虽说是英雄，毕竟逊色于曹操，皇叔的称号毕竟只是显示他有刘邦的血脉而已。血缘关系遗传基因这类东西可以帮一些忙，但毕竟不可能起决定性的作用，用人还得看其才能，曹操唯才是举是对的，当然一个人的成事，毕竟要靠客观环境给予的机遇和自己的努力，刘备这两个条件都比曹操要差一截。

（五十一）东征刘备

《三国志·魏书·武帝纪》云：

袁术自败于陈，稍困，袁谭自青州遣迎之。术欲从下邳北过，公遣刘备、朱灵要之。会术病死。程昱、郭嘉闻公遣备，言于公曰："刘备不可纵。"公悔，追之不及。备之未东也，阴与董承等谋反，至下邳，遂杀徐州刺史车胄，举兵屯沛。遣刘岱、王忠击之，不克。

这次是袁术兵败想经过下邳投奔袁绍，袁谭是袁绍的长子，也奉命派人去接应，而曹操派刘备带了人马去拦击袁术。那时曹操对刘备还是很看重。

这里还涉及另一个问题，便是汉献帝通过伏后、董承授衣带密诏，要刘备伺机杀操，刘备出发以后，这事被发觉了，伏后与长水校尉种辑、将军吴子兰、王子服等因而被杀，于是曹操才派刘岱与王忠追击刘备。那时刘备到了下邳，便举兵反曹操，这样刘备反而成了袁绍的同盟军。派去追刘备的刘岱也是沛国人，刘备对刘岱说："使汝百人来，其无如我何；曹公自来，未可知耳！"（《武帝纪》裴松之注引《献帝春秋》）还有一个王忠是扶风人，亭长出身，《武帝纪》裴松之注引《魏略》曰："三辅乱，忠饥乏啖人。"那时人吃人的现象还不少。裴松之在《先主传》引《英雄记》称："备军在广陵，饥饿困踧，吏士大小自相啖食，穷饿侵逼，欲还小沛。"曹操看到派刘岱、王忠去追刘备解决不了问题，便准备自己去追，而那时的刘备杀徐州刺史车胄，留关羽守下邳，刘备自己还小沛，那个地区的郡县多叛曹操归刘备，刘备这时有众数万人，原因是曹操打陶谦时，在徐州杀伐太过了，所以刘备能在徐州当地得到官民的支持。刘备派遣孙乾与袁绍联络，俨然是陶谦、吕布之后另一个与曹操对立的势力的崛起。

《三国志·魏书·武帝纪》云：

> 五年春正月，董承等谋泄，皆伏诛。公将自东征备，诸将皆曰："与公争天下者，袁绍也。今绍方来而弃之东，绍乘人后，若何？"公曰："夫刘备，人杰也，今不击，必为后患。袁绍虽有大志，而见事迟，必不动也。"郭嘉亦劝公，遂东击备，破之，生禽其将夏侯博。备走奔绍，获其妻子。备将关羽屯下邳，复进攻之，羽降。昌豨叛为备，又攻破之。公还官渡，绍卒不出。

这次曹操亲自带兵追击刘备，出于刘备意外，他认为曹操这时在官渡与袁绍相持，不可能亲自带兵来攻击自己。《先主传》裴松之引《魏书》曰："是时，公方有急于官渡，乃分留诸将屯官渡，自勒精兵征备。备初谓公与大敌连，不得东，而候骑卒至，言曹公自来。备大惊，然犹未信。自将数十骑出望公军，见麾旌，便弃众而走。"此时刘备重走袁术当年的路径，北投袁绍。

《三国志·蜀书·先主传》称：

> 先主走青州。青州刺史袁谭，先主故茂才也，将步骑迎先主。先主随谭到平原，谭驰使白绍。绍遣将道路奉迎，身去邺二百里，与先主相见。驻月余日，所失亡士卒稍稍来集。曹公与袁绍相拒于官渡，汝南黄巾刘辟等叛曹公应绍。绍遣先主将兵与辟等略许下。关羽亡归先主。曹公遣曹仁将兵击先主，先主还绍军，阴欲离绍，乃说绍南连荆州牧刘表。绍遣先主将本兵复至汝南，与贼龚都等合，众数千人。曹公遣蔡阳击之，为先主所杀。

这里刘备先投奔袁绍，袁绍让刘备南下，以分曹操之兵力，同时借以联合荆州刘表，希望南方有力量骚扰曹操的后方，这是袁绍的想法。从刘备讲，也许他希望南下许昌以南的地区，另外开辟一条自己发展的路径，不是为了袁绍。王夫之在《读通鉴论·卷九·献帝》第二十节论述刘备这段时期的心迹：

> 其初起也，因公孙瓒，因陶谦，虽为州牧，而权藉已微，固不能与袁、曹之典兵于灵帝之世，与于诛贼之举者齿；故旋起旋踬，而姑托于操。及其受左将军之命，躬膺天子之宠任，而又承密诏以首事，先主于是乎始得乘权而正告天下以兴师。曹操之必篡，心知之矣。袁绍之为逆，亦心知之矣。脱于操之股掌，东临徐、豫，孤

倡义问以鼓人心，乘机而兴，不能更待，绍不可达而连之，姑使与操相持，己因得以收兵略地为东向之举，而有余以制群雄，先主之志，如此而已。初未尝倚绍以破操，而幸绍之能戴汉以复兴也。董承、种辑亦恶足以知其怀来哉？

故许先主以纯臣，而先主不受也。其于献帝，特不如光武之于更始，而岂信其可终辅之以荡群凶乎？故连和于绍而不终，未尝恃绍也。操即灭，绍即胜，先主亦且出于事外而不屑为绍用。先主之东，操心悔之而不惧，绍遥应之而不坚，亦已知之矣。他日称尊于益州，此为权舆；特其待操之篡而后自立焉，故不得罪于名教，而后世以正统加之，亦可勿愧焉。

说到底，刘备也是想找机会建立一个能割据一方的地盘，这一点王夫之说得还是有道理的，视刘备为正统，只是南宋道学家的观念，因为南宋也是一个偏安的局面。

（五十二）关羽与张辽——如何为人与如何考察人

为臣与为君，说到底是一个如何为人和如何考察人的问题。这里提出了关羽这个人物，关羽与刘备的关系，《三国志·蜀书·关羽传》云：

关羽字云长，本字长生，河东解人也。亡命奔涿郡。先主于乡里合徒众，而羽与张飞为之御侮。先主为平原相，以羽、飞为别部司马，分统部曲。先主与二人寝则同床，恩若兄弟。而稠人广坐，侍立终日，随先主周旋，不避艰险。先主之袭杀徐州刺史车胄，使羽守下邳城，行太守事，而身还小沛。

建安五年（200年），曹公东征，先主奔袁绍。曹公禽羽以归，拜为偏将军，礼之甚厚。绍遣大将军颜良攻东郡太守刘延于白马，曹公使张辽及羽为先锋击之。羽望见良麾盖，策马刺良于万众之中，斩其首还，绍诸将莫能当者，遂解白马围。曹公即表封羽为汉寿亭侯。

初，曹公壮羽为人，而察其心神无久留之意，谓张辽曰："卿试以情问之。"既而辽以问羽，羽叹曰："吾极知曹公待我厚，然吾受刘将军厚恩，誓以共死，不可背之。吾终不留，吾要当立效以报曹公乃去。"辽以羽言报曹公，曹公义之。及羽杀颜良，曹公知其必去，重加赏赐。羽尽封其所赐，拜书告辞，而奔先主于袁军。左右欲追之，曹公曰："彼各为其主，勿追也。"

从这里表述的情况看，关羽对刘备的情谊始终不渝，尽管曹操那样器重于他，他还是想回到刘备身边，这一点不容易。张辽问他，他并不隐瞒自己的想法。裴松之注引《傅子》曰："辽欲白太祖，恐太祖杀羽，不白，非事君之道，乃叹曰：'公，君父也；羽，兄弟耳。'遂白之。太祖曰：'事君不忘其本，天下义士也。度何时能去？'辽曰：'羽受公恩，必立效报公而后去也。'"

这件事同时也显得曹操的大度，故裴松之在注中称："曹公知羽不留而心嘉其志，去不遣追以成其义，自非有王霸之度，孰能至于此乎？斯实曹公之休美。"《三国演义》中关羽过五关斩六将的故事，由此而来。关羽在民间被称为"武圣"，无非是发扬忠于故主的情谊，清朝立武圣庙，也是这个道理，对巩固王朝的统治有利。

关羽与吕布是封建社会两种相反的典型人物的代表。所谓"义气"，说到底是在为人的问题上要讲信誉，不能反复无常。言而无信，何以立乎？信任危机如果泛化，大家都不讲信誉，那么人与人之间的社会关系就会动摇不定，甚至从根本上被颠覆。政府如果不讲信誉，那么长此下去等待它的命运便是这个政权的瓦解和重建，整个国家和民族将为此付出沉重的代价以重建信誉，因为社会公共生活离不开诚信这个最基本的要素。

这里还有一个张辽是何许人的问题。《三国志·魏书·张辽传》云：

张辽字文远，雁门马邑人也。本聂壹之后，以避怨变姓。少为郡吏。汉末，并州刺史丁原以辽武力过人，召为从事，使将兵诣京都。何进遣诣河北募兵，得千余人。还，进败，以兵属董卓。卓败，以兵属吕布，迁骑都尉。布为李傕所败，从布东奔徐州，领鲁相，时年二十八。太祖破吕布于下邳，辽将其众降，拜中郎将，赐爵关内侯。数有战功。

要讲历史，张辽这个人历史够复杂的了。他曾先后在丁原、何进、董卓、吕布手下干事，经历复杂。但即便是关羽，也可以定为叛徒，因为投降过曹操啊。看人，关键还是重在表现，故曹操是唯才是举，看重表现，怎么能算历史老账呢？况且那时张辽还年轻，懂啥啊？只是不断地找主子就是了，最终投奔曹操，他对曹操忠心耿耿一辈子。

上面领导出问题怪不得下面的部属，关羽给他讲心事，他如实报告了曹操，又保护了关羽，两全其美，做人应是这样。

八、官渡之战

（五十三）袁曹在官渡的前哨战——白马之战

接下来应该说明的是曹操与袁绍之间在官渡展开的这一场决战，其中双方究竟有哪一些经验教训值得后人吸取，也只有通过具体的历史演化过程，才能清晰地呈现在大家面前。

当刘备据沛背曹操，曹操准备亲自出征刘备时，《后汉书·袁绍传》讲道：

> 田丰说绍曰："与公争天下者，曹操也。操今东击刘备，兵连未可卒解，今举军而袭其后，可一往而定。兵以几动，斯其时也。"绍辞以子疾，未得行。丰举杖击地曰："嗟乎，事去矣！夫遭难遇之几，而以婴儿病

失其会，惜哉！”绍闻而怒之，从此遂疏焉。

这件事说明袁绍这个人迟重复久，失在后机，年老智衰，禽犊爱重，为婴儿病而失大计。除此以外，可能还有坐山观虎斗的想法，希望对方两败俱伤，自己能坐收渔翁之利。其实那时刘备在徐州的乌合之众，哪儿是曹操的对手，结果是曹操得计，把握了分别击破的机会。当然，从当时实际情况看，袁绍兴兵而南，众未集，兵未进，一下子与曹操拉开战局，客观上也有难度，故袁绍在主观上有失机之失，客观上亦有集合兵众迅即拉开战役的困难。

袁绍与曹操在官渡之战中，第一场前哨战是白马之战，《三国志·魏书·武帝纪》纪其事云：

二月，绍遣郭图、淳于琼、颜良攻东郡太守刘延于白马，绍引兵至黎阳，将渡河。夏四月，公北救延。荀攸说公曰：“今兵少不敌，分其势乃可。公到延津，若将渡兵向其后者，绍必西应之，然后轻兵袭白马，掩其不备，颜良可禽也。”公从之。

白马，在今河南滑县旧县城东，即关羽解白马围斩袁绍将颜良的地方。袁绍军队从二月起围攻东郡太守刘延于白马，至四月

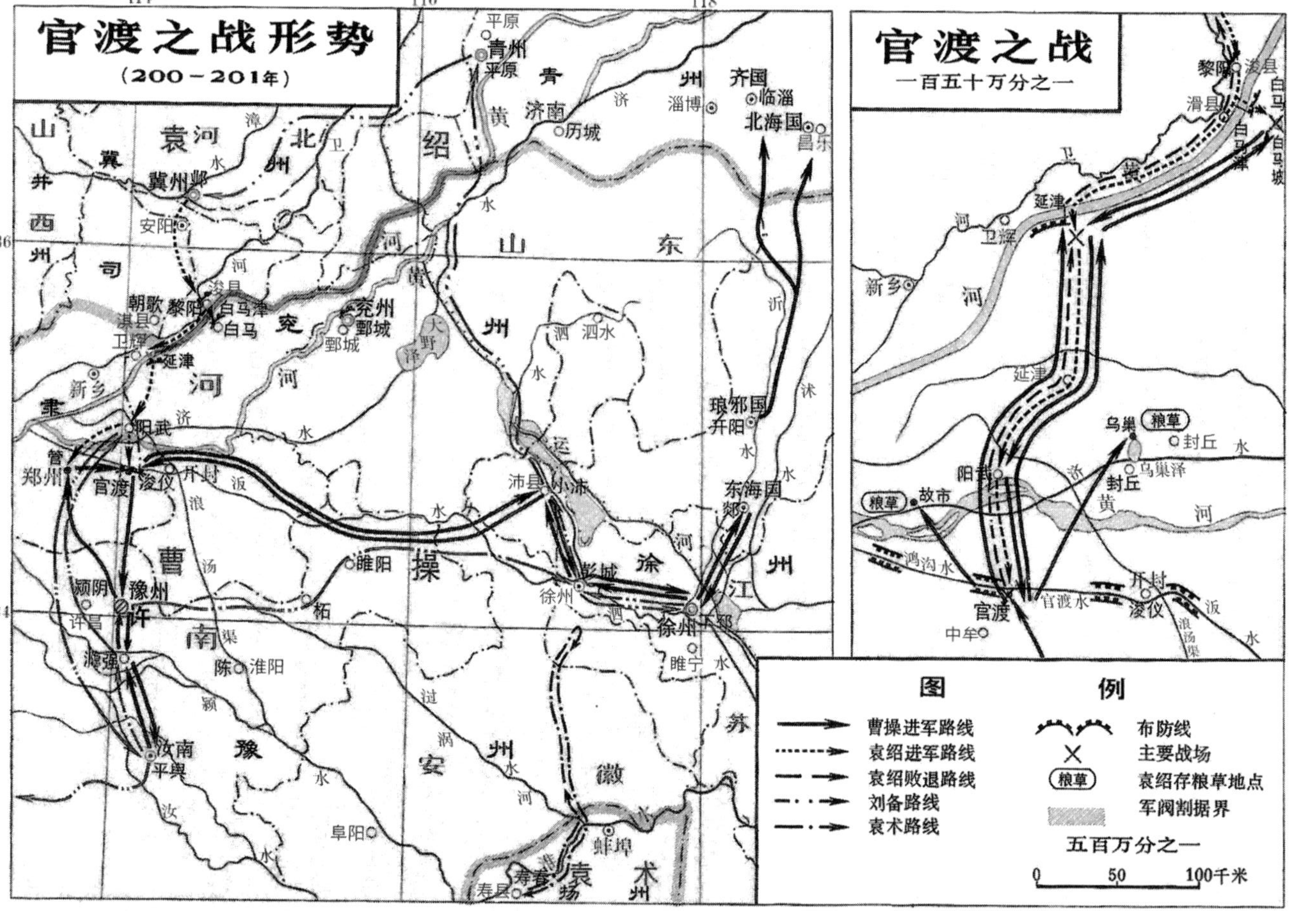
官渡之战形势
（200－201年）
官渡之战
一百五十万分之一
图例
曹操进军路线
袁绍进军路线
袁绍败退路线
刘备路线
袁术路线
布防线
主要战场
粮草
袁绍存粮草地点
军阀割据界
五百万分之一
0 50 100千米
冀州邺
安阳
朝歌
淇县
黎阳
白马津
白马
卫辉
延津
新乡
阳武
郑州
官渡
浚仪
开封
颍阴
许昌
豫州
许
濦强
汝南
平舆
陈
淮阳
睢阳
柘
兖州
鄄城
青州
平原
济南
历城
齐国
临淄
淄博
北海国
昌乐
琅邪国
开阳
东海国
郯
沛县
小沛
彭城
徐州
下邳
睢宁
蚌埠
寿春
寿县
阜阳
乌巢
乌巢泽
封丘
故市
中牟
滑县
浚县
白马坡
鸿沟水
官渡水
浪汤渠
山东
袁绍
曹操
袁术

间，荀攸建议曹操采取声东击西的办法，转移袁绍军队的注意力，乘袁绍注意延津地区考虑应对曹军渡河袭其后路时，偷袭袁在白马的军队。颜良是袁绍手下有名的战将，关羽、张辽一起斩了颜良，灭了袁绍的锐气。后面一个战役是利用白马的辎重队伍。当文丑、刘备带了骑兵队伍分散去掠夺辎重时，曹操的骑兵乘对方没有思想准备发动袭击，斩了文丑。刘备这次给溜了。

《孙子兵法》中《计篇》讲："兵者，诡道也。"曹操注曰："兵无常形，以诡诈无道。"孙子还说："攻其无备，出其不意。"曹操注曰："击其懈怠，出其空虚。"这两次战役的诡诈，前面是声东击西，后面是出其不意，攻其无备。曹操对《孙子兵法》，可以说活学活用了。他不仅读书，还解释书上说的，更妙的是在战争实践中使用它。孙子还说："此兵家之胜，不可先传也。"曹操注曰："传犹泄也，兵无常势，水无常形，临敌变化，不可先传。故曰：料敌在心，察机在目也。"换一句话说，要出其不意，那就不能让对方事先探知自己的意图，而且要诱导对方作出错误的判断，才能让敌人跟着自己的指挥棒转，然后择机而断其一指。只要能断其一指，对方就要缩手重新部署了。这一套诡道只能用在对付敌人上，如果转而用在政治上，用在朋友同志之间，那就太可怕了。如果这样做的话，那只能受益于一时，而不能收效于长远，弄不好会失去诚信，最终被孤立的是自己。

（五十四）两军对峙，后勤保障是胜负的根本所在

白马之战，还只是官渡之战的前哨战，对袁绍而言是出师不利，对曹操来讲是积极防御中的先声夺人。接下来是双方在官渡的对峙，从兵力上讲，袁绍占优势，曹操处于劣势。这就要看毅力了，往往谁能坚持到最后，谁就能胜利。要能坚持，粮运则是坚持的保障，谁能保障粮运的安全，谁就能夺取最后的胜利。

《三国志·魏书·武帝纪》云：

> 八月，绍连营稍前，依沙塠为屯，东西数十里。公亦分营与相当，合战不利。时公兵不满万，伤者十二三。绍复进临官渡，起土山地道。公亦于内作之，以相应。绍射营中，矢如雨下，行者皆蒙楯，众大惧。时公粮少，与荀彧书，议欲还许。彧以为“绍悉众聚官渡，欲与公决胜败。公以至弱当至强，若不能制，必为所乘，是天下之大机也。且绍，布衣之雄耳，能聚人而不能用。夫以公之神武明哲而辅以大顺，何向而不济！”公从之。

八月，双方已在官渡相持半年了，你搞地道战，想借地道攻城，我也筑地道防御你地道伸入我营垒。袁绍的军队筑土山，居高临下，让曹操的军队没有活动的余地，曹操亦在营内筑土山对

峙。袁绍只知硬攻，不知出奇，当时许攸曾提出过一个建议，裴松之引习凿齿《汉晋春秋》曰：“许攸说绍曰：‘公无与操相攻也。急分诸军持之，而径从他道迎天子，则事立济矣。’绍不从，曰：‘吾要当先围取之。’攸怒。”许攸的建议是对的，出奇兵攻许，使曹操后方动摇。事实上曹操已经在动摇了，从他给荀彧的信中可知他已经准备还许昌了。而荀彧的回信是要他在前方坚持。两军相争，谁出奇，谁便能取胜；两军相持，谁更有毅力和耐性，谁便能最后取胜。

《三国志·魏书·武帝纪》云：

> 孙策闻公与绍相持，乃谋袭许，未发，为刺客所杀。
>
> 汝南降贼刘辟等叛应绍，略许下。绍使刘备助辟，公使曹仁击破之。备走，遂破辟屯。

如果孙策能攻许，情况就不同了，袁绍不出主力攻许，靠刘辟当然不行，而刘备这时则别有图谋，他想乘机向南方发展，为自己寻找一块可以立足的地盘，当然不可能全力攻许，牵制曹操的后方。也许刘备心中想的是让两虎在官渡拼命，最好是两败俱伤，这样正是为自己发展提供一个新的时机。

《三国志·魏书·武帝纪》云：

袁绍运谷车数千乘至，公用荀攸计，遣徐晃、史涣邀击，大破之，尽烧其车。公与绍相拒连月，虽比战斩将，然众少粮尽，士卒疲乏。公谓运者曰：“却十五日为汝破绍，不复劳汝矣。”冬十月，绍遣车运谷，使淳于琼等五人将兵万余人送之，宿绍营北四十里。绍谋臣许攸贪财，绍不能足，来奔，因说公击琼等。左右疑之，荀攸、贾诩劝公。公乃留曹洪守，自将步骑五千人夜往，会明至。琼等望见公兵少，出陈门外。公急击之，琼退保营，遂攻之。绍遣骑救琼。左右或言“贼骑稍近，请分兵拒之”。公怒曰：“贼在背后，乃白！”士卒皆殊死战，大破琼等，皆斩之。绍初闻公之击琼，谓长子谭曰：“就彼攻琼等，吾攻拔其营，彼固无所归矣！”乃使张郃、高览攻曹洪。郃等闻琼破，遂来降。绍众大溃，绍及谭弃军走，渡河。追之不及，尽收其辎重图书珍宝，虏其众。公收绍书中，得许下及军中人书，皆焚之。冀州诸郡多举城邑降者。

这一段历史，《通鉴》的记载比《三国志·魏书·武帝纪》更加具体而生动，因为官渡之战对曹操而言，是奠定其终身事业的一个关键性战役，故可比较二者记载之详略。我从建安四年八月间刘备奉袁绍之命掠汝颍之间开始引述，到九月末袁绍兵败后的情况为止。以下为《资治通鉴·汉纪五十五》的记载：

刘备略汝、颍之间，自许以南，吏民不安，曹操患之。曹仁曰："南方以大将军方有目前急，其势不能相救，刘备以强兵临之，其背叛故宜也。备新将绍兵，未能得其用，击之，可破也。"操乃使仁将骑击备，破走之，尽复收诸叛县而还。

备还至绍军，阴欲离绍，乃说绍南连刘表。绍遣备将本兵复至汝南，与贼龚都等合，众数千人。曹操遣将蔡杨击之，为备所杀。

袁绍军阳武，沮授说绍曰："北兵虽众而劲果不及南，南军谷少而资储不如北；南幸于急战，北利在缓师。宜徐持久，旷以日月。"绍不从。八月，绍进营稍前，依沙埵为屯，东西数十里。操亦分营与相当。

九月，庚午朔，日有食之。

曹操出兵与袁绍战，不胜，复还，坚壁。绍为高橹，起土山，射营中，营中皆蒙楯而行。操乃为霹雳车，发石以击绍楼，皆破；绍复为地道攻操，操辄于内为长堑以拒之。操众少粮尽，士卒疲乏，百姓困于征赋，多叛归绍者。操患之，与荀彧书，议欲还许，以致绍师。彧报曰："绍悉众聚官渡，欲与公决胜败。公以至弱当至强，若不能制，必为所乘，是天下之大机也。且绍，布衣之雄耳，能聚人而不能用。以公之神武明哲而辅以大顺，何向而不济！今谷食虽少，未若楚、汉在荥阳、成皋间也。是时刘、项莫肯先退者，以为先退则势屈也。公以十分居一之众，画地而守之，扼其喉而不得进，已半年矣。情见势竭，必将有变。此用奇之时，不可失也。”操从之，乃坚壁持之。

操见运者，抚之曰：“却十五日为汝破绍，不复劳汝矣。”绍运谷车数千乘至官渡。荀攸言于操曰：“绍运车旦暮至，其将韩猛锐而轻敌，击，可破也！”操曰：“谁可使者？”攸曰：“徐晃可。”乃遣偏将军河东徐晃与史涣邀击猛，破走之，烧其辎重。

冬，十月，绍复遣车运谷，使其将淳于琼等将兵万余人送之，宿绍营北四十里。沮授说绍：“可遣蒋奇别为支军于表，以绝曹操之钞。”绍不从。

许攸曰：“曹操兵少而悉师拒我，许下余守，势必空弱。若分遣轻军，星行掩袭，许可拔也。许拔，则奉迎天子以讨操，操成禽矣。如其未溃，可令首尾奔命，破之必也。”绍不从，曰：“吾要当先取操。”会攸家犯法，审配收系之，攸怒，遂奔操。

操闻攸来，跣出迎之，抚掌笑曰：“子卿远来，吾事济矣！”既入坐，谓操曰：“袁氏军盛，何以待之？今有几粮乎？”操曰：“尚可支一岁。”攸曰：“无是，更言之！”又曰：“可支半岁。”攸曰：“足下不欲破袁氏邪，何言之不实也！”操曰：“向言戏之耳。其实可一月，为之奈何？”攸曰：“公孤军独守，外无救援而粮谷已尽，此危急之日也。袁氏辎重万余乘，在故市、乌巢，屯军无严备，若以轻兵袭之，不意而至，燔其积聚，不过三日，袁氏自败也。”操大喜，乃留曹洪、荀攸守营，自将步骑五千人，皆用袁军旗帜，衔枚缚马口，夜从间道出，人抱束薪，所历道有问者，语之曰：“袁公恐曹操钞略后军，遣兵以益备。”闻者信以为然，皆自若。既至，围屯，大放火，营中惊乱。会明，琼等望见操兵少，出陈门外，操急击之，琼退保营，操遂攻之。

绍闻操击琼，谓其子谭曰：“就操破琼，吾拔其营，彼固无所归矣！”乃使其将高览、张郃等攻操营。郃曰：“曹公精兵往，必破琼等，琼等破，则事去矣，请先往救之。”郭图固请攻操营。郃曰：“曹公营固，攻之必不拔。若琼等见禽，吾属尽为虏矣。”绍但遣轻骑救琼，而以重兵攻操营，不能下。

绍骑至乌巢，操左右或言：“贼骑稍近，请分兵拒之。”操怒曰：“贼在背后，乃白！”士卒皆殊死战，遂大破之，斩琼等，尽燔其粮谷，士卒千余人，皆取其鼻，牛马割唇舌，以示绍军。绍军将士皆恟惧。郭图惭其计之失，复谮张郃于绍曰：“郃快军败。”郃忿惧，遂与高览焚攻具，诣操营降。曹洪疑不敢受，荀攸曰：“郃计画不用，怒而来奔，君有何疑！”乃受之。

于是绍军惊扰，大溃。绍及谭等幅巾乘马，与八百骑渡河。操追之不及，尽收其辎重、图书、珍宝。余众降者，操尽坑之，前后所杀七万余人。

沮授不及绍渡，为操军所执，乃大呼曰：“授不降也，为所执耳！”操与之有旧，迎谓曰：“分野殊异，遂用圮绝，不图今日乃相禽也！”授曰：“冀州失策，自取奔北。授知力俱困，宜其见禽。”操曰：“本初无谋，不相用计，今丧乱未定，方当与君图之。”授曰：“叔父、母弟，县命袁氏，若蒙公灵，速死为福。”操叹曰：“孤早相得，天下不足虑也。”遂赦而厚遇焉。授寻谋归袁氏，操乃杀之。

操收绍书中，得许下及军中人书，皆焚之，曰：“当绍之强，孤犹不能自保，况众人乎！”

冀州城邑多降于操。袁绍走至黎阳北岸，入其将军蒋义渠营，把其手曰：“孤以首领相付矣！”义渠避帐而处之，使宣号令。众闻绍在，稍复归之。

或谓田丰曰：“君必见重矣。”丰曰：“公貌宽而内忌，不亮吾忠，而吾数以至言迕之，若胜而喜，犹能赦我，今战败而恚，内忌将发，吾不望生。”绍军士皆拊膺泣曰：“向令田丰在此，必不至于败。”绍谓逢纪曰：“冀州诸人闻吾军败，皆当念吾，惟田别驾前谏止吾，与众不同，吾亦惭之。”纪曰：“丰闻将军之退，拊手大笑，喜其言之中也。”绍于是谓僚属曰：“吾不用田丰言，果为所笑。”遂杀之。初，曹操闻丰不从戎，喜曰：“绍必败矣。”及绍奔遁，复曰：“向使绍用其别驾计，尚未可知也。”

审配二子为操所禽，绍将孟岱言于绍曰：“配在位专政，族大兵强，且二子在南，必怀反计。”郭图、辛评亦以为然。绍遂以岱为监军，代配守邺。护军逢纪素与配不睦，绍以问之，纪曰：“配天性烈直，每慕古人之节，必不以二子在南为不义也。愿公勿疑。”绍曰：“君不恶之邪？”纪曰：“先所争者，私情也；今所陈者，国事也。”绍曰：“善！”乃不废配，配由是更与纪亲。冀州城邑叛绍者，绍稍复击定之。

绍为人宽雅，有局度，喜怒不形于色，而性矜愎自高，短于从善，故至于败。

（五十五）袁绍失败的教训

袁绍这次在官渡之战之所以失败，根本的原因是自以为是，抱定当初打败公孙瓒的办法，死死地围住官渡，不知如何出奇制胜，只想凭借自己的优势兵力十面围之，所以几次坐失战机。另一个缺失是不仅不能从善如流，对于提出不同于己的正确意见的人，不能宽容以善相待，对许攸就是如此，因为许攸家人犯法，把他给气走了，帮了曹操大忙。曹操对许攸不仅以礼相迎，懂得许攸知道绍营的情况，信而用之，还亲自带兵袭击淳于琼运粮之车，这一点也是袁绍做不到的。

许多事还得自己亲自带兵才能取得第一手的经验，这也是曹操胜其一筹的重要原因。再说战场上的形势瞬息万变，袁绍却不能因势而用奇。淳于琼危急时，张郃曾建议先救淳于琼之兵，但袁绍没有接受。而且有人挑动袁绍与张郃的关系，使张郃愤而投奔曹操。许攸、张郃的案例说明袁绍不仅不能从善如流，而且怯于认错。再说田丰，对袁绍那样忠心耿耿，袁绍许多失策，田丰皆有言在先，但袁绍没有接纳。许攸、张郃出奔后，有人挑拨田丰嘲笑袁绍之失败，袁绍因此而杀田丰，那就更不应该了。如沮授，也是对袁忠心耿耿，但袁绍没有听取他的意见，还不让参预兵事，兵败被俘，他还想回奔袁绍军营而为曹操所杀。

从这些案例，可以感到袁绍既不识时机，也不识人，他的致命处不在兵力的多寡，而在对这场决战的谋划上失算。《孙子》曰："夫未战而庙算胜者，得算多也。未战而庙算不胜者，得算少也。多算胜，少算不胜，而况于无算乎！吾以此观之，胜负见矣。"曹操注曰："吾以道观之矣。"袁绍在官渡发动这一场决战，那至少也得计算一下耗费，看自己人力物力是否负担得起。《孙子兵法》的《作战篇》，曹操注曰："欲战必先算其费，务因粮于敌。"故前方打仗，后勤粮草的供应是第一位的。《孙子兵法》讲外出作战的费用，"则内外之费，宾客之用，胶漆之材，车甲之奉，日费千金，然后十万之师举矣。其用战也，胜久则钝兵挫锐，攻城则力屈，久暴师则国用不足。夫钝兵挫锐，屈力殚货，则诸侯乘其弊而起，虽有智者不能善其后矣。故兵闻拙速，未睹巧之久也。"曹操注曰："虽拙有以速胜，未睹，言其无也。"袁绍动员那么多军队，劳师于外，兵钝、锐挫本是意料中事，内部由于意见分歧而发生分裂，所谓诸侯乘其弊而起，若许攸、张郃之投奔曹操，杀田丰，皆因弊而起。不能善其后，就是如官渡这样大规模而持久的战役，袁绍难以善其后也就不可能有好的结局。计谋虽拙，仍有速胜的可能，设想虽巧，但难以持久以取胜。孙子还说："夫兵久而国利者，未之有也。"在境外驻重兵打持久战，任何一个强国的国力也难以长久维持下去。袁绍发动的官渡之战，如果从四月的酝酿开始算起，到十月末失败告一段落，也有半年时间。如果从七、八月间算起，到十月末，也有四个月左右。古代打这样的仗已经是少有的持久战了，而且袁绍是刚刚打败公孙瓒不久，国力尚未恢复，如此兴师动众，更是难以为继了。

再说一下张郃此人，《三国志·魏书·张郃传》称：

> 张郃字儁乂，河间鄚人也。汉末应募讨黄巾，为军司马，属韩馥。馥败，以兵归袁绍。绍以郃为校尉，使拒公孙瓒。瓒破，郃功多，迁宁国中郎将。太祖与袁绍相拒于官渡，绍遣将淳于琼等督运屯乌巢，太祖自将急击之。郃说绍曰："曹公兵精，往必破琼等；琼等破，则将军事去矣，宜急引兵救之。"郭图曰："郃计非也。不如攻其本营，势必还，此为不救而自解也。"郃曰："曹公营固，攻之必不拔，若琼等见禽，吾属尽为虏矣。"绍但遣轻骑救琼，而以重兵攻太祖营，不能下。太祖果破琼等，绍军溃。图惭，又更谮郃曰："郃快军败，出言不逊。"郃惧，乃归太祖。
>
> 太祖得郃甚喜，谓曰："昔子胥不早寤，自使身危，岂若微子去殷、韩信归汉邪？"拜郃偏将军，封都亭侯。

后来张郃攻邺，讨袁谭，讨柳城，破马超，征张鲁，在这一系列战役中都立了战功。袁绍并有幽、冀、青、并四州之地，手下的人才当然不少，如许攸、田丰、沮授、张郃，都是当时人才中第一等的，但他不会用，有的被自己杀了，有的被赶到曹操那儿去了。张辽是从吕布那儿转归曹操的，张郃是从袁绍那儿转归曹操的，都为曹操所用。

（五十六）官渡之战后促使袁绍集团走向终点的内因

官渡之战对袁绍而言，固然是一次致命性的打击，然而其残余势力的消灭仍需一段时间，袁绍这个集团在曹操的军事打击下，最终走向土崩瓦解，其根本的原因还是其集团内部的许多矛盾自己没有处理好。那么大的一块地盘，那么强大的政治军事力量，怎么会三五年时间便土崩瓦解呢？

《后汉书·袁绍传》讲道：

> 绍有三子：谭字显思，熙字显雍，尚字显甫。谭长而惠，尚少而美。绍后妻刘有宠，而偏爱尚，数称于绍，绍亦奇其姿容，欲使传嗣。乃以谭继兄后，出为青州刺史。沮授谏曰："世称万人逐兔，一人获之，贪者悉止，分定故也。且年均以贤，德均则卜，古之制也。愿上惟先代成败之诫，下思逐兔分定之义。若其不改，祸始此矣。"绍曰："吾欲令诸子各据一州，以视其能。"于是以中子熙为幽州刺史，外甥高幹为并州刺史。

这里讲的是袁绍如何处理诸子之间的相互关系，交接班的名分要尽早确定，否则必然引起诸子之间的争斗，那便反为政敌从外部分化瓦解提供了机会。万人逐兔的典故，李贤注引《慎子》曰："兔走于街，百人追之，贪人具存，人莫之非者，以兔为未定分也。积兔满市，过不能顾，非不欲兔也，分定之后，虽鄙不争。"《子思》《商君书》并载，其词略同。其实这个典故先秦其他典籍也引用过，《吕氏春秋》的《慎势》讲得比较透彻一点，其云："故先王之法，立天子不使诸侯疑焉，立诸侯不使大夫疑焉。立適子不使庶孽疑焉。疑生争，争生乱。是故诸侯失位则天下乱，大夫无等则朝庭乱，妻妾不分则家室乱，适孽无别则宗族乱。慎子曰：'今一兔走，百人逐之，非一兔足为百人分也，由未定。由未定，尧且屈力，而况众人乎？积兔满市，行者不顾，非不欲兔也，分已定矣。分已定，人虽鄙，不争。'故治天下及国，在乎定分而已矣。"中国传统宗法制度的核心是等级秩序的确立，只有确立了等级制度，才能防止竞争，防止由争而生乱。袁绍这样安排三个儿子一个外甥，让他们各据一州，实际上为以后的纷争埋下了祸根。内部相争而生的乱子，为外部势力的吞并提供了口子。曹操最后吞并袁绍集团，就是利用了袁氏兄弟之间的纷争。

所谓"年均以贤，德均则卜，古之制也"，这是指诸子在王位继承上的相互关系。年均，指同年诸子，难分长幼，则以贤者继承王位。德均，则指诸子品德相近，都能孝顺父母与长者，那就以卜定位。这句话总的意思是王位的继承关系要尽早确定，老人活着，诸子之间还不敢也不至于引起纷争。老人去世，而继承人选不及早明确，势必引起争端，兄弟之间互斗，势必引起大乱。

齐桓公有五个儿子，齐桓公一死，诸子为争夺王位混战一场，齐桓公的尸体没有人去收殓，长了蛆虫爬到大门之外。而且王位最终确定经过的历史阶段，有时会很长，社会会出现一个动荡。晋献公废申生，立郦姬之子，得不到大夫们的支持，晋献公一死，内斗不断，晋文公流浪在外十九年，到晋文公即位以后晋国才重返强国的地位。

这些故事，《左传》都有详细的记载。所以沮授对袁绍讲，要“上惟先代成败之诫”。沮授为什么要说这番道理，因为袁绍不及早确定皇位的继承人选，而让诸子各据一州，一旦他去世，那么临时确定的继承人难以服众，就势必引起纷争。太子左右的班子要及早成型，否则的话临时何以应对呢？《春秋公羊传》在鲁隐公元年讲到嫡长制的原则，其云：“凡隐公之立，为桓立也，隐长又贤，何以不宜立？立嫡以长，不以贤，立子以贵，不以长。桓何以贵，母贵也。母贵则何以贵？子以母贵，母以子贵。”可见，在家长宗法封建制下，父母兄弟姊妹之间，亦有森严的不可逾越的等级关系，确立这样的等级秩序是为了防止争夺。

五四运动，强调个性的解放，巴金的《家》《春》《秋》三部小说，讲的是个性解放，但在一个家庭范围内势必引起纷争，出走当然是回避矛盾的一个方式。西方社会的思维方式是从个体出发，市场经济的核心是争。东方的思维方式不是以个体的自由和个性发展为出发点，它是在整体思维的视角下，强调整体内部的等级有序，强调在等级制下的和谐相处。中国的传统观念是把国和家联系在一起的，国稳定了，家也稳定了。从王者而言，如果把国与家搅和在一起，便齐不了家，把家乱了，国也给乱了。《论语·学而》：“有子曰：其为人也孝悌，而好犯上者鲜矣。不好犯上而好作乱者，未之有也。君子务本，本立而道生。孝悌也者，其为仁之本与。”孝悌的核心是下对上的一种心态，提倡这种心态的目的是维持家庭和国家的等级秩序。当然这种等级关系，也有其相对的一面。在君臣之间，孔子说过：“君使臣以礼，臣事君以忠。”（《论语·八佾》）父子之间是父慈子孝，《礼记·中庸》说：“天下之达道五，所以行之者三，曰：君臣也、父子也、夫妇也、昆弟也、朋友之交也。五者，天下之达道也。知、仁、勇，三者，天下之达德也。所以行之者一也。”智、仁、勇三者是指人应具备的修养。关于如何处理五伦关系，《孟子·滕文公上》则谓：“使契为司徒，教以人伦：父子有亲，君臣有义，夫妇有别，长幼有序，朋友有信。”五者的相互关系以和谐为主。而《韩非子·忠孝》则强调：“臣事君，子事父，妻事夫，三者顺则天下治。”这里强调的是单方面无条件的服从，目的是为了维护家与国以及整个社会秩序的稳定。

中国的传统是维稳，西方的市场经济在商品交易上强调的是竞争，推行到政治上便是通过选举来竞争上岗。这与中国传统的维稳的思维方式不同，故采用市场经济的方式有限度，不是无限的。即使在经济领域也不可能有完全的竞争，在政治领域则很难完全推行下去。维稳的思维方式，不允许争，争则乱也。沮授在这里对袁绍提意见，是不赞成让三子一甥各主一州，而又不早定继承人的名分，将来诸子之间势必纷争不断。后来事态的发展，果然不出沮授所料。沮授希望立长子袁谭，但袁绍喜欢幼子，这又违反了长幼有序的原则。从事后的状况看，沮授在这个问题上还是有远见的，因为有历史教训在啊！

九、曹操平定河北袁绍集团

（五十七）官渡之战后袁绍集团在北方的变化

《三国志·魏书·武帝纪》云：

> (建安)六年(201年)夏四月，扬兵河上，击绍仓亭军，破之。绍归，复收散卒，攻定诸叛郡县。九月，公还许。绍之未破也，使刘备略汝南，汝南贼共都等应之。遣蔡扬击都，不利，为都所破。公南征备。备闻公自行，走奔刘表，都等皆散。

建安六年，是官渡之战成败分晓之后，各自打扫战场，回到自己的首府，袁绍还邺，曹操还许，双方都需要有一个休整的时间。

袁绍官渡之战失败后，刘备孤军远入汝南，曹操亲自讨伐刘备，清理自己的后院。《三国志·蜀书·先主传》亦言其事云：

曹公既破绍，自南击先主。先主遣麋竺、孙乾与刘表相闻，表自郊迎，以上宾礼待之，益其兵，使屯新野。荆州豪杰归先主者日益多，表疑其心，阴御之。使拒夏侯惇、于禁等于博望。久之，先主设伏兵，一旦自烧屯伪遁，惇等追之，为伏兵所破。

刘备客居于刘表的荆州，刘表表面上自出郊迎，以上宾礼待之，也不可能只是一个心眼儿到底，没提防之心。故《先主传》裴松之注引《九州春秋》云："备住荆州数年，尝于表坐起至厕，见髀里肉生，慨然流涕。还坐，表怪问备，备曰：'吾常身不离鞍，髀肉皆消。今不复骑，髀里肉生。日月若驰，老将至矣，而功业不建，是以悲耳。'"刘备如此表示，无非为了使刘表安心而已。

《三国志·魏书·武帝纪》云：

七年春正月，公军谯，令曰："吾起义兵，为天下除暴乱。旧土人民，死丧略尽，国中终日行，不见所识，使吾凄怆伤怀。其举义兵已来，将士绝无后者，求其亲戚以后之，授土田，官给耕牛，置学师以教之。为存者立庙，使祀其先人，魂而有灵，吾百年之后何恨哉！”遂至浚仪，治睢阳渠，遣使以太牢祀桥玄。进军官渡。

绍自军破后，发病欧血，夏五月死。小子尚代，谭自号车骑将军，屯黎阳。秋九月，公征之，连战。谭、尚数败退，固守。

谯，今安徽亳县，是曹操的家乡。官渡之战取得胜利以后，他衣锦还乡，当他看到战后自己故乡的百姓，因战乱而死伤略尽，他在自己的家乡终日行走，却见不到往日相识之故人，自然有一种凄怆伤怀的情感涌上心头。所以他回到故乡对死者祭奠，对生者抚恤，授土地，给耕牛，置学教育后代，无非是给生者以休养生息，恢复经济，并对死者表示一番心意而已。在这份令中，还是可以看到他作为平常人的一番内心世界的独白。可见战乱对百姓而言毕竟是一场深重的苦难，换来的也仅仅是国家权力结构的重建，这个代价太沉重了。在这时，他派人去桥玄墓上祭奠，也是他不忘故旧的表示。

袁绍在官渡之战受到重大打击以后，虽然余威尚在，还能收散卒，平定境内诸叛己之郡县，但心理上的创伤是无法平复的，所以便发病呕血，是年五月，便一病不起了。袁绍一死，继承者的名分并未确立，三子之间的互相争斗势所难免。《后汉书·袁绍传》称：

> 自军败后发病，(建安)七年夏，薨。未及定嗣，逢纪、审配宿以骄侈为谭所病，辛评、郭图皆比于谭而与配、纪有隙。众以谭长，欲立之。配等恐谭立而评等为害，遂矫绍遗命，奉尚为嗣。

当年袁绍让袁谭去青州，把袁尚留在身边，已经显示他有意以袁尚嗣位的意思，之所以不早定名分，或许他还想观察一段时间。问题是他走得那么仓促，袁尚还很难一下子掌控全局，兄弟之间由猜疑而争夺就势所难免了。故袁谭自称车骑将军，尚、谭之间的矛盾公开化了。于是曹操出兵攻谭。《后汉书·袁绍传》纪其事云：

> 谭自称车骑将军，出军黎阳。尚少与其兵，而使逢纪随之。谭求益兵，审配等又议不与。谭怒，杀逢纪。
>
> 曹操度河攻谭，谭告急于尚，尚乃留审配守邺，自将助谭，与操相拒于黎阳。自九月至明年二月，大战城下，谭、尚败退。操将围之，乃夜遁还邺。操军进，尚逆击破操，操军还许。谭谓尚曰："我铠甲不精，故前为曹操所败。今操军退，人怀归志，及其未济，出兵掩之，可令大溃，此策不可失也。"尚疑而不许，既不益兵，又不易甲。谭大怒，郭图、辛评因此谓谭曰："使先公

出将军为兄后者，皆是审配之所构也。”谭然之。遂引兵攻尚，战于外门。谭败，乃引兵还南皮。

从这件事的过程可以看到，袁谭、袁尚兄弟在大敌当前的情况下，仍不能合作，而是干戈相向，反为曹操所乘。袁绍去世时，军队主力留在袁尚那儿，故袁尚能在邺附近击破曹军，但既不愿分兵，亦不愿以铠甲支持袁谭，于是袁谭引兵攻尚，为尚所败。这是一件跨年度的事，是建安七年末至次年春，故有的内容《三国志·魏书·武帝纪》记在次年初，其云：

(建安) 八年 (203 年) 春三月，攻其郭，乃出战，击，大破之，谭、尚夜遁。夏四月，进军邺。五月还许，留贾信屯黎阳。

黎阳在今河南浚县东，位于古黄河北岸，与白马津相对。建安五年时，袁绍曾与曹操大战于此，曹操这时从邺退兵还许，仍留兵屯守黎阳，是为了今后进攻邺城在黄河以北预留一个前哨基地。消灭袁绍在北方的四个州是曹操实现统一北方最基本的目标。

（五十八）官渡之战以后曹操内政的变化

曹操在建安八年先后发布了三条重要的命令，两条命令记于《三国志·魏书·武帝纪》，一条命令则由裴松之注引《魏书》所载，今录其三令于下。

一是《败军令》，其云：

> 己酉，令曰："司马法'将军死绥'，故赵括之母，乞不坐括。是古之将者，军破于外，而家受罪于内也。自命将征行，但赏功而不罚罪，非国典也。其令诸将出征，败军者抵罪，失利者免官爵。"

绥，裴松之注引《魏书》曰："绥，却也。有前一尺，无却一寸。"此言军队进攻，有进无退，退则处罚，而且不仅罚及本人，战国时还罚及其家人。《司马法》为古之兵书，据《史记》载，战国时齐威王命大夫整理古《司马兵法》，而把《穰苴兵法》附载其中，定名为《司马穰苴兵法》。《汉书·艺文志》著录为《军礼司马法》，共一百五十五篇，现有辑佚本。赵括，是马服君赵奢之子，亦称马服子，赵奢于赵惠文王二十九年（前 270 年）在阏与（今山西和顺）大破秦军，因功封马服君。赵括为其子，好空谈其父所传之兵法，在长平（今山西高平西北）为秦军白起所败，四十万赵军为秦军坑杀，赵括自己在突围时，被乱箭射死。曹操此令强调败军有罪，目的是加强治军的纪律。

第二条令是《论吏士行能令》,裴松之注引《魏书》载庚申令曰:

> 议者或以军吏虽有功能，德行不足堪任郡国之选，所谓“可与适道，未可与权”。管仲曰：“使贤者食于能则上尊，斗士食于功则卒轻于死，二者设于国则天下治。”未闻无能之人，不斗之士，并受禄赏，而可以立功兴国者也。故明君不官无功之臣，不赏不战之士；治平尚德行，有事赏功能。论者之言，一似管窥虎欤！

这条命令的中心思想是唯才是举，讲到军事干部，打仗可以，德行则差矣，为什么？因为那时军队的给养，一部分来自对民众和敌区的抢掠，故其德行不足。这话不是完全没有道理，对于这样的军队干部，可以让他们服从正确的指挥，但不能放手让他们掌管地方上的权力。

文武二道，文官管地方，武官带军队，在中国历史上历来如此，不希望军人干政。管子那一段话，“贤者”是讲文官，靠才能为官，会管理地方和政务，那么君王就能受人敬重，武官以有功受赏，则士卒敢于在战斗中拼命。国家有这两条，则天下得以大治。反之，如果无能之人、不斗之士都受禄赏，是无法立功兴国的。所以明君决不官无功之臣，不赏不战之士。治平时，提倡德行；有事，指乱世，强调的是才能和事功。这两条命令反映了曹操所用的是申韩之术，以赏罚二柄来调动文官武将们的积极性。这个观念韩非子在《二柄》篇表达得最为明确，其云：

> 明主之所导制其臣者，二柄而已矣。二柄者，刑、德也。何谓刑、德？曰：杀戮之谓刑，庆赏之谓德。为人臣者畏诛罚而利庆赏，故人主自用其刑德，则群臣畏其威而归其利矣。

而且这刑赏二柄必须出于君王自身，其云：

> 人主者，以刑、德制臣者也。今君人者，释其刑、德而使臣用之，则君反制于臣矣。故田常上请爵禄而行之群臣，下大斗斛而施于百姓，此简公失德而田常用之也，故简公见弑。

说明田氏代齐，就是因为君王失其刑德之柄，反受制于臣。从这两条令，可以看到曹操的法家思想渊源。所谓“治平尚德行，有事赏功能”，说到底，乱世强调申韩之术，太平的时候，崇尚儒家的德行。如果在乱世时，提倡德行的道学家盛行，那么似南宋这样的小朝廷只能保持积弱的局面。提倡罢黜百家、独尊儒术的汉武帝何尝是一心尊儒呢？实际上执行的还是儒表法里，他手下那一大批酷吏还不都是法家式的人物。这个问题，在汉宣帝与其太子汉元帝的对话中，宣帝的一段话说得最为明确。汉元帝“尝侍宴”，从容言：“陛下持刑太深，宜用儒生。”宣帝作色曰：“汉家自有制度，本以霸王道杂之，奈何纯任德教，用周政乎！且俗儒不达时宜，好是古非今，使人眩于名实，不知所守，何足委任？”乃叹曰：“乱我家者，太子也。”所谓霸王道杂之，霸道是讲法家那一套，一切都是赤裸裸的以利害关系为转移，手段就是专政；王道就是儒家讲的仁义道德那一套，图的是礼仪文章。霸王道杂之，便是儒法兼用，既不是只讲霸道，那太缺情分，也不是单讲儒道，只做表面文章，要两者兼用而各得其宜。当然，因形势变化而有所偏重，乱世偏重于申韩，治世则偏重于孔孟之道，但不能偏废一方，偏废则自受其害。

建安八年七月的另一条令是《修学令》，《三国志·魏书·武帝纪》云：

> 秋七月，令曰：“丧乱已来，十有五年，后生者不见仁义礼让之风，吾甚伤之。其令郡国各修文学，县满五百户置校官，选其乡之俊造而教学之，庶几先王之道不废，而有以益于天下。”

要各个郡国修文学，县满五百户置校官，恢复学校教育，那还得讲一点儒家的东西。这三条命令合在一起也可以看到曹操这个人也是儒法兼用，合起来看，则比较偏重于申韩之术。

（五十九）在新形势下，曹操的战略选择

《三国志·魏书·武帝纪》云：

> 八月，公征刘表，军西平。公之去邺而南也，谭、尚争冀州，谭为尚所败，走保平原。尚攻之急，谭遣辛毗乞降请救。诸将皆疑，荀攸劝公许之，公乃引军还。冬十月，到黎阳，为子整与谭结婚。尚闻公北，乃释平原还邺。东平吕旷、吕翔叛尚，屯阳平，率其众降，封为列侯。

这一次南北两面的敌对力量，荆州的刘表与冀、青、幽、并的袁谭、袁尚究竟先打哪一个，如何避免同时两面作战，曹操又面临重大的抉择。在袁绍与吕布之间，曹操选择先打吕布是正确的，在袁绍与刘备之间，曹操选择先打刘备，也是正确的。现在是否仍应先打南方的刘表呢？形势的发展，袁尚与袁谭之间的内讧，为曹操提供了新的机会，要不要利用呢？曹操最初是选择先

打刘表，故曹操在八月间军西平。西平县，在今河南省中部，洪河上游，通往荆州的道口。在曹操向南进军的当口，北方出现了新的情况，袁谭与袁尚为争夺冀州而兄弟自相残杀，袁谭兵败，袁尚攻之甚急，迫使袁谭向曹操请降。要不要接受袁谭投降呢？《三国志·魏书·荀攸传》称：

> 七年，从讨袁谭、尚于黎阳。明年，太祖方征刘表，谭、尚争冀州。谭遣辛毗乞降请救，太祖将许之，以问群下。群下多以为表强，宜先平之，谭、尚不足忧也。攸曰："天下方有事，而刘表坐保江、汉之间，其无四方志可知矣。袁氏据四州之地，带甲十万，绍以宽厚得众，借使二子和睦以守其成业，则天下之难未息也。今兄弟遘恶，此势不两全。若有所并则力专，力专则难图也。及其乱而取之，天下定矣，此时不可失也。"太祖曰："善。"

换一句话说，刘表如当年袁绍一样，虽然尚有力量，但见机慢，你不去碰他，他不会主动冒险来攻击，而袁谭和袁尚互相内斗，则为曹操提供了渔翁得利的机会，可以利用时机先解决北方，然后再回兵对付南方荆州的刘表也不迟。曹操本人的态度，裴松之注引《魏书》：

公云："我攻吕布，表不为寇，官渡之役，不救袁绍，此自守之贼也，宜为后图。谭、尚狡猾，当乘其乱。纵谭挟诈，不终束手，使我破尚，偏收其地，利自多矣。"乃许之。

当时曹操对袁尚、袁谭的策略是先联袁谭，攻袁尚。他与袁谭联姻为约，挥兵北上时，便解了袁谭的围，袁尚内部也发生分化了，吕旷、吕翔叛袁尚，裴松之注引《魏书》曰：

谭之围解，阴以将军印绶假旷。旷受印送之，公曰："我固知谭之有小计也。欲使我攻尚，得以其间略民聚众，尚之破，可得自强以乘我弊也。尚破我盛，何弊之乘乎？"

袁谭还是想挖袁尚的墙角，发展自己的地盘，哪知曹操是要把他们兄弟一锅端，曹操与袁谭的联姻只是一个策略罢了，从根本上消灭袁氏兄弟在青、冀、幽、并的势力和影响，才是曹操战略上的根本目的，在这个问题上，袁谭与袁尚没有清醒的认识，是袁谭为曹操的进攻开了口子。回过头来再看沮授对袁绍的一番忠告，何其深刻地具有先见之明！袁绍让诸子各据一州的办法，是埋葬其所有四州之地、百万之众的根本原因。

权力继承的统一、集中有它的优势，即使是兄弟各据一州也无法形成合力，其结果是让只有一隅之地的曹操这条小蛇吞了拥有四州之地、百万之众的袁绍这头巨象。

（六十）攻占冀州

《三国志·魏书·武帝纪》云：

> （建安）九年（204年）春正月，济河，遏淇水入白沟以通粮道。二月，尚复攻谭，留苏由、审配守邺。公进军到洹水，由降。既至，攻邺，为土山、地道。武安长尹楷屯毛城，通上党粮道。夏四月，留曹洪攻邺，公自将击楷，破之而还。尚将沮鹄守邯郸，又击拔之。易阳令韩范、涉长梁岐举县降，赐爵关内侯。五月，毁土山、地道，作围壍，决漳水灌城；城中饿死者过半。秋七月，尚还救邺，诸将皆以为“此归师，人自为战，不如避之”。公曰：“尚从大道来，当避之；若循西山来者，此成禽耳。”尚果循西山来，临滏水为营。夜遣兵犯围，公逆击破走之，遂围其营。未合，尚惧，遣故豫州刺史阴夔及陈琳乞降，公不许，为围益急。尚夜遁，保祁山，追击之。其将马延、张顗等临陈降，众大溃，尚走中山。尽获其辎重，得尚印绶节钺，使尚降人示其家，城中崩沮。八月，审配兄

子荣夜开所守城东门内兵。配逆战，败，生禽配，斩之，邺定。

这一段是曹操北上与袁尚决战的时间，袁绍的主力在袁尚那儿，袁尚根据地在冀州的邺，邺在今河北临漳西南邺镇村，东汉末是冀州的治所，北临漳水，近代漳水南移后，当时故城已在漳水之北。自东汉至魏晋，邺始终是中国北方政治经济的重心，围绕冀州邺的争夺，对袁绍集团来讲，这是一场生死存亡的斗争。这场战斗，双方相持长达半年有余。曹操军队的出发点在兖州，与冀州是隔黄河相对，他北伐袁尚当然要过黄河。打仗的规矩是兵马未动，粮草先行，这次曹操北上，更是“千里馈粮”。淇水，古为黄河支流，曹操于淇水作堰，遏使东北流，入白沟，即今之卫河，以保障曹军的粮运，从此淇河成为卫河的一条支流了。当年曹操过河的渡口，在黎阳的白马津，即今天河北的浚县。淇水应是从滑县趋黄河的，曹操是在那里作堰而使其改道入白沟，即今之卫河，流经冀州的南侧，故它是曹操进军冀州时粮运的基本保障。

这是建安九年正月间的事，而袁尚在二月间还忙于在平原（今河北平原）与袁谭交战，由苏由、审配留守邺城。曹操的军队撇开袁谭与袁尚胶着于平原的时候，直接进攻袁尚的老巢邺城。曹操军队到达洹水，即今之安阳河，到内黄县北进入卫河，而邺城就在今安阳之北。这样曹操的军队经白沟进入洹水，直逼邺城城下。在大兵压境的情况下，守城的部队有人动摇了，苏由准备从内部配合曹操，谋泄而出奔投降曹操。曹操在邺城外筑土山，以箭攻城内，修地道以攻城墙。袁尚一边的武安长尹楷屯兵于毛城，武安县在今邯郸的西北，它的西边便是上党郡，治所在壶关。尹楷在北面负责邺城守军的粮运，当时沮鹄守邯郸，曹操分兵攻尹楷和邯郸的沮鹄（鹄是沮授的儿子），这样就隔断了邺城北面的屏障，使邺城成为孤城。易阳与涉县的地方官都举城投降，其位置，易阳在邯郸的东北，涉县靠近上党郡的边境。为了分化袁尚的阵营，曹操对投诚者赐爵关内侯，这件事是徐晃建议的。徐晃原来是杨奉的部属，后来归曹操。易阳县令的投降，是徐晃努力的结果。《三国志·魏书·徐晃传》称：

> 太祖既围邺，破邯郸，易阳令韩范伪以城降而拒守，太祖遣晃攻之。晃至，飞矢城中，为陈成败。范悔，晃辄降之。既而言于太祖曰："二袁未破，诸城未下者倾耳而听，今日灭易阳，明日皆以死守，恐河北无定时也。愿公降易阳以示诸城，则莫不望风。"太祖善之。别讨毛城，设伏兵掩击，破三屯。

徐晃对曹操的这个建议是对的，只有宽待降者，才能最大程度分化瓦解敌对力量，否则采取杀降的办法，那只会鼓励敌对势力以死相抗。这个时期，在北边黄巾军余部黑山部的张燕也转投曹操，张燕黑山部原来在北方一度众至百万，袁绍与公孙瓒作战时，他是站在公孙瓒一边的，被袁绍打败。《三国志·张燕传》称："太祖将定冀州，燕遣使求佐王师，拜平北将军；率众诣邺，封安国亭侯。"曹操这时利用当初袁绍的敌对力量，以配合自己。

五月，曹操估计硬攻的办法，如筑土山、修地道的办法未必能收效，所以转为长期围困邺城的办法。堑，是修壕沟，用漳水灌堑，以隔绝邺城与外界的联系，这样可以困死城中守军。此事《通鉴·汉纪五十六》有这样一段记载："初令浅，示若可越。配望见，笑之，不出争利。操一夜浚之，广深二丈，引漳水以灌之。"守城者与外部联系断绝，没有了给养的来源，故围城两个月，"城中饿死者过半"。

袁尚听到邺城告急，便率万人还救邺城。为什么诸将皆以为"此归师，人自为战，不如避之"呢？兵法讲："归师不可遏。"为什么讲袁尚从大道来"当避之"，从大道来说明袁尚这次回来救邺城是置之死地以作决战的姿态。由小道西山来，说明还有侥幸的想法，主将态度不坚决，队伍内部不稳，故可以败之。结果袁尚依西山而来，东至阳平亭，去邺十七里，临滏水，举火以示城中，城中亦举火相应。审配出兵城北，欲与袁尚冲决曹操的围困，曹操打败审配，袁尚亦被破走，依曲漳为营。曹操率兵围其营，此时袁尚派陈琳向曹操乞降，曹操不许，袁尚还走滥口，保祁山，尚将马延、张颛等临阵投顺。后来这一系列事实证明曹操的判断是正确的，袁尚的失败是自己不坚定，存有侥幸心理，所以派陈琳去乞降。曹操对袁尚的几个兄弟，则抱斩尽杀绝的态度。陈琳去送降表，这个人去了，有去无回，自己投降曹操了。兵败如山倒，归根结底的原因是自己动摇，你自己没有必胜的信心，怎么让部下为你去拼死斗争呢？冯延的临阵背叛，促使袁尚的整个援兵垮了。陈琳到了曹营，曹操还是接纳了他，袁绍讨伐曹操的檄文是陈琳起草的，曹操对陈琳说，你为袁绍起草文告，骂我还可以，“恶恶止其身，何乃上及父祖邪？”（《三国志·魏书·陈琳传》）这篇檄文，骂了曹操祖宗三代，淋漓痛快，骂曹操也是刻毒狠辣，是值得一读的妙文。曹操实际上是欣赏他的文才。《后汉书·袁绍传》保留了此檄文全篇，其骂曹操父祖云：

> 司空曹操祖父腾，故中常侍，与左悺、徐璜并作妖孽，饕餮放横，伤化虐人。父嵩，乞匄携养，因臧买位，舆金辇宝，输货权门，窃盗鼎司，倾覆重器。操赘阉遗丑，本无令德，僄狡锋侠，好乱乐祸。

看来曹嵩是因为那么多私藏的财富送了命，他之所以与曹操保持距离也是这个原因。身外的财富太多，有时反是祸根，“福兮祸所依”。钱太多了是累赘，要有散财之道，微软的盖茨，也懂得一点这个道理，他不想坑子害孙，搞慈善事业，缓和社会矛盾，对家族有利。陈琳骂曹操用词刻毒，檄文的最后一段，其云：

> 历观古今书籍所载，贪残虐烈无道之臣，于操为甚。莫府方诘外奸，未及整训，加意含覆，冀可弥缝。而操豺狼野心，潜包祸谋，乃欲挠折栋梁，孤弱汉室，除忠害善，专为枭雄。

真是罪大恶极。曹操是从另一个角度欣赏陈琳的文笔，他不计前嫌，把陈琳留在身边，为自己起草檄文。《三国志·魏书·陈琳传》的裴松之注引《典略》云：

> 琳作诸书及檄，草成呈太祖。太祖先苦头风，是日疾发，卧读琳所作，翕然而起曰："此愈我病。"数加厚赐。

曹操自己文章写得也漂亮，他知道文章的良莠，他喜欢才能，也不计较人家过去骂过他，只说了一句你干什么要骂我三代，接着就把陈琳放在自己身边了。我们现在的许多人，往往不如曹操的肚量。

再说“尚走中山”，中山，今河北之定州。袁尚是弃下邺城不顾逃离战场，而且逃得那么慌张，连自己的印绶、节钺都落入曹军手中。曹操以此显示于守城的审配，动摇守城者的决心，开邺城门的是审配的侄子审荣。审配在城中誓死抵抗，当时随同入邺城的还有袁谭身边的辛毗。这次围城破邺，袁谭帮了曹操的忙。袁绍去世时，其核心班子便一分为二，辛评与郭图支持袁谭，而审配与逢纪支持袁尚。审配字正南，审家当时是冀州的大族，《后汉书·袁绍传》李贤注引《先贤行状》曰：“配字正南。少忠烈慷慨，有不可犯之节。绍领冀州，委腹心之任。（田）丰字元皓。天姿瑰杰，权略多奇。绍军之败也，土崩奔走，徒众略尽，军将皆抚膝啼泣曰：‘向使田丰在此，不至于是。’”故在袁绍身边还有一批忠诚谋略之士，如田丰、沮授、审配。审配之死，也极尽壮烈。《后汉书·袁绍传》记审配守城最后阶段的情况云：

尚奔中山。尽收其辎重，得尚印绶节钺及衣物，以示城中，城中崩沮。审配令士卒曰：“坚守死战，操军疲矣。幽州方至，何忧无主！”操出行围，配伏弩射之，几中。以其兄子荣为东门校尉，荣夜开门内操兵，配拒战城中，生获配。操谓配曰：“吾近行围，弩何多也？”配曰：“犹恨其少。”操曰：“卿忠于袁氏，亦自不得不尔。”意欲活之。配意气壮烈，终无挠辞，见者莫不叹息，遂斩之。

李贤注引《先贤行状》曰：

> 是日先缚配将诣帐下，辛毗等逆以马鞭击其头，骂之曰："奴，汝今日真死矣。"配顾曰："狗辈！由汝曹破冀州，恨不得杀汝。"太祖既有意活配，配无挠辞，辛毗等号哭不已，乃杀之。

《通鉴·汉纪五十六》还讲："冀州人张子谦先降，素与配不善，笑谓配曰：'正南，卿竟何如我？'配厉声曰：'汝为降虏，审配为忠臣，虽死，岂羡汝生邪！'临行刑，叱持兵者令北向曰：'我君在北也。'"审配一身正气，虽死犹荣，做人应这样。

从曹操破冀州这个过程看，邺城之所以不守，是因有内奸在引路。攻城过程中，袁谭身边的辛毗始终在场，最后促使曹操杀审配的也是他。辛毗字佐治，颍川阳翟人。毗随其兄评从袁绍，后从袁谭。袁尚攻袁谭于平原，是袁谭派他去向曹操求援，到了曹操那儿，他反而为曹操出谋划策。他对曹操说：

> 袁氏本兄弟相伐，非谓他人能间其间，乃谓天下可定于己也。今一旦求救于明公，此可知也。显甫见显思

困而不能取，此力竭也。兵革败于外，谋臣诛于内，兄弟谗阋，国分为二；连年战伐，而介胄生虮虱，加以旱蝗，饥馑并臻，国无囷仓，行无裹粮，天灾应于上，人事困于下，民无愚智，皆知土崩瓦解，此乃天亡尚之时也。兵法称有石城汤池带甲百万而无粟者，不能守也。今往攻邺，尚不还救，即不能自守。还救，即谭踵其后。以明公之威，应困穷之敌，击疲弊之寇，无异迅风之振秋叶矣。天以袁尚与明公，明公不取而伐荆州。荆州丰乐，国未有衅。仲虺有言："取乱侮亡。"方今二袁不务远略而内相图，可谓乱矣；居者无食，行者无粮，可谓亡矣。朝不谋夕，民命靡继，而不绥之，欲待他年。他年或登，又自知亡而改修厥德，失所以用兵之要矣。今因其请救而抚之，利莫大焉。且四方之寇，莫大于河北；河北平，则六军盛而天下震。（《三国志·魏书·辛毗传》）

辛毗这大段议论都是为曹操出谋划策。曹操克邺，"表毗为议郎"，说明辛毗早就改换门庭了，故曹操平定袁谭以后，也没有看到辛毗对故主有什么表示。

再把此事回过头来看，袁绍想使诸子各据一州是一个失策，埋下了袁谭与袁尚之间争夺权力的祸根，为曹操的进攻提供了机会，而且袁谭手下的谋臣参预了进攻邺城的全过程。没有袁谭他们从内部瓦解，袁尚的冀州还不至于垮得如此迅速。这样的结果对袁谭不见得有益，他想乘机扩大自己的地盘，结果反被曹操所杀。

（六十一）曹操破邺以后的各项政策措施

《三国志·魏书·武帝纪》云：

公临祀绍墓，哭之流涕；慰劳绍妻，还其家人宝物，赐杂缯絮，廪食之。

初，绍与公共起兵，绍问公曰："若事不辑，则方面何所可据？"公曰："足下意以为何如？"绍曰："吾南据河，北阻燕、代，兼戎狄之众，南向以争天下，庶可以济乎？"公曰："吾任天下之智力，以道御之，无所不可。"

九月，令曰："河北罹袁氏之难，其令无出今年租赋！"重豪强兼并之法，百姓喜悦。天子以公领冀州牧，公让还兖州。

公之围邺也，谭略取甘陵、安平、勃海、河间。尚败，还中山。谭攻之，尚奔故安，遂并其众。公遗谭书，责以负约，与之绝婚，女还，然后进军。谭惧，拔平原，走保南皮。十二月，公入平原，略定诸县。

（建安）十年（205年）春正月，攻谭，破之，斩谭，诛其妻子，冀州平。下令曰："其与袁氏同恶者，与之更始。"令民不得复私仇，禁厚葬，皆一之于法。

曹操定冀州后，祭奠袁绍墓园，慰劳袁绍妻及家人，包括袁尚的妻子，并还其财宝，这对减少袁氏势力的对抗，稳定曹操在冀州统治的大局还是有利的。只有宽以待人，才能稳定曹操在新区的统治，而且袁绍与曹操毕竟都是起家于西园的八校尉之一，曾一起起兵讨伐董卓。这里比较袁绍与曹操二人之优劣，王夫之在《读通鉴论·卷九·献帝》第二十三条，所论尚称精闻，其言袁绍则云：

袁绍之自言曰："吾南据河，北阻燕、代，兼戎狄之众，南向以争天下。"起兵之初，其志早定，是以董卓死，长安大乱，中州鼎沸，而席冀州也自若，绍之亡决于此矣。

夫欲有事于天下者，莫患乎其有恃也。已恃之矣，谋臣将帅恃之矣，兵卒亦恃之矣，所恃者险也，而离乎险，则丧其恃而智力穷。

对于曹操，王夫之说：

曹操曰："任天下之智力，以道御之，无所不可。"在山而用山之智力，在泽而用泽之智力，己无固恃，人亦且无恃心，而无不可恃，此争天下者之善术，而操犹未能也。

所谓智力，其实就是兵家应对时势的谋略。所谓道，儒家指的便是仁义。故曹操也做不到无往而不胜。王夫之认为：

操之所以任天下之智力，术也，非道也。术者，有所可，有所不可；可者契合，而不可者弗能纳，则天下之智力，其不为所用者多矣。其终强而夺汉者，居四战之地，恃智恃力，而无河山之可恃以生其骄怠也。

之前是由于刘表的死亡，刘琮的无能，他是靠偶然的侥幸取得胜利，其带来的结果是胜兵骄也。他认为东吴可唾手而得，其实不然。

曹操在九年九月的《收田租令》裴松之注引《魏书》载其令曰：

有国有家者，不患寡而患不均，不患贫而患不安。袁氏之治也，使豪强擅恣，亲戚兼并；下民贫弱，代出租赋，炫鬻家财，不足应命。审配宗族，至乃藏匿罪人，为逋逃主；欲望百姓亲附，甲兵强盛，岂可得邪！其收田租亩四升，户出绢二匹、绵二斤而已，他不得擅兴发。郡国守相明检察之，无令强民有所隐藏，而弱民兼赋也。

这带有裁抑豪强兼并的意味，同时免除当年租赋，故陈寿称其“重豪强兼并之法，百姓喜悦”。同时，对租赋有明确的界定，透明公开，对减轻民众额外的负担有益。尽管在民生凋敝情况下，人民的负担并不轻。这条命令的颁布也许与崔琰有关。崔琰字季珪，清河东武城人，袁绍南下渡河攻曹操时，他持反对的态度。曹操定冀州，辟为别驾从事。《三国志·魏书·崔琰传》载：

太祖破袁氏，领冀州牧，辟琰为别驾从事，谓琰曰：“昨案户籍，可得三十万众，故为大州也。”琰对曰：“今天下分崩，九州幅裂，二袁兄弟亲寻干戈，冀方蒸庶暴骨原野。未闻王师仁声先路，存问风俗，救其涂炭，而校计甲兵，唯此为先，斯岂鄙州士女所望于明公哉！”太祖改容谢之。于时宾客皆伏失色。

曹操要在冀州站稳脚跟，既要为民除害，抑制豪强，更要宽待民众。崔琰这个人敢于说话，曹操也能善纳嘉言。

曹操平定冀州以后，回手便收拾了袁谭。袁氏兄弟相争，两败俱伤。杀袁谭时，曹操曾有《诛袁谭令》，其中有“敢哭之者戮及妻子”（《三国志·魏书·王修传》裴松之注引），然而还是有人去收尸哭祭，此人即王修。王修字叔治，北海营陵人。袁谭在青州时，修为治中从事。他反对袁谭兄弟之间干戈相向，他曾对袁谭说：

> 夫兄弟者，左右手也。譬人将斗而断其右手，而曰“我必胜”，若是者可乎？夫弃兄弟而不亲，天下其谁亲之！属有谗人，固将交斗其间，以求一朝之利，愿明使君塞耳勿听也。若斩佞臣数人，复相亲睦，以御四方，可以横行天下。（《三国志·魏书·王修传》）

袁谭没有接受他的意见，结果是自食苦果。且说王修：

> 闻谭死，下马号哭曰：“无君焉归？”遂诣太祖，乞收葬谭尸。太祖欲观修意，默然不应。修复曰：“受袁氏厚恩，若得收敛谭尸，然后就戮，无所恨。”太祖嘉其义，听之。以修为督军粮，还乐安。谭之破，诸城皆服，唯管统以乐安不从命。太祖命修取统首，修以统亡国之忠臣，因解其缚，使诣太祖。太祖悦而赦之。袁氏政宽，在职势者多畜聚。太祖破邺，籍没审配等家财

物资以万数。及破南皮，阅修家，谷不满十斛，有书数百卷。太祖叹曰："士不妄有名。"乃礼辟为司空掾，行司金中郎将，迁魏郡太守。为治，抑强扶弱，明赏罚，百姓称之。（《三国志·魏书·王修传》）

这个事例，说明袁谭那儿还是有忠贞之士子，而曹操亦还能宽容。不忘故旧，乃为人之基本准则，能冒难为之者，亦反映了此人之品德。事实上宽容这些人，对巩固曹操在冀州的统治非常有利，他们既是曹操的引路人，也是当地百姓的领头羊。

曹操平定了冀州，杀了袁谭，平定了青州，而袁熙在幽州，袁尚奔往袁熙处，袁绍甥在并州，幽州的背后还有三郡乌丸的问题。曹操只有平定了这些区域，他在北方的统治才能真正稳定下来。从建安十年到十二年（207 年），曹操真正解决了这些问题，整个华北平原才牢牢地控制在曹操这个统治集团手中。

十、平定三郡乌丸

（六十二）关于三郡乌丸的问题

还是在建安十年春正月，《三国志·魏书·武帝纪》云：

> 是月，袁熙大将焦触、张南等叛攻熙、尚，熙、尚奔三郡乌丸。触等举其县降，封为列侯。初讨谭时，民亡椎冰，令不得降。顷之，亡民有诣门首者，公谓曰："听汝则违令，杀汝则诛首，归深自藏，无为吏所获。"民垂泣而去，后竟捕得。

幽州问题由于焦触、张南的投诚而解决，而袁尚与袁熙都跑到三郡乌丸那儿去了，所以问题还没有根本解决。所谓三郡乌丸，究竟指的是什么?《三国志·魏书·乌丸传》称:“袁绍兼并河北,乃抚有三郡乌丸,宠其名王而收其精骑。”裴松之注引《英雄记》云:“绍遣使即拜乌丸三王为单于。”其版文曰:“承制诏辽东属国率众王颁下、乌丸辽西率众王蹋顿、右北平率众王汗卢维。”“乌丸单于都护部众,左右单于受其节度,他如故事。”而袁尚、袁熙投奔的便是辽西乌丸的单于蹋顿,史称蹋顿骁武,“边长老皆比之冒顿,恃其阻远,敢受亡命,以雄百蛮”(《三国志·魏书·乌丸传》)。

所谓“民亡椎冰”,指曹操曾下令当地百姓破冰以航船舶,那时北方正处于寒冷季节,百姓逃亡了,没有完成凿冰的任务。后来百姓来自首,曹操要他们自己隐藏起来,他说承认你们逃亡无罪,那是违反法令,抓你们那得砍脑袋,你们还是自己躲起来,不要被官员抓到。结果还是被抓住杀掉了,曹操行令是严厉的。

《三国志·魏书·武帝纪》云:

> 夏四月,黑山贼张燕率其众十余万降,封为列侯。故安赵犊、霍奴等杀幽州刺史、涿郡太守。三郡乌丸攻鲜于辅于犷平。秋八月,公征之,斩犊等,乃渡潞河救犷平,乌丸奔走出塞。

关于张燕的情况,前面已作过介绍,他是常山真定人,本姓褚，黄巾起义时，他群集少年为群盗，在山泽间转辗相攻，后还家乡真定，有众万人。由于其剽悍捷速过人，故军中号曰飞燕，在河北地区一度拥众至百万，号黑山部。袁绍与公孙瓒决战时，他助公孙瓒，故与袁绍对立。公孙瓒败，他躲进深山。曹操与袁绍对峙时，他联络曹军。曹定冀州时，拜张燕为平北将军，黑山军归曹操。曹操手下聚集的黄巾军不少，青、徐黄巾三十万余名，黑山部人数也不少，此后还有张绣与张鲁的部队，实际上这些部众都是中原大乱以后，为避难而聚山寨自保的群众，在曹操平定冀州和荆州的过程中归顺于曹操。中原人口稀少，这些部众都被迁到河南许昌附近屯垦恢复生产。

关于乌丸的生存状态，裴松之在《乌丸传》注引《魏书》曰：

> 乌丸者，东胡也。汉初，匈奴冒顿灭其国，余类保乌丸山，因以为号焉。俗善骑射，随水草放牧，居无常处，以穹庐为宅，皆东向。日弋猎禽兽，食肉饮酪，以毛毳为衣。贵少贱老，其性悍骜，怒则杀父兄，而终不害其母，以母有族类，父兄以己为种，无复报者故也。常推募勇健能理决斗讼相侵犯者为大人，邑落各有小帅，不世继也。数百千落自为一部，大人有所召呼，刻木为信，邑落传行，无文字，而部众莫敢违犯。氏姓无常，以大人健者名字为姓。大人已下，各自畜牧治产，不相徭役。

> 其嫁娶皆先私通，略将女去，或半岁百日，然后遣媒人送马牛羊以为聘娶之礼。婿随妻归，见妻家无尊卑，旦起皆拜，而不自拜其父母。为妻家仆役二年，妻家乃厚遣送女，居处财物，一出妻家。故其俗从妇人计，至战斗时，乃自决之。父子男女，相对蹲踞，悉髡头以为轻便。妇人至嫁时乃养发，分为髻，著句决，饰以金碧，犹中国有冠步摇也。父兄死，妻后母执嫂；若无执嫂者，则己子以亲之次妻伯叔焉，死则归其故夫。俗识鸟兽孕乳，时以四节，耕种常用布谷鸣为候。地宜青穄、东墙，东墙似蓬草，实如葵子，至十月熟。能作白酒，而不知作麹糵。米常仰中国。大人能作弓矢鞍勒，锻金铁为兵器，能刺韦作文绣，织缕毡毾。有病，知以艾灸，或烧石自熨，烧地卧上，或随痛病处，以刀决脉出血，及祝天地山川之神，无针药。贵兵死，敛尸有棺，始死则哭，葬则歌舞相送。

从其生活状态看，乌丸还处于原始的母系氏族社会的部落生活。东汉后期匈奴衰败以后，鲜卑与乌丸代替匈奴崛起在蒙古大草原上。早在东汉初：

> 建武二十五年（49年），乌丸大人郝旦等九千余人

率众诣阙，封其渠帅为侯王者八十余人，使居塞内，布列辽东属国、辽西、右北平、渔阳、广阳、上谷、代郡、雁门、太原、朔方诸郡界，招来种人，给其衣食，置校尉以领护之，遂为汉侦备，击匈奴、鲜卑。至永平中，渔阳乌丸大人钦志贲帅种人叛，鲜卑还为寇害，辽东太守祭肜募杀志贲，遂破其众。至安帝时，渔阳、右北平、雁门乌丸率众王无何等复与鲜卑、匈奴合，钞略代郡、上谷、涿郡、五原，乃以大司农何熙行车骑将军，左右羽林五营士，发缘边七郡黎阳营兵合二万人击之。匈奴降，鲜卑、乌丸各还塞外。

这些部落对中原时降时叛。东汉末，袁绍招抚了三郡乌丸，即辽东属国、乌丸辽西、右北平，三郡乌丸中为首最强悍者为辽西蹋顿，他众摄三王部，而袁尚、袁熙投奔的即是蹋顿统率的三郡乌丸。故曹操平定冀州以后，北边的三郡乌丸仍然是威胁其北方边境的重要因素。这里故安的赵犊与霍奴是地方武装的首领，他们杀了幽州刺史和涿郡太守。犷平是县名，属渔阳郡，鲜于辅是犷平那里的地方官。潞河，就在今北京市通州区东面；幽州的治所蓟县，今北京市。渔阳郡在今北京的密云区，犷平在密云水库的北端，而渔阳郡、右北平郡、辽西郡便是在今北京东北的三个郡。所谓三郡乌丸便是活跃在这个地区的乌丸部落。曹操的这次出征，只是针对当时幽州的地方武装，对三郡乌丸并没有着力去征伐。这些地区能否稳定，直接关系到幽州的安全。

（六十三）《整齐风俗令》

《三国志·魏书·武帝纪》云：

> 九月，令曰："阿党比周，先圣所疾也。闻冀州俗，父子异部，更相毁誉。昔直不疑无兄，世人谓之盗嫂；第五伯鱼三娶孤女，谓之挝妇翁；王凤擅权，谷永比之申伯；王商忠议，张匡谓之左道：此皆以白为黑，欺天罔君者也。吾欲整齐风俗，四者不除，吾以为羞。"冬十月，公还邺。

这是一条整齐冀州地区风俗的命令。曹操从建安八年春进攻冀州袁谭、袁尚以来，先后公布和推行了一系列政令，如建安八年三月的《败军令》是整治军队纪律的，《论吏治行能令》是整顿吏治的，八月颁布的《修学令》是恢复学校教育的。建安九年九月进攻冀州的邺城时，颁布了《蠲河北租赋令》，免除河北当年的赋役。还有《收田租令》，公开地租与赋役的定额，借此抑止豪强的横征暴敛。还有《赦袁氏同恶及禁复仇厚葬令》。这些都是通过调整政治经济政策，以巩固其在冀州的统治，分化瓦解袁氏在冀州的影响。而禁复仇和厚葬则是涉及改变社会风俗的禁令了，从战国到东汉末，厚葬的风俗盛行，这从考古发掘中，汉墓中陪葬的大量文物可以作为见证，而东汉末正是盗墓最盛行的时期，从董卓起，各地的割据势力都以盗墓作为生财之道，所以曹操会一再发布禁厚葬的命令和言论。在这一点上曹操应该说是言行一致，2009年曹操墓的发掘也见证了这一点，他墓中确实没有什么珍贵的文物。

这条《整齐风俗令》中，阿党比周，是指冀州这个地区士大夫结党营私，已成为风气。孔子在《论语·卫灵公》中讲："君子，群而不党。"阿党指偏袒同党。比周，孔子在《论语·为政》中说："君子周而不比，小人比而不周。"比周，是指那些偏袒自己人的小团体，故言此四患是："一曰伪，二曰私，三曰放，四曰奢，伪乱俗，私坏法，放越轨，奢败制，四者不除，则政治末由行矣。"此令列举的四条，都是黑白颠倒，属于伪的领域，故整齐风俗便把除伪放在第一位了。直不疑，没有哥哥，哪来盗嫂呢？第五伯鱼三次娶的都是孤儿，哪来殴打丈人的问题。王凤西汉时以外戚篡权，申伯，即申后之父，《汉书·谷永传》载，永见王凤方见用，阴欲自托，称王凤为"骨肉大臣"，"有申伯之忠"。王商，汉元帝时为外戚重臣，护佑太子，颇有力。成帝时，王凤专权，蜀郡张匡攻击王商"执左道以乱政"。左道，即旁门邪道，为此商免相三日，呕血而死。事见《汉书·王商传》。这一条《整齐风俗令》是针对冀州士人之间阿党比周、互相攻击、无中生有、以白为黑、混淆是非的风气，实际上这是袁谭与袁尚之间兄弟干戈，引起了士子之间亦阿党比周。虽然袁谭被杀，袁尚北遁，但是遗风犹在。曹操下这道命令的目的是要结束这场无谓的派性纠纷，结束过去遗留下来的那些恩恩怨怨，可不能没完没了，影响冀州大局的稳定。

（六十四）曹操处理并州高幹的问题

《三国志·魏书·武帝纪》云：

初，袁绍以甥高幹领并州牧，公之拔邺，幹降，遂以为刺史。幹闻公讨乌丸，乃以州叛，执上党太守，举兵守壶关口。遣乐进、李典击之，幹还守壶关城。（建安）十一年（206年）春正月，公征幹。幹闻之，乃留其别将守城，走入匈奴，求救于单于，单于不受。公围壶关三月，拔之。幹遂走荆州，上洛都尉王琰捕斩之。

秋八月，公东征海贼管承，至淳于，遣乐进、李典击破之，承走入海岛。割东海之襄贲、郯、戚以益琅邪，省昌虑郡。

这里涉及两件事，都是建安十一年发生的事。关于高幹，他是袁绍的外甥，袁绍任其为并州牧。并州，在太行山以西，今山西省的地域，并州的首府是太原郡的晋阳，在今山西太原市的南边。壶关，是上党郡的首府，是冀州首府邺的后方。曹操平定冀州，高幹降，仍为并州刺史，曹操北征乌丸时，高幹乘虚攻壶关，执上党太守，威胁邺的安全，于是曹操派乐进与李典攻壶关。乐进字文谦，阳平卫国人，早年为操之帐下吏，以军功为折冲将军。《三国志·魏书·乐进传》称："进别征高幹，从北道入上党，回出其后。幹等还守壶关，连战斩首。幹坚守未下，会太祖自征之，乃拔。"《后汉书·袁绍传》亦言其事："高幹复叛，执上党太守，举兵守壶口关。十一年，曹操自征幹，幹乃留其将守城，自诣匈奴求救，不得，独与数骑亡，欲南奔荆州。上洛都尉捕斩之。"这样，曹操便乘势拿下了并州。曹操派梁习为并州刺史，梁习字子虞，陈郡柘人，为郡纲纪。《三国志·魏书·梁习传》称：

> 并土新附，习以别部司马领并州刺史。时承高幹荒乱之余，胡狄在界，张雄跋扈。吏民亡叛，入其部落，兵家拥众，作为寇害，更相扇动，往往棋跱。习到官，诱谕招纳，皆礼召其豪右，稍稍荐举，使诣幕府；豪右已尽，乃次发诸丁强以为义从；又因大军出征，分请以为勇力。吏兵已去之后，稍移其家，前后送邺，凡数万口；

其不从命者，兴兵致讨，斩首千数，降附者万计。单于恭顺，名王稽颡，部曲服事供职，同于编户。边境肃清，百姓布野，勤劝农桑，令行禁止。贡达名士，咸显于世，语在《常林传》。太祖嘉之，赐爵关内侯，更拜为真。长老称咏，以为自所闻识，刺史未有及习者。

从曹操派梁习管理并州，可见文武之道——乐进、李典是带兵之人，而梁习是文官，管理地方的能臣。

曹操处理完并州高幹的问题以后，便东征管承，管承是海盗的首领。淳于，在今山东安丘市东北，地处北海与城阳两郡之间的边缘地区。曹操这一战役实际上是为了加强对青州的控制，而且调整行政区划，扩大了琅邪郡，而琅邪郡是胶东半岛上文化比较高的地区。曹操接下来的目标是打击北方三郡乌丸，从根本上加强对青、幽、并、冀的控制，并以冀州的邺作为自己的政治重心。

（六十五）曹操北伐三郡乌丸

《三国志·魏书·武帝纪》云：

三郡乌丸承天下乱，破幽州，略有汉民合十余万户。袁绍皆立其酋豪为单于，以家人子为己女，妻焉。辽西单于蹋顿尤强，为绍所厚，故尚兄弟归之，数入塞为害。公将征之，凿渠，自呼沲入泒水，名平虏渠；又从泃河口凿入潞河，名泉州渠，以通海。

（建安）十二年春二月，公自淳于还邺。……

将北征三郡乌丸，诸将皆曰："袁尚，亡虏耳，夷狄贪而无亲，岂能为尚用？今深入征之，刘备必说刘表以袭许。万一为变，事不可悔。"惟郭嘉策表必不能任备，劝公行。夏五月，至无终。秋七月，大水，傍海道不通，田畴请为乡导，公从之。引军出卢龙塞，塞外道绝不通，乃堑山堙谷五百余里，经白檀，历平冈，涉鲜卑庭，东指柳城。未至二百里，虏乃知之。尚、熙与蹋顿、辽西单于楼班、右北平单于能臣抵之等将数万骑逆军。八月，登白狼山，卒与虏遇，众甚盛。公车重在后，被甲者少，左右皆惧。公登高，望虏陈不整，乃纵兵击之，使张辽为先锋，虏众大崩，斩蹋顿及名王已下，胡、汉降者二十余万口。辽东单于速仆丸及辽西、北平诸豪，弃其种人，与尚、熙奔辽东，众尚有数千骑。初，辽东太守公孙康恃远不服。及公破乌丸，或说公遂征之，尚兄弟可禽也。公曰："吾方使康斩送尚、熙首，不烦兵矣。"九月，公引兵自柳城还，康即斩尚、熙及速仆丸等，传其首。诸将或问："公还而康斩送尚、熙，何也？"

公曰："彼素畏尚等，吾急之则并力，缓之则自相图，其势然也。"十一月至易水，代郡乌丸行单于普富卢、上郡乌丸行单于那楼将其名王来贺。

这两段文字叙述了曹操征伐三郡乌丸的过程。一是讲北征三郡乌丸的理由，那就是袁尚、袁熙与三郡乌丸合流，数入塞为害。不从根本上解决这个问题，幽、冀、并、青这四州的秩序不可能稳定，边警不断，后患无穷。二是议论北征三郡乌丸有没有后顾之忧，在荆州的刘备与刘表会不会乘虚攻击许昌。那时曹操手下多数人反对北征，出塞打击三郡乌丸，毕竟没有经验。这次决策的论证，郭嘉起了重要作用。三是要打的话，兵马未动，粮草先行，粮草的运输要运道，那就是开辟一条水上的通道。平虏渠和泉州渠都在今天津境内，平虏渠是沟通呼沱河与泒水的渠道，泉州渠是沟通清河入海口与潞河的渠道，这样运输给养就能逼近渔阳、辽西、右北平三郡了。接下来有一个怎么打的问题，郭嘉言曰："兵贵神速。今千里袭人，辎重多，难以趣利，且彼闻之，必为备；不如留辎重，轻兵兼道以出，掩其不意。"（《三国志·魏书·郭嘉传》）郭嘉的建议是轻骑突袭，攻其无备。如何付诸实施？道路不熟悉，还得有人带路，带曹军突袭三郡乌丸的引路人是田畴。

《三国志·魏书·田畴传》介绍田畴，字子泰，右北平无终人，他是刘虞部属，刘虞被公孙瓒杀死后率宗族附从入徐无山中，"营深险平敞地而居，躬耕以养父母。百姓归之，数年间至五千余家”。那时战乱期间，聚族而建立坞堡自保是一个生存的办法，如此群居的坞堡壁垒，内部有自身的组织系统，其云：

畴谓其父老曰：“诸君不以畴不肖，远来相就。众成都邑，而莫相统一，恐非久安之道，愿推择其贤长者以为之主。”皆曰：“善。”同佥推畴。畴曰：“今来在此，非苟安而已，将图大事，复怨雪耻。窃恐未得其志，而轻薄之徒自相侵侮，偷快一时，无深计远虑。畴有愚计，愿与诸君共施之，可乎？”皆曰：“可。”畴乃为约束相杀伤、犯盗、诤讼之法，法重者至死，其次抵罪，二十余条。又制为婚姻嫁娶之礼，兴举学校讲授之业，班行其众，众皆便之，至道不拾遗。北边翕然服其威信，乌丸、鲜卑并各遣译使致贡遗，畴悉抚纳，令不为寇。

可见他们又与乌丸、鲜卑相杂而居，故能深知其地形和道路情况。曹操通过田豫找到田畴，《三国志·魏书·田畴传》纪其事云：

遂随使者到军，署司空户曹掾，引见谘议。明日出令曰：“田子泰非吾所宜吏者。”即举茂才，拜为蓨令，不之官，随军次无终。时方夏水雨，而滨海洿下，泞滞不通，虏亦遮守蹊要，军不得进。太祖患之，以问畴。畴曰："此道，秋夏每常有水，浅不通车马，深不载舟船，为难久矣。旧北平郡治在平冈，道出卢龙，达于柳城。自建武以来，陷坏断绝，垂二百载，而尚有微径可从。今虏将以大军当由无终，不得进而退，懈弛无备。若嘿回军，从卢龙口越白檀之险，出空虚之地，路近而便，掩其不备，蹋顿之首可不战而禽也。"太祖曰："善。"乃引军还，而署大木表于水侧路傍曰："方今暑夏，道路不通，且俟秋冬，乃复进军。"虏候骑见之，诚以为大军去也。太祖令畴将其众为乡导，上徐无山，出卢龙，历平冈，登白狼堆，去柳城二百余里，虏乃惊觉。

引导曹军沿卢龙塞直指柳城的是田畴，柳城在今辽宁朝阳之南，那时那个地区是游牧族活动的中心，故云"未至二百里，虏乃知之"，尚、熙与蹋顿带领三郡乌丸的骑兵迎战。双方决战的时间是建安十二年八月，当时曹操身边的军队不多，故《武帝纪》云"登白狼山，卒与虏遇，众甚盛。公车重在后，被甲者少，左右皆惧。公登高，望虏陈不整"，这说明对方还没有进入直接迎战的状态。这里讲张辽是先锋，《三国志·魏书·张辽传》云："从征袁尚于柳城，卒与虏遇，辽劝太祖战，气甚奋，太祖壮之，自以所持麾授辽。遂击，大破之，斩单于蹋顿。"看来当时是一场遭遇战，两军相遇勇者胜，故应承认张辽在这场战斗中起了关键作用。乌丸的首领蹋顿被斩，军队的指挥官被斩首了，这支军队当然失去战斗力。“胡、汉降者二十余万”，可见胜利之大。袁尚、袁熙奔辽东太守公孙康处，曹操没有追击，自柳城回师，公孙康斩了袁尚、袁熙，把首级送给曹操，这是因为凭辽东一郡之地是无法与曹操相抗衡的。曹操乘胜把三郡乌丸迁到内地，从当时讲，既加强了对乌丸的控制，又增加了内地的人口，未始不是一件好事，从长远来看却为此后五胡乱华埋下了祸根。

曹操在这一年还发布了几条命令，在第一次出征乌丸后自淳于还邺时，曹操曾下达《封功臣令》，其云：

> 吾起义兵诛暴乱，于今十九年，所征必克，岂吾功哉？乃贤士大夫之力也。天下虽未悉定，吾当要与贤士大夫共定之。而专飨其劳，吾何以安焉！其促定功行封。
> （《三国志·魏书·武帝纪》）

把功劳归于大家的努力，还是对的，“于是大封功臣二十余人，皆为列侯，其余各以次受封，及复死事之孤，轻重各有差”（《三国志·魏书·武帝纪》）。这样能团结人，鼓励大家继续奋进，因为天下尚未悉定，南方在荆州还有刘表，江东还有孙权，还需大家一起努力。裴松之引《魏书》载公令曰：

> 昔赵奢、窦婴之为将也，受赐千金，一朝散之，故能济成大功，永世流声。吾读其文，未尝不慕其为人也。与诸将士大夫共从戎事，幸赖贤人不爱其谋，群士不遗其力，是以夷险平乱，而吾得窃大赏，户邑三万。追思窦婴散金之义，今分所受租与诸将掾属及故戍于陈、蔡者，庶以畴答众劳，不擅大惠也。宜差死事之孤，以租谷及之。若年殷用足，租奉毕入，将大与众人悉共飨之。

这段文字比《三国志·魏书·武帝纪》所载之令更加具体了。裴松之在曹操自柳城还师时，还引了《曹瞒传》所载的一段讲话，其云：

> 时寒且旱，二百里无复水，军又乏食，杀马数千匹以为粮，凿地入三十余丈乃得水。既还，科问前谏者，众莫知其故，人人皆惧。公皆厚赏之，曰："孤前行，乘危以徼幸，虽得之，天所佐也，故不可以为常。诸君之谏，万安之计，是以相赏，后勿难言之。"

曹操认为这次胜利是侥幸的，是老天帮忙，不可以为常，今后大家还是应畅所欲言。此前曹操在建安十一年发布的《求言令》也是鼓励人们勇于表示意见的。看来曹操这个人还有一点民主作风，善纳良言，即使是反对自己的意见。这是曹操“所征必克”的一个重要原因。

（六十六）曹操平定三郡乌丸后的诗作

曹操东临碣石，也应该是这一年，今录其诗《步出夏门行》于下：

云行雨步，超越九江之皋。临观异同，心意怀游豫，
不知当复何从？经过至我碣石，心惆怅我东海。

观沧海

东临碣石，以观沧海。水何澹澹，山岛竦峙。
树木丛生，百草丰茂。秋风萧瑟，洪波涌起。
日月之行，若出其中；星汉灿烂，若出其里。
幸甚至哉，歌以咏志。

从全诗看，那是曹操取得巨大胜利以后，怡然自得带有自我陶醉的一种心情，东临碣石，是秦皇、汉武的盛举，曹操另一首五言诗《却东西门行》：

鸿雁出塞北，乃在无人乡。举翅万余里，行止自成行。
冬节食南稻，春日复北翔。田中有转蓬，随风远飘扬。
长与故根绝，万岁不相当。奈何此征夫，安得去四方。
戎马不解鞍，铠甲不离傍。冉冉老将至，何时反故乡。
神龙藏深泉，猛兽步高冈。狐死归首丘，故乡安可忘。

可以看出，这是他在出塞北行后思念故乡的作品，也是出征三郡乌丸时期的作品。

十一、给曹操前半生的为人行事做一个小结

综观曹操一生，大体上可以建安十二年为界，此前为他的前半生，此后到建安二十五年（220年）他去世为其后半生，终年六十六岁。建安十二年时他五十三岁。他打败三郡乌丸，袁尚、袁熙授首，随后东临碣石，这个时期可以说是进入事业的顶峰。此后的十三年时间，就没有前面那么辉煌了，有一点起起伏伏，遭遇了赤壁之战的失败，统一全国的理想受阻，内部矛盾重重，对有一些问题的处理也不那么妥当。取得相当大的胜利了，人也容易骄傲，容易自以为是，任性而为，所以犯错误的机会比较多。

建安十三年开始的事放在下篇说，从他的前半生看，他二十岁举孝廉为郎，除洛阳北部尉，做事那么认真，得罪了人，迁顿丘令。他二十九岁便参加皇甫嵩对颍川黄巾起义的镇压，三十四岁时，与袁绍一起成为西园八校尉之一，次年即起兵于己吾，讨

伐董卓。可见他在二三十岁时便崭露头角了。兖州是他的根据地，建安三年他四十八岁时，破青州黄巾，受降卒三十万，青州兵成了他的基本部队。曹操的军队中，出身于农民军的比例相当高。讨伐袁绍时，他收编了黑山黄巾张燕部，也是黄巾军中能征善战的部队。在这段时间，他主要作战的对象是北方各地的割据势力，先后打败了陶谦、张邈、陈宫、吕布，迎天子汉献帝于许昌，最终打败袁绍，占有冀、并、幽、青四州，打败了三郡乌丸。这是曹操事业进入顶峰的阶段。

从曹操发布的一些命令来看，如在《封功臣令》中显示，他还能与和他一起共同奋斗的将领和谋士保持同舟共济、互相团结的状况，从《求言令》可以知道他那时还比较谦逊，听得进大家的不同意见，用现在的话讲，作风还比较民主。曹操对民间的疾苦还比较了解，他的乐府诗《蒿里行》最后几句讲："铠甲生虮虱，万姓以死亡。白骨露于野，千里无鸡鸣。生民百遗一，念之断人肠。"又如他采集民风民歌作的《谣俗词》云："瓮中无斗储，发箧无尺缯。友来从我贷，不知所以应。"可见那时民间穷困的状况。所以他能注重减轻农民的负担。建安九年定冀州时，颁布《蠲河北租赋令》，免掉了河北地区当年的租赋。他的《收田租令》的第一句话便是"有国有家者，不患寡而患不均，不患贫而患不安"，便有裁抑豪强的意味。他明确公布每亩每户租调的负担，其他不得擅自兴发。要地方官"无令强民有所隐藏，而弱民兼赋也"，裁抑豪强的倾向非常鲜明。早在建安元年，他便接受枣祇、韩浩的建议兴屯田，恢复农业生产。在这一点上，曹操比当时其他割据势力要高出一筹。《三国志·魏书·任峻传》曰："时岁饥旱，军食不足，羽林监颍川枣祇建置屯田，太祖以峻为典农中郎将，募百姓屯田于许下，得谷百万斛，郡国列置田官，数年中所在积粟，仓廪皆满。"这大概也是曹操得以战胜其他割据势力的一个重要原因。

在用人问题上，曹操的胸怀还是比较宽广，敌对阵营的人才，只要过来，他都能重用。他打败吕布时，吕布手下的张辽，他不仅接纳，而且封侯拜将，委以重任，在讨伐三郡乌丸时，正是张辽斩单于蹋顿。如果曹操不推诚待人，何以得人之力？如张郃本来是袁绍手下的大将，郃归操，操不以降臣待之，而把他的归附比之于"微子去殷，韩信归汉"。张郃后来在西北战场上起了非常大的积极作用。对武将是如此，对谋略之士曹操的态度也是如此。如郭嘉先见袁绍，认为绍未知用人之机，所以转而投奔曹操，经过荀彧的推荐，召见论天下事，曹操讲："使孤成大业者，必此人也。"郭嘉经过这次谈话以后便说："真吾主也。"（《三国志·魏书·郭嘉传》）在乱世，君择臣，臣亦择君。在先征刘表，还是先征袁尚与袁谭的问题上，郭嘉主张待机而行，作南征刘表的姿态，待谭、尚内斗谭乞降时，乘机而入，乘势攻定了冀州。在征讨三郡乌丸的问题上，郭嘉认为刘表是坐谈客，不可能主动有所作为，且刘表与刘备面和心不和，不可能有任何作为，应该乘胜追击三郡乌丸，彻底解决北方边境的安全。在如何打击的问题上，郭嘉提出兵贵神速，轻兵兼道以出，突袭柳城。所以曹操称“唯奉孝为能知孤意”。郭嘉因病死在柳城回师途中，曹操对荀彧讲：“诸君年皆孤辈也，唯奉孝最少。天下事竟，欲以后事属之，而中年夭折，命也夫！”赤壁之败，曹操在回邺的途中讲：“郭奉孝在，不使孤至此。”（《三国志·魏书·郭嘉传》）可见曹操对郭嘉的看重。

人才要靠自己鉴别和发掘，要靠自己去用，靠学历、职称，是假的，靠不住的。毛泽东一而再再而三地推荐大家读《郭嘉传》，从一个侧面反映了他求贤心切，同时也是鼓励大家要时刻把天下事放在心上，要多谋善断，别总是盯着鼻子底下的一点小事唠叨个没完没了。如许攸，本来也是袁绍身边的人，他倒到曹操这边来，对曹操在官渡之战取得胜利起了重要的作用。参谋不一定都是自己身边的亲信，有时从敌人阵营过来的谋略之士，由于了解敌情，反而能起到关键的作用。用人一定要五湖四海，不要只用同乡的人。到一个地方，便要用那里的贤能之士。如曹操用崔琰，崔琰是袁绍那儿士子中的领军人物，他曾反对袁绍南下进攻官渡。曹操定冀州，召他谈话，讲冀州按户籍有三十万众。崔琰一开口便讲：“未闻王师仁声先路，存问风俗，救其涂炭，而校计甲兵，唯此为先，斯岂鄙州士女所望于明公哉！”刚见面一张口便针锋相对地向曹操提意见，曹操在冀州这几条命令，若《整齐风俗令》《选举令》的出台，也许与崔琰的这次谈话有关。曹操在冀州既注意用文人，如陈琳，文才高人一筹，尽管在檄文中骂了曹操祖宗三代，给曹操涂了一脸污水，但曹操还是用了他，让他为自己起草檄文，据说曹操读了他的作品，偏头风也立即好了。曹操在冀州还看重和表彰那里有学问的经学大师，他在《告涿郡太守令》中称："故北中郎将卢植，名著海内，学为儒宗，士之楷模，国之桢干也。"（《后汉书·卢植传》）表彰了卢植，实际上招揽了他的一帮弟子。曹操每开辟一个区域，就吸引那个区域的精英。田畴是右北平人，他在那里聚族据险而居，熟悉那儿的道路地形，与乌丸鲜卑多有交往，曹操就起用他作为引路人，出卢龙，登白狼山，便是田畴引的路。如王修是北海人，属于青州，袁谭曾征辟过他，闻谭死，他曾下马号哭，称"无君焉归"。诛袁谭时，曹操曾下令"敢哭之者戮及妻子"。王修到了曹操那里，开口第一句话便是乞收葬谭尸，曹操不应，他说："受袁氏厚恩，若得收敛谭尸，然后就戮，无所恨。"曹操见他如此忠于故主，也就听之了。当时冀州诸郡皆定，唯乐安之管统不从命，曹操让他去取统首级来见，"修以亡国之忠臣，因解其缚，使诣太祖，太祖悦而赦之"。

在辽东，曹操用邴原，东汉末邴原与郑玄齐名，《三国志·魏书·邴原传》裴松之引《邴原别传》云：

是时海内清议，云青州有邴、郑之学。魏太祖为司空，辟原署东阁祭酒。太祖北伐三郡单于，还住昌国，燕士大夫。酒酣，太祖曰："孤反，邺守诸君必将来迎，今日明旦，度皆至矣。其不来者，独有邴祭酒耳！"言讫未久，而原先至。门下通谒，太祖大惊喜，揽履而起，远出迎原曰："贤者诚难测度！孤谓君将不能来，而远自屈，诚副饥虚之心。"谒讫而出，军中士大夫诣原者数百人。

从这个故事一方面可以看到曹操虚怀若谷，以诚对待当地之士大夫。另一方面也可以看到平定三郡乌丸以后，曹操确实已取代了袁绍对冀、青、幽、并四州的统治。北方地区的统一可以确认无疑了。曹操如果没有这样的气度，单靠军事力量，是难以达到这种状态的。曹操是当时难得的军事家、政治家和文学家，东汉末英豪辈出，曹操能出人头地，不是偶然的。此后的十多年时间，由于胜利多了，骄傲也多了，曹操的光辉慢慢逊于前期。人是会变的，随着他的地位的变化而变化。研究曹操后期反常的各种矛盾现象，也是很有历史价值的。

下篇

伟人身后都有一些难以言说的事，隔代的继承实际上很难如逝者生前的愿望，孔子讲的『三年无改于父之道』，这是很难做到的。老人对身后事应看得更加透彻一点，淡泊一点，任你操心再多，也难以完全实现自己的愿望。

一、曹操加强其在中央的权力

《三国志·魏书·武帝纪》云：

> 十三年春正月，公还邺，作玄武池以肄舟师。汉罢三公官，置丞相、御史大夫。夏六月，以公为丞相。

建安十三年，曹操出征三郡乌丸取得胜利以后，自辽东返邺。邺，今河南安阳以北，原来是袁绍的政治中心，由于打败三郡乌丸以后，袁绍的残余势力已完全被消灭，所以现在可以安心地把它作为自己的政治中心了。那时汉献帝还在许昌，何时迁邺缺乏记载。其时整个华北地区已基本上被曹操统一，从全国范围讲，南方还有荆州的刘表，益州的刘焉和刘璋，江东的孙权，而刘备只是寄居在荆州的流亡者。这些地方势力，没有一个有袁绍那样雄踞四州的地盘和政治军事实力。但这些地区都在长江的上下游，如果没有水师，就无法直接撼动这些地方势力，所以曹操要在邺建玄武池训练水师，为南下统一全国作准备。

曹操要做的另一件事，便是巩固和强化自己在朝廷中的地位。罢三公，置丞相、御史大夫，以曹操为丞相，实际上是为了进一步控制寄居在曹操领地内的东汉小朝廷。三公在东汉时是太尉、司徒、司空，而实际主持日常政务的则是尚书令。曹操迁汉献帝到许昌时，以曹操为大将军，录尚书事，而大将军其地位比三公高，当时袁绍的势力要超过曹操，始以袁绍为太尉，绍耻班在曹操之下，不肯接受，于是曹操辞大将军，以大将军让袁绍，曹操为司空，行车骑将军。这只是名义和形式上的变化，实际权力仍在曹操掌控之下。

（一）献帝迁许及董承事件

当时从洛阳搬到许昌的，不仅是汉献帝这一家子，还有东汉小朝廷残存的官僚机构及其成员，流亡各地的士大夫，也有不少一起投奔到许昌来了。其中不少人不是为了投奔曹操，而是投奔东汉小朝廷而来的，在他们心目中，以汉献帝为代表的流亡小朝廷仍是权力的正宗，其中不少人并不把曹操放在眼里。东汉小朝廷不安心寄居于曹操手下，总想着有机会如何摆脱曹操对他们的拘束。《后汉书·伏皇后传》讲到汉献帝迁许以后的一些状况，其云：

> 自帝都许，守位而已，宿卫兵侍，莫非曹氏党旧姻戚。议郎赵彦尝为帝陈言时策，曹操恶而杀之。其余内外，多见诛戮。操后以事入见殿中，帝不任其愤，因曰："君若能相辅，则厚；不尔，幸垂恩相舍。"操失色，俯仰求出。旧仪，三公领兵朝见，令虎贲执刃挟之。操出，顾左右，汗流浃背，自后不敢复朝请。

从这段记载，可见当时曹操与汉献帝之间的关系，从迁许开始便处于非常紧张的状态。那时曹操的职务是三公之一的司空，见献帝的礼仪是如此，他当然不敢在如此情景下见汉献帝了。曹操迁汉献帝都许时，便以荀彧为侍中，守尚书令。曹操在外征伐时，荀彧留守于许，其任务之一自然是看管好汉献帝，防止发生意外。然而还是出了大事，那就是建安五年春正月，董承想通过刘备等发动宫廷政变谋害曹操的事。《通鉴·汉纪五十五》云："董承谋泄；壬子，曹操杀承及王服、种辑，皆夷三族。"董承谋划其事件的过程，《三国志·蜀书·先主传》云："先主未出时，献帝舅车骑将军董承辞受帝衣带中密诏，当诛曹公。""遂与承及长水校尉种辑、将吴子兰、王子服等同谋，会见使，未发。事发，承等皆伏诛。”《先主传》裴松之注引《献帝起居注》云：

承等与备谋未发，而备出。承谓服曰：“郭多有数百兵，坏李傕数万人，但足下与我同不耳！昔吕不韦之门，须子楚而后高，今吾与子由是也。”服曰：“惶惧不敢当，且兵又少。”承曰：“举事讫，得曹公成兵，顾不足邪？”服曰：“今京师岂有所任乎？”承曰：“长水校尉种辑、议郎吴硕是我腹心办事者。”遂定计。

看来这是刘备参预的一次以曹操为对象的宫廷兵变的密谋，曹操是如何发觉这次密谋的过程，我们已无从知道了。事后的处置也极其严厉而残忍，相关的人员皆被夷三族。《后汉书·伏皇后传》云：

董承女为贵人，操诛承而求贵人杀之。帝以贵人有妊，累为请，不能得。

曹操对这个问题的态度，几乎是斩尽杀绝，不留后患。也正因为这个问题，曹操与刘备之间再没有回旋余地。汉献帝在许昌的状况，实际上只能是一个被软禁的傀儡而已，他是在曹操挟持之下，为其号令天下的一个工具而已。董承这件事发生在建安五年，那正是曹操与袁绍进行官渡之战的前夜，这大概也是迫使曹操迅速采取果断措施的原因之一吧。

（二）拥曹、拥汉与中间派

曹操既迎汉献帝都许，那么原来东汉的官僚班子也得跟着一起来许，如杨彪便是。杨彪一族四世皆为三公，其世族地位与袁绍家族相等，东汉士大夫的门第以袁、杨两家为最高。杨彪曾代董卓为司空，代黄琬为司徒，即使董卓专权的时候，也不敢对杨家动干戈。杨彪随董卓至长安后，先后任光禄大夫，代淳于嘉为司空，代朱儁为太尉，录尚书事，随汉献帝回洛阳，迁许。《后汉书·杨彪传》云：

> 建安元年，从东都许。时天子新迁，大会公卿，兖州刺史曹操上殿，见彪色不悦，恐于此图之，未得宴设，托疾如厕，因出还营。彪以疾罢。时，袁术僭乱，操托彪与术婚姻，诬以欲图废置，奏收下狱，劾以大逆。将作大匠孔融闻之，不及朝服，往见操曰：“杨公四世清德，海内所瞻。《周书》父子兄弟罪不相及，况以袁氏归罪杨公。《易》称‘积善余庆’，徒欺人耳。”操曰：“此国家之意。”融曰：“假使成王杀邵公，周公可得言不

知邪？今天下缨緌搢绅所以瞻仰明公者，以公聪明仁智，辅相汉朝，举直厝枉，致之雍熙也。今横杀无辜，则海内观听，谁不解体！孔融鲁国男子，明日便当拂衣而去，不复朝矣。”操不得已，遂理出彪。

从这个案例可以看到原来东汉小朝廷的官僚班子与曹操之间还有很难调和的矛盾，东汉小朝廷的官僚班子希望曹操辅助汉献帝稳定东汉王朝，而曹操之所以迎接汉献帝到许，是要借其名义号令诸侯，取得政治上的优势，以达到统一全国的目的，为自己达到权力的顶峰创造条件，这个矛盾实际上是无法调和的。

曹操把汉献帝迁到许都以后，大批流亡在各地的知识分子，有不少人便投奔到许来了，然而来许的士大夫情况各异，有为维护东汉小朝廷而来的，有投奔曹操来的，情况很复杂，《后汉书·祢衡传》中有一段值得仔细玩味的叙述，其云：

祢衡字正平，平原般人也。少有才辩，而尚气刚傲，好矫时慢物。兴平中，避难荆州。建安初，来游许下。始达颍川，乃阴怀一刺，既而无所之适，至于刺字漫灭。是时许都新建，贤士大夫四方来集。或问衡曰：“盍从陈长文、司马伯达乎？”对曰：“吾焉能从屠沽儿耶！”又问：“荀文若、赵稚长云何？”衡曰：“文若可借面吊丧，稚长可使监厨请客。”唯善鲁国孔融及弘农杨修。常称曰：“大儿孔文举，小儿杨德祖。余子碌碌，莫足数也。”融亦深爱其才。

“许都新建，贤士大夫四方来集”，说明当时各地流亡的士大夫向许集中，因为那时东汉小朝廷的政治中心在许，然而来的士大夫各人情况和宗旨不尽相同。东汉末盛行品评人物，许劭的月旦评便是定期品评人物的聚会，这儿与祢衡的一问一答，便是当时祢衡对各类人物的评价。如陈长文，即陈群，颍川许昌人，他的祖父陈寔，以老病未就，父亲陈纪曾任平原相、大鸿胪，皆以高名著于世。刘备在豫州时，曾辟群为别驾，刘备败，曹操辟群为司空西曹掾属，后来他是追随曹氏的。司马伯达，即司马朗，河内温人。温在今河南温县之西，他的父亲司马防，曾在东汉末任治书御史，董卓迁都长安时，其父让其回到家乡，那个地区正是关东诸郡起兵的地方，数十万军队集中在这个地区，“诸将不能相一，纵兵钞掠，民人死者且半”。“时岁大饥，人相食”，而司马朗能“收恤宗族，教训诸弟”（《三国志·魏书·司马朗传》），以保一方之平安，故在二十二岁时，即被曹操辟为司空掾属，除成皋令，后人为丞相主簿，当时其在许昌也成为一知名之士。他与崔琰过从甚密，《三国志·魏书·崔琰传》：“始琰与司马朗善，晋宣王方壮，琰谓朗曰：‘子之弟，聪哲明允，刚断英跱，殆非子之所及也。’”司马懿便是司马朗的兄弟，也是荀彧推荐给曹操的。这些人在当时士大夫中是亲曹操一派的代表人物，祢衡对他们的评价是“吾焉能从屠沽儿耶！”由于这些人是彻底卖身投靠于曹魏的，以后在建立魏国时曾起过重要作用，故称其为屠沽儿，即宰猪的卖肉屠户。

第二个类型的士大夫代表人物有荀彧，东汉末何颙曾称荀彧为“王佐才也”。荀彧最初在袁绍那儿，后转投曹操，“操与语，大悦，曰：‘吾之子房也。’”（《后汉书·荀彧传》）迎汉献帝迁许是荀彧的建议，汉献帝迁许以后，“以彧为侍中，守尚书令。操每征伐在外，其军国之事，皆与彧筹焉。彧又进操计谋之士从子（荀）攸，及钟繇、郭嘉、陈群、杜袭、司马懿、戏志才等，皆称其举”（《后汉书·荀彧传》）。他实际上是曹操参谋班子的领袖，曹操的许多重大的军事政事决策，都出于荀彧，他实际上成为曹操的管家。但汉献帝是他建议迎到许来的，这样他便夹在中间，既不能出卖和坑害献帝，又要维护曹操的权势和利益，处于两难的境地。祢衡对荀彧的评语是“可借面吊丧”，李贤对此引《典略》的解释是“衡见荀仪容但有貌耳，故可吊丧”，实际上是说荀骑墙于两者之间，吃力不讨好，最终只能是哭丧脸，故荀彧的结局不好，根子也就在这一点上。赵稚长的生平不详，“可使监厨请客”，《典略》的解释是“赵有腹大，健啖肉，故可监厨也”，是一个喜欢吃肉的大肚子，所以让他“监厨请客”，只管吃饭，不管双方的矛盾和斗争，故荀彧与赵稚长是当时在许昌士大夫的中间派。

祢衡称赞的两个人，一个是孔融，一个是杨修，故其常称：“大儿孔文举，小儿杨德祖。余子碌碌，莫足数也。”他所以称赞这两个人，因为孔融是孔子的二十世孙，杨德祖即杨修，是杨彪的儿子。为什么称孔融为大儿、杨修为小儿呢？因为孔融早年便受杨家的提携，杨修的祖父杨赐曾辟其为司徒府掾属，他弹劾中官亲属非法贪浊者，无阿挠，故为世所重。孔融无论资历还是声望方面，在士大夫中都很高，这些事当年的曹操都无法与之相比。孔融是东汉王朝末年的名士，当然忠于东汉王朝，与曹操是对着干的，而且他一直是和权贵对着干的，无论是宦官还是外戚。何进迁为大将军时，杨赐派他去奉谒贺进，门卫不及时通报，他便夺谒而走，并投劾而去。何进得势时，对他也无可奈何，辟其为侍御史。董卓执政时，迁为虎贲中郎将，公开发表反对董卓废立的言论，出为北海相。汉献帝迁许时征融为将作大匠，迁少府。从他敢说敢做的风格讲，当然不会把曹操放在眼里，且敢于讽刺挖苦曹家的不端行为。“曹操攻屠邺城，袁氏妇子多见侵略，而操子丕私纳袁熙妻甄氏。融乃与操书，称‘武王伐纣，以妲己赐周公’。操不悟，后问出何经典。对曰：‘以今度之，想当然耳。’”“时年饥兵兴，操表制酒禁，融频书争之，多侮慢之辞。既见操雄诈渐著，数不能堪，故发辞偏宕，多致乖忤。”（《后汉书·孔融传》）关于酒禁，他曾致书曹操讲：“酒之为德久矣。古先哲王，类帝禋宗，和神定人，以济万国，非酒莫以也。故天垂酒星之耀，地列酒泉之郡，人著旨酒之德。尧不千钟，无以建太平。孔非百觚，无以堪上圣。樊哙解厄鸿门，非豕肩钟酒，无以奋其怒。”还说：“夏、商亦以妇人失天下，今令不断婚姻。而将酒独急者，疑但惜谷耳，非以亡王为戒也。”（李贤注引《孔融集》）从这些书信和言论，可见孔融不是一个想抱曹操大腿往上爬的人，而是士大夫中不满曹操某些作为的领军人物。杨修是杨彪之子，杨赐之孙，他有杨氏世家的背景，又是袁术的外甥，虽然后来为“丞相曹操主簿，用事曹氏”（《后汉书·杨修传》）。他好学，又有俊才，但总是曹操忌讳的人物。祢衡赞孔融与杨修为大儿、小儿，实际上是当时士大夫中还有一批忠于东汉王朝敢于与曹操相抗衡的知识分子。从祢衡对建安时这些人物的评价，可知在许昌汇集的士大夫中，有三类不同政见的士子，有拥曹的，有拥东汉小朝廷的，有居于中间骑墙的。祢衡是属于拥戴东汉王朝的，与孔融为伍，对曹操的所作所为多所不满。

（三）曹操与祢衡——击鼓与骂曹

祢衡到了许昌以后，那时“衡始弱冠，而融年四十”（《后汉书·祢衡传》），两人相与为友，那也可以说是忘年交了，祢衡又是孔融亲自写信极力推荐给曹操的，曹操想见见这个少年才子，于是发生了击鼓骂曹的典故。其实击鼓与骂曹是两件事，《后汉书·祢衡传》言其事云：

> 融既爱衡才，数称述于曹操。操欲见之，而衡素相轻疾，自称狂病，不肯往，而数有恣言。操怀忿，而以其才名，不欲杀之。闻衡善击鼓，乃召为鼓史，因大会宾客，阅试音节。诸史过者，皆令脱其故衣，更著岑牟、单绞之服。次至衡，衡方为《渔阳》参挝，蹀躞而前，容态有异，声节悲壮，听者莫不慷慨。衡进至操前而止，吏诃之曰："鼓史何不改装，而轻敢进乎？"衡曰："诺。"于是先解衵衣，次释余服，裸身而立，徐取岑牟、单绞而著之，毕，复参挝而去，颜色不怍。操笑曰："本欲辱衡，衡反辱孤。"

这件事，本来是曹操想见祢衡，以示笼络，由于衡的刚傲慢物，自称有狂病，恣言辱操，所以才有任祢衡为鼓吏，以便在宴会上羞辱祢衡。没料到祢衡在曹操面前裸身而立，击鼓而去。知识分子不屈于权势的精神是好的，但也有一个度，或者叫分寸，过了对双方都有伤害。关于骂曹的事，《后汉书·祢衡传》续云：

孔融退而数之曰：“正平大雅，固当尔邪？”因宣操区区之意。衡许往。融复见操，说衡狂疾，今求得自谢。操喜，敕门者有客便通，待之极晏。衡乃著布单衣、疏巾，手持三尺棁杖，坐大营门，以杖捶地大骂。吏白：“外有狂生，坐于营门，言语悖逆，请收案罪。”操怒，谓融曰：“祢衡竖子，孤杀之犹雀鼠耳。顾此人素有虚名，远近将谓孤不能容之，今送与刘表，视当何如。”于是遣人骑送之。临发，众人为之祖道，先供设于城南，乃更相戒曰：“祢衡勃虐无礼，今因其后到，咸当以不起折之也。”及衡至，众人莫肯兴，衡坐而大号。众问其故，衡曰：“坐者为冢，卧者为尸。尸冢之间，能不悲乎！”

从祢衡骂曹的过程看，祢衡的狂妄确也过了一些。恃才傲物，亦要有一个度，也得看对象，否则的话，最终还是会伤害了自己。从曹操的话可以知道曹操是动了杀机的，所以隐忍，是怕担恶名，把他送给刘表，刘表也容不下，把他送给黄祖，他不断地当众辱骂黄祖，激怒了黄祖，终于把他杀了。那时曹操对祢衡、孔融这些在政治上的异己还能表现一定的容忍，那是因为他政治、军事的权力优势还没有达到顶峰，虽然打败了袁绍，但三郡乌丸的问题还没有最终解决，对持不同政见的知识分子还只能抱优容的态度，一旦打败三郡乌丸，统一北方的大局稳定下来以后，当他向权力顶峰攀登时，他当然会毫不留情地扫荡政治异己力量的，那时他在内部开杀戒了，这应该说是相当普遍的社会历史现象。

（四）罢三公，置丞相与杀孔融

曹操罢三公官，置丞相。丞相是秦设置的官僚机构，汉沿之，关于丞相的职权，《汉书·百官公卿表》称：“掌丞天子助理万机。”也就是上承天子的命令，管理国家大事。汉献帝是一个傀儡，曹操恢复丞相制，实际上是名正言顺地把权力集中到自己手上，丞相府实际上成了治理国家的朝堂。本来汉置三公，是把丞相职权一分为三，罢三公，置丞相，也就是重新把权力集中到丞相手上。御史大夫是丞相之副，在西汉，御史大夫握有考课、监察和弹劾百官之权，曹操设置御史大夫，只是一个临时性的措施。刘昭补注《后汉书·百官志》说：“献帝建安十三年，又罢司空，置御史大夫。御史大夫郗虑，虑免，不得补。”郗虑领御史大夫时，不领侍御史，下面没有侍御史，那这个御史大夫就没有办法具体管事，故郗虑这个御史大夫只是放在丞相一旁作为陪衬的花瓶而已。那么郗虑是何方人士？《后汉书·孔融传》注引“《续汉书》：‘虑字鸿豫，山阳高平人，少受学于郑玄。’虞浦《江表传》曰：‘献帝尝时见虑及少府孔融。问融曰：“鸿豫何所优长？”融曰：“可与适道，未可与权。”虑举笏曰：“融昔宰北海，政散人流，其权安在？”遂与融互相长短，以至不穆。曹操以书和解之。’虑从光禄勋迁御史大夫。”当郗虑感到曹操对孔融“外相容忍，而潜忌正议”时，他便“承望风旨，以微法奏免融官”。而孔融过了一年多，复拜太中大夫，据《后汉书·孔融传》，那时孔融虽然退居闲职，却仍然“宾客日盈其门，常叹曰：‘坐上客恒满，尊中酒不空，吾无忧矣。’”于是曹操“既积嫌忌，而郗虑复构成其罪”，“遂令丞相军谋祭酒路粹枉状奏融曰：‘少府孔融，昔在北海，见王室不静，而招合徒众，欲规不轨，云“我大圣之后，而见灭于宋，有天下者，何必卯金刀”。及与孙权使语，谤讪朝廷。又融为九列，不遵朝仪，秃巾微行，唐突宫掖。又前与白衣祢衡跌荡放言，云“父之于子，当有何亲？论其本意，实为情欲发耳。子之于母，亦复奚为？譬如寄物缻中，出则离矣”。既而与衡更相赞扬。衡谓融曰：“仲尼不死。”融答曰：“颜回复生。”大逆不道，宜极重诛。’书奏，下狱弃市。时年五十六。妻子皆被诛。”诛及孔融的妻儿，亦太残忍了。《后汉书·孔融传》言其事云：

初，女年七岁，男年九岁，以其幼弱得全，寄它舍。二子方弈棋，融被收而不动。左右曰：“父执而不起，何也？”答曰：“安有巢毁而卵不破乎！”主人有遗肉汁，男渴而饮之。女曰：“今日之祸，岂得久活，何赖知肉味乎？”兄号泣而止。或言于曹操，遂尽杀之。及收至，谓兄曰："若死者有知，得见父母，岂非至愿！"乃延颈就刑，颜色不变，莫不伤之。

曹操在事后为此还颁布了《宣示孔融罪状令》，文见《三国志·魏书·崔琰传》裴松之注引《魏氏春秋》，其云："太中大夫孔融既伏其罪矣，然世人多采其虚名，少于核实，见融浮艳，好作变异，眩其诳诈，不复察其乱俗也。此州人说平原祢衡受传融论，以为父母与人无亲，譬若缻器，寄盛其中，又言若遭饥馑，而父不肖，宁赡活余人。融违天反道，败伦乱理，虽肆市朝，犹恨其晚。更以此事列上，宣示诸军将校掾属，皆使闻见。"从另一个侧面，可以看到曹操之所以颁布孔融的罪状，正足以说明当时士大夫中有相当一部分人并不以为然。且孔融被杀以后，因全家被诛灭，没有人收尸，"初，京兆人脂习元升，与融相善，每戒融刚直。及被害，许下莫敢收者，习往抚尸曰：'文举舍我死，吾何用生为？'操闻大怒，将收习杀之，后得赦出"（《后汉书·孔融传》）。东汉士人，这一点气节还是好的，尽管孔融得罪了曹操，他儿子魏文帝曹丕仍赞赏孔融的文辞，"募天下有上融文章者，辄赏以金帛。所著诗、颂、碑文、论议、六言、策文、表、檄、教令、书记凡二十五篇。文帝以习有栾布之节，加中散大夫"（《后汉书·孔融传》）。

曹操杀孔融的时间，《资治通鉴》系于建安十三年八月间，建安十三年后，曹操为了巩固自己的权势，势必不断清洗仍然忠于东汉小朝廷、不满他大权独揽的士大夫，也就是知识分子中在政治上不肯对其附和的知名人士，孔融是其中代表人物之一，当时因言论有损于曹操而被诛的还有许攸和娄圭。许攸在平定袁绍集团上是有功的，但他在朝廷集会上直呼操之小名，“其后从行出邺东门，顾谓左右曰：‘此家非得我，则不得出入此门也。’有白者，遂见收之”。（《三国志·魏书·崔琰传》注引《魏略》）娄圭，字子伯，他随曹操及诸子出游时，“顾谓左右曰：‘此家父子，如今日为乐也。’人有白者，太祖以为有腹诽意，遂收治之”（《三国志·魏书·崔琰传》注引《魏略》）。从这几个案例可以看到曹操的权势和地位愈高，他对有损于己的言论之忌讳便愈加苛刻，愈加不能容忍。以杀人来堵别人的口诛笔伐，实际上这种现象古往今来是很普遍的，又是非常危险的，往往会给自己在历史上留下难以磨灭的一笔孽债。

二、曹操占领荆州

（五）曹操南征刘表

《三国志·魏书·武帝纪》云：

> 秋七月，公南征刘表。八月，表卒，其子琮代屯襄阳，刘备屯樊。九月，公到新野，琮遂降，备走夏口。公进军江陵，下令荆州吏民，与之更始。乃论荆州服从之功，侯者十五人，以刘表大将文聘为江夏太守，使统本兵，引用荆州名士韩嵩、邓义等。益州牧刘璋始受征役，遣兵给军。

曹操南征刘表是他统一北方后企图走向统一全国的关键一

仗，刘表与曹操的关系，长期处于对立的状态。曹操是从兖徐地区起家的，在兖州他与吕布、陈宫争夺兖州，在徐州他先后与陶谦及刘备争夺徐州，当他稳定自己在兖、徐两州的地位以后，南边有袁术，而孙权不过是袁术在江东崛起的余部。曹操开始并没有把江东崛起的东吴当一回事，他重点是与袁绍争雄。袁术在称帝声中垮台以后，也是想投奔袁绍的。而刘备在参与预董承他们的宫廷密谋以后，先是投奔袁绍，后来又带兵南下与刘表结合在一起，在曹操后方干扰曹操与袁绍的决战。在南阳地区崛起的张济与张绣，背后实际上也有刘表的支持，故荆州地区的刘表始终是袁曹决战时在后方牵掣曹操的一股力量。对曹操而言，刘表是他背上的芒刺，必欲除之而后快。故曹操要打败和消灭刘表在荆州的这股力量是题中应有之义，但什么时候，在什么情况下对荆州刘表用兵，是曹操经常思考的问题。读一下《三国志·魏书·郭嘉传》中曹操与郭嘉的对话，就可以明白曹操为什么到平定三郡乌丸以后，才下决心来收拾刘表了。在官渡之战取得胜利以后，是继续北进攻袁尚、袁谭，还是南下攻刘表，这是一个战略选择的问题，那时曹操第一次南征刘表，实际上是佯攻，《三国志·郭嘉传》云：

从破袁绍，绍死，又从讨谭、尚于黎阳，连战数克。诸将欲乘胜遂攻之，嘉曰："袁绍爱此二子，莫適立也。

> 有郭图、逢纪为之谋臣，必交斗其间，还相离也。急之则相持，缓之而后争心生。不如南向荆州若征刘表者，以待其变；变成而后击之，可一举定也。”太祖曰：“善。”乃南征。军至西平，谭、尚果争冀州。谭为尚军所败，走保平原，遣辛毗乞降。太祖还救之，遂从定邺。又从攻谭于南皮，冀州平。封嘉洧阳亭侯。

郭嘉的建议是对的，佯攻刘表，以观袁尚、袁谭内部的变化，谭、尚兄弟阋于墙，那就为曹操平定冀州提供了有利的时机，这时放弃南下攻刘表，转而进攻冀州这个决策是成功的。当曹操打败了袁尚与袁熙，杀了袁谭，消灭了高幹在并州的势力，留下的问题是先讨伐刘表，还是先讨伐逃往北方的袁尚、袁熙及三郡乌丸，《三国志·魏书·郭嘉传》云：

> 太祖将征袁尚及三郡乌丸，诸下多惧刘表使刘备袭许以讨太祖，嘉曰：“公虽威震天下，胡恃其远，必不设备。因其无备，卒然击之，可破灭也。且袁绍有恩于民夷，而尚兄弟生存。今四州之民，徒以威附，德施未加，舍而南征，尚因乌丸之资，招其死主之臣，胡人一动，民夷俱应，以生蹋顿之心，成觊觎之计，恐青、冀非己之有也。表，坐谈客耳，自知才不足以御备，重任之则

恐不能制，轻任之则备不为用，虽虚国远征，公无忧矣。”

太祖遂行。

郭嘉对刘表的分析，也有道理，刘表是一个坐而论道的人，不是亲自在沙场上征战的统帅，刘表虽然接纳了刘备，把刘备放在新野，以抵抗曹操的南下，但也不会让他主动挑起与曹操的战争。刘备在刘表那儿是一着闲棋，所以曹操完全可以毫无顾虑地“虚国远征”三郡乌丸，郭嘉对刘表的判断是正确的。接下来是如何进军的呢？曹操曾问计于荀彧，《三国志·魏书·荀彧传》称：“太祖将伐刘表，问彧策安出，彧曰：‘今华夏已平，南土知困矣。可显出宛、叶而间行轻进，以掩其不意。’”叶县在今河南平顶山南部，沿着叶县往西南行便是宛城，即今之南阳，古南阳郡的郡治。而荆州的政治中心在襄阳和樊城，今之襄樊市（2010年襄樊市更名为襄阳市），它的腹地则在南方的江夏郡，今之云梦，由荆州南下，便是南郡的江陵，现在的沙市。由襄阳南下，至江陵，中间要经过当阳，那个长坂坡便在当阳境内。江夏郡的南边是夏口，汉水与长江汇合的地段，今武汉市。荆州关键的战略要地是在江夏，特别是夏口，居长江中游，顺流而下便是长江下游的扬州和金陵。了解这个地区的地理概貌，那么这个地区的争夺和归属是奠定三国鼎立形势最为要害的地区。曹操对刘表战略进攻的演绎过程是如此，那么刘表的实际状况究竟如何？刘表是如何起家的，刘表在荆州地区的社会基础究竟如何？寄居在荆州的刘备，当时的处境又如何？为什么曹操能非常轻松地拿下荆州，却又得而复失呢？这与此前荆州内部错综复杂的形势有密切的关系。

（六）刘表其人其事

先说刘表，《后汉书·刘表传》云：

> 刘表字景升，山阳高平人，鲁恭王之后也。身长八尺余，姿貌温伟。与同郡张俭等俱被讪议，号为“八顾”，诏书捕案党人，表亡走得免。党禁解，辟大将军何进掾。

这一段文字说明刘表是文人出身，资格相当老，早年便被卷入党锢之祸。所谓“八顾”是那时对名士的一个称号，《后汉书·党锢传》称：“上曰‘三君’，次曰‘八俊’，次曰‘八顾’，次曰‘八及’，次曰‘八厨’，犹古之‘八元’‘八凯’也。”实际上刘表并非属于“八顾”，而是属于“八及”之一。《后汉书·党锢传》云：“张俭、岑晊、刘表、陈翔、孔昱、苑康、檀敷、翟超为‘八及’。及者，言其能导人追宗者也。”八及之首是张俭，他在党锢之祸中是一个相当有名望的人物，与刘表是同乡，都是山阳高平人，因上疏弹劾侯览，与宦官结仇，因其乡人告发张俭与同郡二十四人为党，“于是刊章讨捕。俭得亡命，困迫遁走，望门投止，莫不重其名行，破家相容”，“其所经历，伏重诛者以十数，宗亲并皆殄灭，郡县为之残破”（《后汉书·党锢·张俭传》）。张俭在党事解禁以后，还乡里。曹操起事，他是“阖门悬车，不豫政事”（《后汉书·党锢·张俭传》）。建安初卒于许，享年八十四。从张俭的经历，可以知道东汉末许多名士只是徒有虚名，不能干实事的人。对于有名望的知识分子，要留一个心眼，一个人要做到名实相副也不容易，这些人有的尽管名声很大，但并不一定真的能干实事，一定要观其行，是否与言相符。如刘表这样的人物能在荆州立住脚跟已不容易了。刘表是怎么坐上荆州刺史这个位置的呢？《后汉书·刘表传》云：

> 初平元年，长沙太守孙坚杀荆州刺史王叡，诏书以表为荆州刺史。时江南宗贼大盛，又袁术阻兵屯鲁阳，表不能得至，乃单马入宜城，请南郡人蒯越、襄阳人蔡瑁与共谋画。表谓越曰：“宗贼虽盛而众不附，若袁术因之，祸必至矣。吾欲征兵，恐不能集，其策焉出？”对曰：“理平者先仁义，理乱者先权谋。兵不在多，贵乎得人。袁术骄而无谋，宗贼率多贪暴。越有所素养者，使人示之以利，必持众来。使君诛其无道，施其才用，威德既行，襁负而至矣。兵集众附，南据江陵，北守襄阳，荆州八

郡可传檄而定。公路虽至，无能为也。”表曰：“善。”乃使越遣人诱宗贼帅，至者十五人，皆斩之而袭取其众。唯江夏贼张虎、陈坐拥兵据襄阳城，表使越与庞季往譬之，乃降。江南悉平。诸守令闻表威名，多解印绶去。表遂理兵襄阳，以观时变。

初平元年，是董卓进京后，废少帝立汉献帝刘协，关东起兵讨伐董卓，天下开始大乱的那一年。孙坚是长沙的太守，长沙是荆州的属郡，据《汉官仪》，荆州管长沙、零陵、南阳、江夏、武陵、南郡、章陵等郡，这个地区位于长江中游，横跨长江南北，包括汉水及湘江流域，相当于今河南南部、湖北西部及湖南大部相当广大的地区。孙坚起兵，是关东起兵以后，首先对着他的顶头上司荆州刺史王叡，孙坚起兵的目的不是占有荆州，而是在袁术支持下由南方进攻洛阳的董卓，王叡拦住他的进军路线，孙坚杀了王叡便继续向洛阳进发，这样荆州的权力便处于真空状态，各个郡县都为地方豪强所占领。汉献帝的诏书以刘表为荆州刺史实际上是空名，荆州的政治中心在襄阳，即今湖北之襄阳市。故刘表要走马上任，面临的是地方豪强各据一方。所谓宗贼，有两说，一是以宗族为组织聚族自保，以维护宗族内部社会秩序，抵御外来的侵扰，在乱世这一类坞堡壁垒带武装自卫的宗族组织，到处皆是；另一说宗贼是少数族賨人，是板楯蛮与廪君蛮后裔的部落组织，那些帅是部落酋长，他们聚居于巴西和梓潼两郡。这里所谓江南宗贼大盛，大概即是这种坞堡壁垒性质的、群众以宗族组织形式建立起来的团伙，在那时的那个地区成为非常普遍的情况，也有少数山民的部落组织的酋长，再加上袁术屯兵南阳。孙坚杀了荆州刺史以后继续北上，杀南阳太守张咨，引兵与袁术合，继续带兵北上洛阳。而刘表要自洛阳南下荆州，南阳是必经之地，所以刘表上疏表请袁术为南阳太守，希望加以笼络，袁术却仍然阻挠刘表赴荆州，于是刘表只能单马入宜城寻求当地士绅的支持。宜城属襄阳郡，在襄阳南边，今湖北宜城之南。刘表在那儿得到蒯越与蔡瑁的支持，与他们商量如何结束荆州地区的乱局，蒯越提出用诱骗的办法召集宗贼的首领商议，然后劫杀之，袭取其部众，这样便有了兵员，才能建立军队，是蒯越骗了十五个宗贼，斩而取其众。那时江夏郡的张虎与陈坐占据襄阳城，蒯越与陈季将其劝降，这样长江以南各郡也都归附了刘表。刘表是外来的人，他是靠当地人的支持，才能在荆州立住脚跟，故荆州这个地区的重大决策不是刘表一个人可以说了算的，还得听取当地如蒯越与蔡瑁这些人的意见。荆州的北面有南阳还在袁术手上，长江以南还有长沙、零陵、桂阳三郡叛服不定。《后汉书·刘表传》续云：

袁术与其从兄绍有隙，而绍与表相结，故术共孙坚合从袭表。表败，坚遂围襄阳。会表将黄祖救至，坚为流箭所中死，余众退走。……

建安元年，骠骑将军张济自关中走南阳，因攻穰城，中飞矢而死。荆州官属皆贺。表曰：“济以穷来，主人无礼，至于交锋，此非牧意，牧受吊不受贺也。”使人纳其众，众闻之喜，遂皆服从。三年，长沙太守张羡率零陵、桂阳三郡畔表，表遣兵攻围，破羡，平之。于是开土遂广，南接五领，北据汉川，地方数千里，带甲十余万。

刘表在荆州的地位，自初平元年至建安元年已奠定初步基础，刘表与孙坚这一仗具有决定性作用。袁术在南阳，刘表在襄阳，荆州一个地区，不可能两雄并存，孙坚攻刘表，在军事上，刘表不是孙坚的对手。《三国志·吴书·孙坚传》称：“初平三年，术使坚征荆州，击刘表。表遣黄祖逆于樊、邓之间。坚击破之，追渡汉水，遂围襄阳，单马行岘山，为祖军士所射杀。”军队没了统帅就撤退了，这次战争刘表是险胜。孙坚的死带有很大的偶然性，关中的张济，带了军队进入南阳，代替了袁术这股力量，他也是在攻穰城时，中流矢而死。继张济统率这支军队的是张绣，他们归顺于刘表，在北面抵挡曹操的攻势，成为刘表在北面的屏障。至于长沙等三郡的平定，那就比较顺利了，长沙太守张羡毕竟势孤力单，不可能有力量与刘表相抗衡。刘表的政治军事中心在襄阳与江夏，与华北平原比较，荆州毕竟是比较稳定的地区，这也与刘表的政策措施比较平稳有关。《后汉书·刘表传》续云：

> 初，荆州人情好扰，加四方骇震，寇贼相扇，处处糜沸。表招诱有方，威怀兼洽，其奸猾宿贼更为效用，万里肃清，大小咸悦而服之。关西、兖、豫学士归者盖有千数，表安慰赈赡，皆得资全。遂起立学校，博求儒术，綦母闿、宋忠等撰立《五经》章句，谓之后定。爱民养士，从容自保。

在刘表的治理下，荆州地区便成为中原士子避难的乐土了，如诸葛亮便是琅邪阳都人，琅邪当时属青州，在今山东半岛境内。诸葛亮的伯父诸葛玄，因刘表上书建议其为豫章太守（治所在今江西之南昌），但朝廷派朱皓代诸葛玄，玄便投靠刘表，诸葛亮随之入荆州，安家在南阳之邓县，在襄阳城西二十里，号曰隆中。当时有一批士大夫与诸葛亮相交游，若徐庶、石广元、孟公威等流亡寄居于荆州，还能纵论天下之大势。《三国志·蜀书·诸葛亮传》云：

> 玄素与荆州牧刘表有旧，往依之。玄卒，亮躬耕陇亩，好为《梁父吟》。身长八尺，每自比于管仲、乐毅，

时人莫之许也。惟博陵崔州平、颍川徐庶元直与亮友善，谓为信然。

《梁父吟》是山东地区民歌之曲名，又作《泰山梁甫行》，曹植也有《梁甫行》，其词：

八方各异气，千里殊风雨。剧哉边海民，寄身于草野。
妻子象禽兽，行止依林阻。柴门何萧条，狐兔翔我宇。

可见青州大乱后的萧索。诸葛亮迁居南阳隆中也不是偶然的，他好为《梁父吟》，反映了他对故乡青州琅邪的依恋，这个地方是出士大夫知识分子的地方，东晋的王家便出身于琅邪。可见战乱时，士族的迁徙与农民的流亡是常事。再说从诸葛亮在隆中的处境看，他能“躬耕陇亩”，说明社会生产秩序还比较正常，衣食虽不富裕，但还可以过得去，士大夫之间还能优游往来，议论天下大事，士大夫之间还有一定的舆论，否则刘备怎么知道隆中有一个能人诸葛亮呢？

刘表在荆州“爱民养士，从容自保”的方针，还是为那个地区的百姓和士大夫创造了一个比较安定的环境，兴学校、立《五经》章句应该说还是一件好事。从全国范围讲，荆州毕竟是一个局部，在这个局部地区要从容自保，其实也无法避免直接应对群雄逐鹿的局面，在袁绍与曹操之间还得有所选择。从政治军事力量上讲，荆州不是他们的对手，而这个选择往往为形势所迫，刘表被袁术所攻的时候，就不得不选择袁绍作为援手。在曹操打击张绣威胁荆州的时候，他同样不得不选择袁绍。曹操与袁绍在官渡决战，袁绍让刘备带了部曲投靠刘表时，他便接纳刘备，把刘备安置在新野。特别是南阳的张绣投奔曹操以后，刘表更加不得不以新野的刘备作为自己在襄阳北面抗击曹操的屏障。尽管面对全国动荡不定的局面，无论刘表内心世界如何忐忑不安，从建安三年到建安十三年曹操大军进攻荆州地区之前的这一段时间，荆州在刘表的管辖下，平民百姓还是平平安安地生活过来的。直到建安十三年曹操起兵讨伐荆州，这个地区从此成为最不安定的地区，成为各种力量争夺和角逐的地区，成为全国战争灾难最为深重的地区。建安十三年七月，曹操决定南征刘表，曹操的兵马尚未动身，八月间刘表便疽发背，卒。《后汉书·刘表传》称刘表“在荆州几二十年，家无余积”，可见此人虽为一个地区之王者，但生活还是俭朴的。刘表之死，不知是否被曹操吓死的呢？这就不得而知了。

（七）荆州集团对曹操的态度

曹操与袁绍官渡决战前后，刘表集团内部对决战双方究竟该采取什么态度？从刘表接纳刘备的态度，可见刘表是支持袁绍的，因为曹操是直接威胁他存在的力量，但当时荆州上层统治集团内部对此还是有争议的，如蒯越在当时审时度势，主张依附曹操，不过不似韩嵩那样直截了当。从这里可以看到刘表上层集团内部在官渡决战前后，对袁曹的方针已处于矛盾分歧的状态。《后汉书·刘表传》云：

> 及曹操与袁绍相持于官度，绍遣人求助，表许之，不至，亦不援曹操，且欲观天下之变。从事中郎南阳韩嵩、别驾刘先说表曰："今豪桀并争，两雄相持，天下之重在于将军。若欲有为，起乘其敝可也。如其不然，固将择所宜从。岂可拥甲十万，坐观成败，求援而不能助，见贤而不肯归！此两怨必集于将军，恐不得中立矣。曹操善用兵，且贤俊多归之，其势必举袁绍，然后移兵以向江汉，恐将军不能御也。今之胜计，莫若举荆州以附曹操，操必重德将军，长享福祚，垂之后嗣，此万全之策也。"蒯越亦劝之。表狐疑不断，乃遣嵩诣操，观望虚实。谓嵩曰："今天下未知所定，而曹操拥天子都许，君为我观其衅。"嵩对曰："嵩观曹公之明，必得志于天下。将军若欲归之，使嵩可也。如其犹豫，嵩至京师，天子假嵩一职，不获辞命，则成天子之臣，将军之故吏耳。在君为君，不复为将军死也。惟加重思。"表以为惮使，

> 强之。至许，果拜嵩侍中、零陵太守。及还，盛称朝廷曹操之德，劝遣子入侍。表大怒，以为怀贰，陈兵诟嵩，将斩之。嵩不为动容，徐陈临行之言。表妻蔡氏知嵩贤，谏止之。表犹怒，乃考杀从行者。知无它意，但囚嵩而已。

为什么如韩嵩、刘先甚至荆州高层蒯越等都主张举荆州归附曹操，而刘表却不愿意呢？因为两者地位不同。蒯越等以荆州投奔曹操，还可以得到曹操的礼遇，有官职可授；韩嵩至许见曹操，便拜了侍中和零陵太守，虽然侍中是虚职，零陵郡本来就在荆州。但如果刘表投靠曹操，操又能授以何职呢？他那荆州牧的位置是不可能坐稳的。所以他不愿意以荆州投靠曹操。

（八）刘表的继承人问题

袁绍的失败，是因为他在诸子继承关系上没有处理好，结果兄弟阋于墙，为曹操取冀州提供了有利的机会。冀州一失，青州又丢了，幽州与并州难以自存，依附三郡乌丸也保不住袁尚、袁熙的性命。刘表实际上也遇到了这个问题，他有两个儿子，长子叫刘琦，幼子叫刘琮。《后汉书·刘表传》叙述了这两兄弟之间，因权力继承问题所产生的矛盾，其云：

二子：琦、琮。表初以琦貌类于己，甚爱之，后为琮娶其后妻蔡氏之侄，蔡氏遂爱琮而恶琦，毁誉之言日闻于表。表宠耽后妻，每信受焉。又妻弟蔡瑁及外甥张允并得幸于表，又睦于琮。而琦不自宁，尝与琅邪人诸葛亮谋自安之术。亮初不对。后乃共升高楼，因令去梯，谓亮曰："今日上不至天，下不至地，言出子口而入吾耳，可以言未？"亮曰："君不见申生在内而危，重耳居外而安乎？"琦意感悟，阴规出计。会表将江夏太守黄祖为孙权所杀，琦遂求代其任。

从刘琦找诸葛亮谋求自安之术的过程，一方面可见诸葛亮在荆州士人中地位和影响很广泛，否则刘琦不会如此屈身求教于他；另一方面，诸葛亮讲了春秋时晋献公的太子申生在内而危，而重耳居外流亡多年以后重返晋国的历史故事。刘琦懂得留在襄阳刘表身边对他而言有危险，所以乘黄祖被孙权所杀，而求代其任。刘表病重时，刘琦请求见一面也不可能，实际上刘表一病，荆州地区的实际权力便不在刘氏家族手上。《后汉书·刘表传》云：

及表病甚，琦归省疾，素慈孝，允等恐其见表而父子相感，更有托后之意，乃谓琦曰："将军命君抚临江夏，其任至重。今释众擅来，必见谴怒。伤亲之欢，重增其疾，非孝敬之道也。”遂遏于户外，使不得见。琦流涕而去，人众闻而伤焉。

（九）刘琮投降曹操

刘琦走后，刘表不久就去世了，让刘琮接班。可刘琮这样一个懦弱年轻人，怎么能控制荆州地区的大局呢？刘表在世或许对曹操进兵荆州还能抗击一阵，刘表一去世，他周围有影响的人就是考虑如何牺牲刘氏以求自全的途径了，投降曹操势在必行。《后汉书·刘表传》云：

会曹操军至新野，琦走江南。蒯越、韩嵩及东曹掾傅巽等说琮归降。琮曰：“今与诸君据全楚之地，守先君之业，以观天下，何为不可？”巽曰：“逆顺有大体，强弱有定势。以人臣而拒人主，逆道也；以新造之楚而御中国，必危也；以刘备而敌曹公，不当也。三者皆短，欲以抗王师之锋，必亡之道也。将军自料何与刘备？”琮曰：“不若也。”巽曰：“诚以刘备不足御曹公，则虽全楚不能以自存也。诚以刘备足御曹公，则备不为将军下也。愿将军勿疑。”

及操军到襄阳，琮举州请降，刘备奔夏口。操以琮为青州刺史，封列侯。蒯越等侯者十五人。乃释嵩之囚，以其名重，甚加礼待，使条品州人优劣，皆擢而用之。以嵩为大鸿胪，以交友礼待之。蒯越光禄勋，刘先尚书令。初，表之结袁绍也，侍中从事邓义谏不听。义以疾退，终表世不仕，操以为侍中。其余多至大官。

曹操兵不血刃取了襄阳，刘琮举荆州以降曹操，曹操封刘琮为青州刺史，是调虎离山，且是一个虚职，但其他主降的人士都被曹操优礼有加。这就是降服曹操的必然结果，而这个结局也是此后孙权所不愿看到的。孙权周围的权贵以张昭为代表主张降服于曹操，孙权则主张抵抗，这已是后话。

上面这大段引文中，还讲到刘备的处境。荆州的统治集团对刘备南来是抱有戒心的，刘表收留刘备，安置在新野，是希望一旦曹操率军南下时，刘备能多少抵御一阵，但也不愿接纳刘备进入荆州统治集团的内部，对他始终抱有戒心。袁绍当年如何取代冀州刺史韩馥的历史，对刘表而言亦历历在目。韩馥把冀州让给袁绍以后，自己的结局很惨，他逃到张邈、陈宫那儿，看到袁绍使者也在，竟然被吓到“如厕自杀”。所以，荆州的刘表及其统治集团对刘备在新野怎能不抱戒心呢?

那么刘备又如何考虑他在荆州的处境呢？曹操打荆州，刘备是没有退路的，因为他在曹操那儿时，曾受汉献帝的衣带密诏，与董承、种辑、王子服等一起密谋刺杀曹操，曹操可以放过荆州的任何人，但决不会放过刘备。故刘备在曹操那儿没有退路可言，一旦落入曹操手中，那他就可能像当年的吕布那样被处决。刘琮他们降服于曹操，是背着刘备进行的，曹操率兵南下，刘琮投降，而在新野的刘备处境是非常困难的，他除了逃跑，别无他路可以选择。

刘备奔荆州应在建安六年，那次是曹操“南征备，备闻公自行，走奔刘表，（龚）都等皆散”。《通鉴·汉纪五十六》将此事系于那年的秋九月，载其事云：“表闻备至，自出郊迎，以上宾礼待之，益其兵，使屯新野。备在荆州数年，尝于表坐起至厕，慨然流涕。表怪，问备，备曰：‘平常身不离鞍，髀肉皆消。今不复骑，髀里肉生。日月如流，老将至矣，而功业不建，是以悲耳。’”这一段故事，出于裴松之注所引《九州春秋》，《通鉴》的记载从此而来。这个故事从一个侧面反映出刘备也感到刘表对自己有所疑忌，他讲这番话的目的是为了让刘表安心，表示他对荆州没有野心。但他内心想的并非如此，寄居人下，终非长久之计，他之所以三顾茅庐，请诸葛亮出山，说明他还是想借荆州这块宝地有所作为的。

三、孙刘联盟与赤壁之战

（十）刘备与诸葛亮的隆中对策

《三国志·蜀书·诸葛亮传》云：

时先主屯新野。徐庶见先主，先主器之，谓先主曰："诸葛孔明者，卧龙也，将军岂愿见之乎？"先主曰："君与俱来。"庶曰："此人可就见，不可屈致也。将军宜枉驾顾之。"由是先主遂诣亮，凡三往，乃见。因屏人曰："汉室倾颓，奸臣窃命，主上蒙尘。孤不度德量力，欲信大义于天下，而智术浅短，遂用猖蹶，至于今日。然志犹未已，君谓计将安出？"亮答曰："自董卓已来，豪杰并起，跨州连郡者不可胜数。曹操比于袁绍，则名微而众寡，然操遂能克绍，以弱为强者，非惟天时，抑亦人谋也。今操已拥百万之众，挟天子而令诸侯，此诚不可与争锋。孙权据有江东，已历三世，国险而民附，贤能为之用，此可以为援而不可图也。荆州北据汉、沔，利尽南海，东连吴会，西通巴、蜀，此用武之国，而其主不能守，此殆天所以资将军，将军岂有意乎？益州险塞，沃野千里，天府之土，高祖因之以成帝业。刘璋暗弱，张鲁在北，民殷国富而不知存恤，智能之士思得明君。将军既帝室之胄，信义著于四海，总揽英雄，思贤如渴，若跨有荆、益，保其岩阻，西和诸戎，南抚夷越，外结好孙权，内修政理；天下有变，则命一上将将荆州之军以向宛、洛，将军身率益州之众出于秦川，百姓孰敢不箪食壶浆以迎将军者乎？诚如是，则霸业可成，汉室可兴矣。”先主曰：“善！”于是与亮情好日密。关羽、张飞等不悦，先主解之曰：“孤之有孔明，犹鱼之有水也。愿诸君勿复言。”羽、飞乃止。

三顾茅庐无非是显示刘备求贤心切，此时刘备的心情，寄居人下，毕竟非长久之计，新野是曹军南下必经之地，而刘表又难以阻挡曹军南下，如何在困境中谋求一条生路是刘备考虑的问题。他三顾茅庐，是向诸葛亮讨教自己的出路何在，而诸葛亮的对策无非是他估计到刘表在荆州难以持久，无法与北边的曹操争锋，南方的孙权所据有的江东，已历三世，内部比较稳固，诸葛亮的办法无非是相机取荆州，同时取汉中张鲁的地盘和益州刘璋的地域，以荆、益为基础，西和诸戎，南抚夷越，在西南地区保持相应的势力范围，东联孙吴，以抗击曹操，争取一个短暂的三鼎足局面，才能伺机谋求北上，恢复北方，击败曹操的势力集团。

后来的历史事实证明诸葛亮的隆中对策是正确的，可惜刘备虽然接受了这个方针，但并不坚决。关羽也是如此，不能与东吴妥协，没有协调好与东吴的相互关系，轻率北上与曹魏决战，结果变成两面作战，以致后方空虚，一下子为东吴的吕蒙所败，才有走麦城的悲惨结局。而刘备不能忍失荆州之痛，结果倾国而出，在夷陵为陆逊所败，几乎全军覆没，自己也死在白帝城。蜀汉丢了荆州，最终还是恢复与东吴和好，只能回到联吴抗曹的老路上来。

关于刘备与诸葛亮相见，另有一说，不是刘备去三顾茅庐，而是诸葛亮去见刘备，见于《诸葛亮传》裴松之注引《魏略》曰：

> 刘备屯于樊城。是时曹公方定河北，亮知荆州次当受敌，而刘表性缓，不晓军事。亮乃北行见备，备与亮非旧，又以其年少，以诸生意待之。坐集既毕，众宾皆去，而亮独留，备亦不问其所欲言。备性好结毦，时适有人

以髦牛尾与备者，备因手自结之。亮乃进曰：“明将军当复有远志，但结毦而已邪！”备知亮非常人也，乃投毦而答曰：“是何言与！我聊以忘忧耳。”亮遂言曰：“将军度刘镇南孰与曹公邪？”备曰：“不及。”亮又曰：“将军自度何如也？”备曰：“亦不如。”曰：“今皆不及，而将军之众不过数千人，以此待敌，得无非计乎！”备曰：“我亦愁之，当若之何？”亮曰：“今荆州非少人也，而著籍者寡，平居发调，则人心不悦；可语镇南，令国中凡有游户，皆使自实，因录以益众可也。”备从其计，故众遂强。备由此知亮有英略，乃以上客礼之。《九州春秋》所言亦如之。

现在大多数人都接受前面陈寿在《三国志·蜀书·诸葛亮传》中所言，特别是罗贯中的《三国演义》亦是依此来编故事。《魏略》虽是魏人所言，难免有失实和有意贬低诸葛亮之处，但诸葛亮的隆中对策，要刘备他们逃到夏口以后才能实际形成，因为那时刘备已经实际占有江夏郡，这是提出隆中对策的基础条件。然而刘备三顾茅庐求教于诸葛亮应是事实，因诸葛亮在《出师表》中讲：“臣本布衣，躬耕于南阳，苟全性命于乱世，不求闻达于诸侯。先帝不以臣卑鄙，猥自枉屈，三顾臣于草庐之中，咨臣以当世之事，由是感激，遂许先帝以驱驰。”故三顾茅庐的说法应是可靠的。

裴松之在注文中评论陈寿与《魏略》的两种说法时认为《魏略》“亮先诣备”不可靠，认为：“虽闻见异辞，各生彼此，然乖背至是，亦良为可怪。”裴松之感到奇怪，其实亦不足为怪，《魏略》是为魏说话，对诸葛亮有所贬亦很自然，这个现象说明历史是在矛盾的陈述中，才能剥离出真相来。

同一件事，为什么会有互相矛盾的陈述，有两个原因。一是同一件事，假定没有人说假话，说的都是真话，但不同的人，在不同时段和位置记录这件事的经过都会有差异。二是于同一件事，记录或述说者，各自有自己的利益或不同的政治倾向，各自选择事实的片段与表述的方式不同，那么事件的记载自然会有差异。这些差异并不妨碍而且有益于人们客观准确地去把握事实的真相，因为有了差异，才能进行比较和思考，从而作出相对合理的推断。所以禁止别人说话，只允许一种声音那是不对的，反而不利于弄清事物的真相，不利于后人正确地获得对自己有益的启迪。

无论是正面的经验还是反面的教训，对后人而言都是一件非常宝贵的财富，裴松之注陈寿《三国志》的价值就在于此。对于这一段历史，魏、蜀、吴三国都有自己的记载，而每种记载都显示了各自的好恶。把矛盾摆开来，反而有利于真相的把握。除了那时史家的记载，还有他们本人的文集，曹操的诗文和令，诸葛亮的前后《出师表》，所有这一切综合起来，后人就能作出合理的推断，去粗存精。在弄清事实真相的基础上，各个时代的人，也都是从自己切身的需要和好恶来分析和判断它的是非，并吸取对其有益的养料。从《三国志》到《三国演义》，一千多年来始终是人们不断吸取养料的宝库。推而广之，一部《资治通鉴》，为什么值得人们反反复复地去咀嚼，二十四史，为什么是我们民族最珍贵的文化宝库，因为其中有永远说不完的故事，它是我们生活中不可或缺的养料，是我们应对各种矛盾的思想资料。

（十一）刘琮投降以后刘备的处境

《三国志·蜀书·先主传》的裴松之注引《汉魏春秋》对刘备当时的处境有一段比较具体的描述，其云：

> 刘琮乞降，不敢告备。备亦不知，久之乃觉，遣所亲问琮。琮令宋忠诣备宣旨。是时曹公在宛，备乃大惊骇，谓忠曰："卿诸人作事如此，不早相语，今祸至方告我，不亦太剧乎！"引刀向忠曰："今断卿头，不足以解忿，亦耻大丈夫临别复杀卿辈！"遣忠去，乃呼部曲议。或劝备劫将琮及荆州吏士径南到江陵，备答曰："刘荆州临亡托我以孤遗，背信自济，吾所不为，死何面目以见刘荆州乎！"

在这种突然事变面前，刘备只有尽快向南逃了。《三国志·蜀书·先主传》云：

> 先主屯樊，不知曹公卒至，至宛乃闻之，遂将其众去。过襄阳，诸葛亮说先主攻琮，荆州可有。先主曰："吾不忍也。"乃驻马呼琮，琮惧不能起。琮左右及荆州人多归先主。比到当阳，众十余万，辎重数千两，日行十余里，别遣关羽乘船数百艘，使会江陵。或谓先主曰："宜速行保江陵，今虽拥大众，被甲者少，若曹公兵至，何以拒之？"先主曰："夫济大事必以人为本，今人归吾，吾何忍弃去！"
>
> 曹公以江陵有军实，恐先主据之，乃释辎重，轻军到襄阳。闻先主已过，曹公将精骑五千急追之，一日一夜行三百余里，及于当阳之长坂。先主弃妻子，与诸葛亮、张飞、赵云等数十骑走，曹公大获其人众辎重。先主斜趋汉津，适与羽船会，得济沔，遇表长子江夏太守琦众万余人，与俱到夏口。

沔，是汉江的上游。从这两段记载看，当刘备获悉曹操到了南阳，往襄阳进军时，因他与曹操有不解之冤仇，只有落荒而逃。诸葛亮这时建议取荆州，在那种情况下，刘备如何有力量取荆州？

除非是诈取，但那也难，只有逃到夏口，在江夏郡刘琦接纳了他们，刘备才有立足余地，才能考虑联吴抗曹。因为刘备与曹操之间的对抗已没有调和的余地，在那种情况下只有联吴抗曹，才能谋求自身生存和发展之道。在逃跑过程中，有两个人的故事值得注意，一个是张飞，《三国志·蜀书·张飞传》云：

> 曹公入荆州，先主奔江南。曹公追之，一日一夜，及于当阳之长阪。先主闻曹公卒至，弃妻子走，使飞将二十骑拒后。飞据水断桥，瞋目横矛曰："身是张益德也，可来共决死！"敌皆无敢近者，故遂得免。

还有就是赵子龙只身救刘备之妻子。《三国志·蜀书·赵云传》云：

> 赵云字子龙，常山真定人也。本属公孙瓒，瓒遣先主为田楷拒袁绍，云遂随从，为先主主骑。及先主为曹公所追于当阳长阪，弃妻子南走，云身抱弱子，即后主也，保护甘夫人，即后主母也，皆得免难。

这两段叙述便是《三国演义》第四十一回《刘玄德携民渡江　赵子龙单骑救主》和第四十二回《张翼德大闹长坂坡　刘豫州败

走汉津口》演绎故事的根据。那些细节都是说书者的创造，事情的根据便是这两篇传记的简单记载。曹操追兵所以中止于沔江，因为张飞断了桥，追刘备的曹军是骑兵，没有船只的支持是无法渡过汉江的，加上关羽所带领的船舶水军，从而为刘备沿江顺流而到夏口赢得了时间，还得到刘琦所部万余人的支持。从曹操方面讲，他拿下襄阳以后，注意力集中于如何安置荆州有名望的士大夫，并未用主力来追赶刘备，曹操任命刘表手下的文聘为江夏太守，而追赶刘备的实际上是文聘统率的原来刘表的军队，等于让刘表自己的部下打内战，文聘未必会尽心尽力为曹操去追逐刘琦，这也为刘备在夏口留有足够的时间。这些都是建安十三年九月间的事。在江夏刘备是客，刘琦是主，赤壁之战以后，刘备表刘琦为荆州刺史，次年刘琦病卒，荆州江夏地区才真正成为刘备立足的根据地。

（十二）东吴孙氏的起家

东吴在江东崛起，是孙策奠定的基础，孙策靠的是他父亲孙坚留下的部曲，但孙坚与孙策都死得很早，最终东吴这个政权是靠孙权支撑起来的。所以要讲孙氏家族如何在江东崛起，还得从孙坚说起。而荆州则是曹操、孙权、刘备三方角逐的关键地区。建安十三年以前，荆州在刘表的管辖下，本来是比较安定的地区，因为那时群雄的角逐主要是在兖、青、徐、扬、幽、冀之间，是曹操先后与陈宫、吕布、陶谦、袁术、袁绍之间的角逐。当曹操逐个打败这些政敌，雄踞华北平原以后，荆州自然成为各方矛盾的焦点。而东吴是利用了曹操忙于与北方各地群雄争斗的空隙，在长江以南通过角逐消灭江南各地方势力的过程中，逐渐崛起的一股力量。

孙坚是浙江富春人，有策、权、翊、匡四个儿子和一个女儿，与东汉末崛起的群雄一样，他是靠镇压黄巾起家的，曾经是皇甫嵩与朱儁的下属，以军功拜议郎（曹操也是议郎出身）。由于长沙有动乱，于是以孙坚为长沙太守，先后平定长沙、零陵、桂阳三郡的动乱，显示了他的才能。董卓之乱，他起兵讨伐董卓，率兵北上过荆州，杀荆州刺史王睿，至南阳有众数万人，以南阳太守供应不及时，杀南阳太守张咨。从这里亦可窥见，郡县制下，军政分离，地方没有军队，一旦动乱蔓延，地方就缺少镇压动乱的军事力量。各地起来的群雄都是自行召集部曲起兵的，对于如孙坚这样的军事集团，荆州、南阳的地方官也没有任何相抗衡的力量，一下子便被孙坚杀了。

初平三年袁术要孙坚去攻打荆州的刘表，孙坚打败刘表的将军黄祖以后，进围襄阳，他“单马行岘山，为祖军士所射杀”。所以江东的孙氏与荆州的刘表、黄祖结下了世仇。孙坚去世的时间是初平四年正月初七，那一年孙坚三十七岁，可以说是英年早逝。

孙策是孙坚的长子，孙坚去世时，孙策只有十八岁，弟、妹还年幼。《三国志·吴书·孙策传》讲："策字伯符。坚初兴义兵，策将母徙居舒，与周瑜相友，收合士大夫，江、淮间人咸向之。坚薨，还葬曲阿。已乃渡江居江都。"舒，即今安徽舒城。孙坚在外征战时，孙策尚幼，随母居舒，周瑜是他同年的小朋友。孙坚去世后，葬在曲阿，曲阿即今之江苏丹阳，然后渡江去江都，即今之扬州。其本传续云："策舅吴景，时为丹杨太守，策乃载母徙曲阿，与吕范、孙河俱就景，因缘召募得数百人。兴平元年，从袁术。术甚奇之，以坚部曲还策。"就这段记述可以知道孙策是投奔丹阳太守吴景，也就是在他母舅支持下，才得以起家的。孙坚的部曲，即是孙坚原来带的兵。部曲是那时将领所带领和自行招募的士兵，士兵与将领之间有从属和依附关系。

孙坚被黄祖部属射死后，他的士兵由其兄子孙贲带领仍回袁术那儿，这时袁术仍把这支部队归还给孙策带领，士兵与将领之间，带有某种世袭的依附关系。孙坚的舅父吴景号为丹阳太守，朝廷任命刘繇为扬州刺史，治所在寿春，而寿春是袁术的政治中心，因而刘繇便过江逐吴景、孙贲为丹阳太守，治所在曲阿，那里是孙策的故土。于是孙策劝说袁术同意，由他带兵过江帮助吴景驱赶刘繇，袁术同意了。可见那时的地方官，中央政府的任命，只是徒具形式，是靠自己带兵去占地为王的。当时吴景他们退居历阳，孙策的母亲也离开曲阿，到了历阳。孙策到历阳，队伍扩张到五六千人。孙策从历阳起兵，辗转于这个地区，“所向皆破，莫敢当其锋，而军令整肃，百姓怀之”（《三国志·吴书·孙策传》）。那个时候带兵的人，只要能约束部队的纪律，便能取得百姓的拥护，那是因为那个时期军队的纪律都很坏，到处抢掠。那时，你只要能约束部属，军队有战斗力，便能得到百姓的支持和拥戴，故其本传称：“策为人，美姿颜，好笑语，性阔达听受，善于用人，是以士民见者，莫不尽心，乐为致死。”他打败刘繇以后，下一个目标便是吴人严白虎这个地区的割据势力。他打败严白虎以后，从浙江到会稽，即今之绍兴，地盘就扩大了。他以吴景为历阳太守，孙贲为豫章太守，朱治为吴郡太守，自己担任会稽太守，他管辖的区域便横跨今天的江苏、皖南、浙江三省交界附近的广阔区域，这时的孙策在江东已成气候了。孙氏在江东的地盘是孙策奠定的基础，那时在孙策周围已聚集了一批士大夫作为参谋班子，为孙策发展自己的力量出谋划策，如彭城的张昭，广陵的张纮，还有秦松、陈端，都已是孙策身边的重臣。一个统治集团，总还要有文有武，文的出谋划策，武的出力拼搏，这两者密切配合，才能形成一股力量，为首领的能调和好这一文一武两套班子，才能成气候，这两者缺一不可。拿到近现代讲，不外乎枪杆子、笔杆子，这两杆子为首的能协调好，事情就好办，否则就困难了。如张昭，是孙氏集团中重量级人物，《三国志·吴书·张昭传》称：“张昭字子布，彭城人也。少好学，善隶书，从白侯子安受《左氏春秋》，博览众书。”读《左传》与博览众书这一点很重要，说明张昭不是一个书呆子，因为《左传》具体讲述春秋各国成败得失，实际上是讲谋略，在乱世不懂得谋略便无以立足。其本传续云："汉末大乱，徐方士民多避难扬土，昭皆南渡江。孙策创业，命昭为长史、抚军中郎将，升堂拜母，如比肩之旧，文武之事，一以委昭。”当时士大夫流亡时，都是举族而行，张昭实际上凭着他在北方士大夫中的名望，成为流亡江南的北方士族的领袖。孙策笼络了张昭，就得到整个北方流寓于江南士大夫的支持，张昭便是他们的领头羊。孙策的“阔达听受，善于用人”很重要，你能听得进人家的意见，人家才愿意随从于你，你善于用人之长，人家才愿意一起共同奋斗。

孙策的去世也带有很大的偶然性，建安五年，他是被原吴郡太守许贡的门客所暗杀的，《三国志·吴书·孙策传》云：“先是，策杀贡，贡小子与客亡匿江边。策单骑出，卒与客遇，客击伤策，创甚。”孙策便是因为这次遇刺受伤而死的。孙策去世时只有二十六岁，正是年轻有为之时，却中途遇刺而亡。他临终前，“请张昭等谓曰：‘中国方乱，夫以吴、越之众，三江之固，足以观成败。公等善相吾弟！’呼权佩以印绶，谓曰：‘举江东之众，决机于两陈之间，与天下争衡，卿不如我；举贤任能，各尽其心，以保江东，我不如卿。’”这是他最后的遗嘱，要张昭他们辅助孙权，举贤任能，以保江东。这是他对江东政权定下的战略目标，那时孙权只有十五岁。兄弟两人相差十一岁。

孙权，字仲谋，孙坚的次子，其兄孙策去世时，他只有十五岁，便接替了孙策的地位，《三国志·吴书·孙权传》云："策薨，以事授权，权哭未及息。策长史张昭谓权曰：'孝廉，此宁哭时邪？且周公立法而伯禽不师，非欲违父，时不得行也。况今奸宄竞逐，豺狼满道，乃欲哀亲戚，顾礼制，是犹开门而揖盗，未可以为仁也。'乃改易权服，扶令上马，使出巡军。"看来张昭是真心想扶持孙权，张昭这一番话是对的，孙策过江到去世不过五六年时间，开创出这样一个局面已属不易，一个统治集团要稳定，总得要有一个中心，才能凝聚原有的力量，特别是军队的稳定更其如此。此时孙权还是一个孩子，张昭的态度起着决定作用。

汉灵帝去世后，何进与宦官之间的矛盾斗争变成生死不两立，权力结构的中心发生分裂，那么这个政权就失去凝聚力了，加上董卓进京以后的胡作非为，最终导致了东汉末的乱局。在专制集权制度下，能正确处理好权力结构的交接，是时局能否稳定的根本条件，一旦乱起来了，要重新收拾，再建一个权力结构的中心，那得花很大的代价。孙策到孙权的交接，张昭起了很大的作用，他有威望，他能一心一意扶持孙权，使孙权有一个成长的过程，给予孙权以时间，孙权那时的作为便起重要作用了。孙策的遗言所定下的方针"举贤任能，各尽其心，以保江东"是对的，这"保江东"，是自北方流亡南下的各个集团共同的愿望，希望充分利用长江这个天险，在江东广阔的地区保持一个相对稳定的割据局面，对大家都有利；而“举贤任能，各尽其心”那就是群策群力，依靠大家的力量来巩固和维护半壁江山，这是孙权要做的，而不是因权力的交接而忙于为权力再分配而内讧不息，弄一个分崩离析的局面，如西晋武帝一死，惠帝这个白痴即位，权力中心出现真空，于是外戚宗室内斗不止，最终导致八王之乱，搞了一个五胡乱华、南北分裂的局面。曹操讲“生子当如孙仲谋”这话不错，就是孙权接班以后，内部在对待外敌上不是没有分歧，但是他能正确地抉择，对持不同意见的人也能和衷共济，一致对外，在“以保江东”这个大前提下，求同存异。

孙权接班时的形势，《三国志·吴书·孙权传》是这样表述的，其云：

> 是时惟有会稽、吴郡、丹杨、豫章、庐陵，然深险之地犹未尽从，而天下英豪布在州郡，宾旅寄寓之士以安危去就为意，未有君臣之固。张昭、周瑜等谓权可与共成大业，故委心而服事焉。曹公表权为讨虏将军，领会稽太守，屯吴，使丞之郡行文书事。待张昭以师傅之礼，而周瑜、程普、吕范等为将率。招延俊秀，聘求名士，鲁肃、诸葛瑾等始为宾客。分部诸将，镇抚山越，讨不从命。

从这一段文字，可以看到孙权即位时，东吴控制的地盘只限于长江中下游地区，即今天的苏南、浙江、安徽、江西这些地区，当时不过五六个郡，即使在这些郡的腹地，孙权的政治军事力量也未必到达，当时北方南渡来的士大夫与东吴政权，也未必都建立固定的“君臣”关系。比较核心的力量则是张昭与周瑜他们，如诸葛瑾与鲁肃还处于宾客的地位。镇抚山越，也就是这个地区山区的一些堡坞壁垒，所谓“讨不从命”，是指庐江太守李术，庐江郡在皖北，孙权即位以后，他拒绝听命于孙权，孙权于是举兵攻其治所皖城，即今安徽之潜山，破城以后，徙其部曲三万余人于内地。孙权要稳定其在长江中下游的地位，而黄祖所在的江夏郡在其上游，且黄祖与其有杀父之仇，夺取荆州的控制权，才能沿江自守，否则黄祖的军队沿江自上而下，对孙吴在长江中下游的地位，始终是一个威胁。故从建安八年起，孙权与黄祖之间不断发生战争。东吴与荆州之间的矛盾和冲突，有一个人起了重要作用，这个人便是甘宁，《三国志·吴书·甘宁传》称：“甘宁字兴霸，巴郡临江人也。少有气力，好游侠，招合轻薄少年，为之渠帅；群聚相随，挟持弓弩，负毦带铃，民闻铃声，即知是宁。人与相逢，及属城长吏，接待隆厚者乃与交欢；不尔，即放所将夺其资货，于长吏界中有所贼害，作其发负，至二十余年。止不攻劫，颇读诸子，乃往依刘表，因居南阳，不见进用，后转托黄祖，祖又以凡人畜之。”从这一段记载，可知甘宁原来是一个小流氓出身，以劫掠为生，聚合一群人，在地方上称王称霸，年龄大了，他开始读书，懂了一些道理，先投靠刘表，后投奔黄祖，都没有得到重用。《甘宁传》裴松之注引《吴书》亦记载了一些比上面更具体的情况，其云：

> 宁将僮客八百人就刘表。表儒人，不习军事。时诸英豪各各起兵，宁观表事势，终必无成，恐一朝土崩，并受其祸，欲东入吴。黄祖在夏口，军不得过，乃留依祖，三年，祖不礼之。权讨祖，祖军败奔走，追兵急，宁以善射，将兵在后，射杀校尉凌操。祖既得免，军罢还营，待宁如初。祖都督苏飞数荐宁，祖不用，令人化诱其客，客稍亡。宁欲去，恐不获免，独忧闷不知所出。飞知其意，乃要宁，为之置酒，谓曰："吾荐子者数矣，主不能用。日月逾迈，人生几何，宜自远图，庶遇知己。"宁良久乃曰："虽有其志，未知所由。"飞曰："吾欲白子为邾长，于是去就，孰与临版转丸乎？"宁曰："幸甚。"飞白祖，听宁之县。招怀亡客并义从者，得数百人。

从这里可以知道甘宁跟了黄祖三年，虽立有军功，救过黄祖，但始终没有得到黄祖的重视，黄祖的都督苏飞，虽几次推荐甘宁，都没有效果，苏飞为他提供了一个自谋发展的机会，让他到邾当县长，在那里他建立自己的部曲，然后再投奔东吴。《三国志·吴书·甘宁传》称其：

于是归吴。周瑜、吕蒙皆共荐达，孙权加异，同于旧臣。宁陈计曰：“今汉祚日微，曹操弥憍，终为篡盗。南荆之地，山陵形便，江川流通，诚是国之西势也。宁已观刘表，虑既不远，儿子又劣，非能承业传基者也。至尊当早规之，不可后操。图之之计，宜先取黄祖。祖今年老，昏耄已甚，财谷并乏，左右欺弄，务于货利，侵求吏士，吏士心怨，舟船战具，顿废不修，怠于耕农，军无法伍。至尊今往，其破可必。一破祖军，鼓行而西，西据楚关，大势弥广，即可渐规巴蜀。”权深纳之。张昭时在坐，难曰：“吴下业业，若军果行，恐必致乱。”宁谓昭曰：“国家以萧何之任付君，君居守而忧乱，奚以希慕古人乎？”权举酒属宁曰：“兴霸，今年行讨，如此酒矣，决以付卿。卿但当勉建方略，令必克祖，则卿之功，何嫌张长史之言乎。”权遂西，果禽祖，尽获其士众。遂授宁兵，屯当口。

在建安十三年春孙权攻打黄祖的那一场战役，就是根据甘宁当时对荆州形势及黄祖在江夏的状况策划的，在议论究竟打不打这场进攻战时，张昭持保守的态度，担忧全军倾巢而出，江东内部不稳怎么办？因为在建安八年时，便与黄祖打过一仗，“虽破其舟军，惟城未克，而山寇复动”。所以只好回师，先解决山寇的问题。孙权则是主战的，《三国志·吴书·孙权传》记载了这次战役的过程，其云：

> 十三年春，权复征黄祖，祖先遣舟兵拒军，都尉吕蒙破其前锋，而凌统、董袭等尽锐攻之，遂屠其城。祖挺身亡走，骑士冯则追枭其首，虏其男女数万口。

这一仗凌统、董袭、吕蒙是有功之臣，《三国志·吴书·董袭传》称：

> 权讨黄祖。祖横两蒙冲挟守沔口，以栟闾大绁系石为碇，上有千人，以弩交射，飞矢雨下，军不得前。袭与凌统俱为前部，各将敢死百人，人被两铠，乘大舸船，突入蒙冲里。袭身以刀断两绁，蒙冲乃横流，大兵遂进。祖便开门走，兵追斩之。明日大会，权举觞属袭曰：“今日之会，断绁之功也。”

《三国志·吴书·吕蒙传》亦纪其事云：

从征黄祖，祖令都督陈就逆以水军出战。蒙勒前锋，亲枭就首，将士乘胜，进攻其城。祖闻就死，委城走，兵追禽之。权曰："事之克，由陈就先获也。"

建安十三年春这一仗，几乎全歼了刘表的大将黄祖的部队，刘琦是在这之后到江夏守夏口的。这一仗重创刘表，刘很快就病死了。曹操大军兵临荆州，刘琮他们就没有恋战之心了。刘表的荆州之所以顷刻而亡，实际上是被曹操与东吴孙权先后进攻打垮的，这样便使东吴与曹操直接处于对立的状态，而荆州则是双方必争之地。刘备与刘琦是荆州的残余力量，如何在两种力量夹攻之下谋求自存之道，这就是赤壁之战前夜各方力量及形势的大致状况。

（十三）赤壁之战的预备

赤壁之战，是孙刘联合抗击曹操南下的战役，打这一场防御性战役的决策者是孙权，穿梭于孙刘之间的是鲁肃和诸葛亮，具体指挥这一场战役的是周瑜，所以了解一下这些人物的背景及其在战前的活动，对我们把握中国历史上这场著名的战役还是有益的，故必须先说一下周瑜这个人物的来历。

周瑜，字公瑾，庐江舒人，舒，即今安徽之舒城，《三国志·吴书·周瑜传》称：

瑜长壮有姿貌。初，孙坚兴义兵讨董卓，徙家于舒。坚子策与瑜同年，独相友善，瑜推道南大宅以舍策，升堂拜母，有无通共。瑜从父尚为丹杨太守，瑜往省之。会策将东渡，到历阳，驰书报瑜，瑜将兵迎策。策大喜曰："吾得卿，谐也。"遂从攻横江、当利，皆拔之。乃渡击秣陵，破笮融、薛礼，转下湖孰、江乘，进入曲阿，刘繇奔走，而策之众已数万矣。因谓瑜曰："吾以此众取吴会平山越已足。卿还镇丹杨。"瑜还。顷之，袁术遣从弟胤代尚为太守，而瑜与尚俱还寿春。术欲以瑜为将，瑜观术终无所成，故求为居巢长，欲假涂东归，术听之。遂自居巢还吴。是岁，建安三年也。策亲自迎瑜，授建威中郎将，即与兵二千人，骑五十匹。瑜时年二十四，吴中皆呼为周郎。以瑜恩信著于庐江，出备牛渚，后领春谷长。顷之，策欲取荆州，以瑜为中护军，领江夏太守，从攻皖，拔之。时得桥公两女，皆国色也。策自纳大桥，瑜纳小桥。复进寻阳，破刘勋，讨江夏，还定豫章、庐陵，留镇巴丘。

五年，策薨，权统事。瑜将兵赴丧，遂留吴，以中护军与长史张昭共掌众事。十一年，督孙瑜等讨麻、保二屯，枭其渠帅，囚俘万余口，还备官亭。江夏太守黄祖遣将邓龙将兵数千人入柴桑，瑜追讨击，生虏龙送吴。十三年春，权讨江夏，瑜为前部大督。

从周瑜早年的经历看，他与孙策同年，孙策在江东的发展，有周瑜的功劳，那时每一次重大的战役，都可以见到周瑜的身影，由于周瑜年轻有为，故人称周郎。建安十三年讨伐黄祖的战役，他是前部大都督，即前方的总指挥，这次战役锻炼了周瑜临战指挥的能力。故他在孙权这个集团内部各种事务上，有较大的发言权，他的态度对孙权的决策有重大的影响，取荆州，攻江夏，在孙策时，就是既定的国策，历次讨伐江夏的战役，都有周瑜参预其事。

关于鲁肃，《三国志·吴书·鲁肃传》云：

鲁肃字子敬，临淮东城人也。生而失父，与祖母居。家富于财，性好施与。尔时天下已乱，肃不治家事，大散财货，摽卖田地，以赈穷弊结士为务，甚得乡邑欢心。

东城在安徽定远东南，鲁肃是临淮地区富贵人家。乱世不能把财富看得太重，否则的话反为财富所累。曹操的父亲曹嵩，把钱财看得太重了，结果全家都把命也送了。在这个问题上鲁肃的态度是对的，在乱世人际关系上能团聚人最重要，出门便得靠朋友。财富似水，是流动的，懂得聚财，也要懂得如何散财，在什么情况下以何种方式散财。乱世将至时，散财以结乡邑和士众之心，是富贵人家保护自己最好的办法。

《三国志·吴书·鲁肃传》续云：

> 周瑜为居巢长，将数百人故过候肃，并求资粮。肃家有两囷米，各三千斛，肃乃指一囷与周瑜，瑜益知其奇也，遂相亲结，定侨、札之分。袁术闻其名，就署东城长。肃见术无纲纪，不足与立事，乃携老弱将轻侠少年百余人，南到居巢就瑜。瑜之东渡，因与同行，留家曲阿。

居巢，在今安徽之桐城，周瑜带了队伍路过鲁肃的家，向他要资粮，鲁肃慷慨相助，两人相约，东渡避乱时一起走。可见两人那时的关系已非同一般，而且一起留家于曲阿，也就是今天江苏的丹阳。

裴松之在《鲁肃传》注引《吴书》时，讲了一大段鲁肃如何东渡江南的故事，从这个故事可知当时东渡江南，实际上与逃难一样，不过是有组织的，是有自己武装力量的集体逃难行动。其云：

肃体貌魁奇，少有壮节，好为奇计。天下将乱，乃学击剑骑射，招聚少年，给其衣食，往来南山中射猎，阴相部勒，讲武习兵。父老咸曰："鲁氏世衰，乃生此狂儿！"后雄杰并起，中州扰乱，肃乃命其属曰："中国失纲，寇贼横暴，淮、泗间非遗种之地，吾闻江东沃野万里，民富兵强，可以避害，宁肯相随俱至乐土，以观时变乎？"其属皆从命。乃使细弱在前，强壮在后，男女三百余人行。州追骑至，肃等徐行，勒兵持满，谓之曰："卿等丈夫，当解大数。今日天下兵乱，有功弗赏，不追无罚，何为相逼乎？"又自植盾，引弓射之，矢皆洞贯。骑既嘉肃言，且度不能制，乃相率还。肃渡江往见策，策亦雅奇之。

这一段描述有夸张之处。鲁肃是与周瑜一起带了武装和随从人员过江投奔孙策来的，可见鲁肃在孙策时，即与东吴孙家建立了很密切的关系，《鲁肃传》云：

时孙策已薨，权尚住吴，瑜谓肃曰："昔马援答光武云'当今之世，非但君择臣，臣亦择君'。今主人亲贤贵士，纳奇录异，且吾闻先哲秘论，承运代刘氏者，必兴于东南，推步事势，当其历数。终构帝基，以协天符，是烈士攀龙附凤驰骛之秋。吾方达此，足下不须以子扬之言介意也。”肃从其言。瑜因荐肃才宜佐时，当广求其比，以成功业，不可令去也。

看来鲁肃留在东吴的整个过程，周瑜起了很重要的作用，周瑜讲的“当今之世，非但君择臣，臣亦择君”这句话，反映了当时士大夫比较普遍的心态，这个选择是双向的，不是只有臣择君。在古代只有乱世，群雄崛起时，才能择君而从，如郭嘉在袁绍与曹操之间选择曹操，甘宁在黄祖与孙权之间选择孙权，故为君者亦当有为君之道。袁术当时对周瑜和鲁肃有过委任，但他们都觉得袁术没有前途，宁可过江来与孙策和孙权兄弟合作。孙策对孙权的遗言还是起了作用，要保住江东这块地盘，必须“举贤任能，各尽其心”。孙策、孙权在用人政策上与曹操的“唯才是举”是一致的，没有这一条，周瑜、鲁肃怎么会奋不顾身地投身于孙权他们呢？鲁肃为孙权定下的方针，也就是孙策遗言中讲的“自保江东”，《鲁肃传》云：

权即见肃，与语甚悦之。众宾罢退，肃亦辞出，乃独引肃还，合榻对饮。因密议曰：“今汉室倾危，四方云扰，孤承父兄余业，思有桓文之功。君既惠顾，何以佐之？”肃对曰：“昔高帝区区欲尊事义帝而不获者，以项羽为害也。今之曹操，犹昔项羽，将军何由得为桓文乎？肃窃料之，汉室不可复兴，曹操不可卒除。为将军计，惟有鼎足江东，以观天下之衅。规模如此，亦自无嫌。何者？北方诚多务也。因其多务，剿除黄祖，进伐刘表，竟长江所极，据而有之，然后建号帝王以图天下，此高帝之业也。"权曰："今尽力一方，冀以辅汉耳，此言非所及也。"张昭非肃谦下不足，颇訾毁之，云肃年少粗疏，未可用。权不以介意，益贵重之，赐肃母衣服帏帐，居处杂物，富拟其旧。

这个基本的国策是对北方曹氏，你孙权无法左右其变化，即"汉室不可复兴，曹操不可卒除"，唯一可能的就是"鼎足江东，以观天下之衅"。要鼎足江东，那必须在自己上游有安全的保障，那就是"剿除黄祖，进伐刘表，竟长江所极，据而有之"，这是孙权希望实现的孙策"以保江东"之遗言，所以孙权会把鲁肃作为自己的心腹，故鲁肃在孙权心目中的地位仅次于周瑜。君臣之间合作与协同，战略目标一致是基础，有这个共同目标，才能"各尽其心"。

刘表的去世，使荆州的形势急转直下，在这个背景下，只有弄清荆州的形势，才能作出恰当的反应。这个时刻，鲁肃与孙权之间有一段对话，在这个对话中，鲁肃提出了联合刘备以抗击曹操的主张，《鲁肃传》云：

刘表死。肃进说曰："夫荆楚与国邻接，水流顺北，外带江汉，内阻山陵，有金城之固，沃野万里，士民殷富，若据而有之，此帝王之资也。今表新亡，二子素不辑睦，军中诸将，各有彼此。加刘备天下枭雄，与操有隙，寄寓于表，表恶其能而不能用也。若备与彼协心，上下齐同，则宜抚安，与结盟好；如有离违，宜别图之，以济大事。肃请得奉命吊表二子，并慰劳其军中用事者，及说备使抚表众，同心一意，共治曹操，备必喜而从命。如其克谐，天下可定也。今不速往，恐为操所先。"

正是这一段对话，孙权才派鲁肃使荆州，在他出使的过程中，形势便已急转直下了。

（十四）曹操应对孙氏在江东崛起之方针和措施

孙策本来是袁术的部下，曹操与袁术历来是势不两立，孙策过江时，不得不假袁术之名义，孙策在江东自成一方之主时，曹操的态度先是拉拢，以分化孙氏与袁术的关系，同时削弱袁术的力量。《三国志·吴书·孙策传》裴松之注引《江表传》云：

建安二年夏，汉朝遣议郎王誧奉戊辰诏书曰：“董卓逆乱，凶国害民。先将军坚念在平讨，雅意未遂，厥美著闻。策遵善道，求福不回。今以策为骑都尉，袭爵乌程侯，领会稽太守。”又诏敕曰：“故左将军袁术不顾朝恩，坐创凶逆，造合虚伪，欲因兵乱诡诈百姓，始闻其言以为不然。定得使持节平东将军领徐州牧温侯布上术所造惑众妖妄，知术鸱枭之性，遂其无道，修治王宫，署置公卿，郊天祀地，残民害物，为祸深酷。布前后上策乃心本朝，欲还讨术，为国效节，乞加显异。夫县赏俟功，惟勤是与，故便宠授承袭前邑，重以大郡，荣耀兼至，是策输力竭命之秋也。其亟与布及行吴郡太守安东将军陈瑀戮力一心，同时赴讨。”

这是曹操用朝廷的名义，给孙策一个虚衔，同时命令他与吕布一起出兵讨伐袁术，与此同时，又扶植其他力量如吴郡太守安东将军陈瑀，联络地方势力来削弱孙策军事力量的发展，故《孙策传》裴松之注复云：

是时，陈瑀屯海西，策奉诏治严，当与布、瑀参同形势。行到钱塘，瑀阴图袭策，遣都尉万演等密渡江，使持印传三十余纽与贼丹杨、宣城、泾、陵阳、始安、黟、歙诸险县大帅祖郎、焦已及吴郡乌程严白虎等，使为内应，伺策军发，欲攻取诸郡。策觉之，遣吕范、徐逸攻瑀于海西，大破瑀，获其吏士妻子四千人。

后来陈瑀是单骑走冀州，而祖郎与严白虎这些地方实力派都逐个被孙策所消灭，曹操想利用江东原来的各股势力来牵制孙策在江东发展的目的并未达到。同时，曹操也想分化离间孙策的内部关系，《三国志·吴书·张昭传》便讲："昭每得北方士大夫书疏，专归美于昭，昭欲嘿而不宣则惧有私，宣之则恐非宜，进退不安。策闻之，欢笑曰：'昔管仲相齐，一则仲父，二则仲父，而桓公为霸者宗。今子布贤，我能用之，其功名独不在我乎！'"所以分化离间张昭与孙策的目的也没有达到，然而此后张昭对北方的进攻始终持消极的态度，可能与北方对他的百般笼络有关。

建安五年孙策去世，孙权即位以后，"曹操表权为讨虏将军，领会稽太守，屯吴，使丞之郡行文书事"，到建安七年时，曹操便要孙权任质于北方，《三国志·吴书·周瑜传》裴松之注引《江表传》云：

曹公新破袁绍，兵威日盛，建安七年，下书责权质任子。权召群臣会议，张昭、秦松等犹豫不能决，权意不欲遣质，乃独将瑜诣母前定议，瑜曰："昔楚国初封于荆山之侧，不满百里之地，继嗣贤能，广土开境，立基于郢，遂据荆扬，至于南海，传业延祚，九百余年。今将军承父兄余资，兼六郡之众，兵精粮多，将士用命，铸山为铜，煮海为盐，境内富饶，人不思乱，泛舟举帆，朝发夕到，士风劲勇，所向无敌，有何逼迫，而欲送质？质一入，不得不与曹氏相首尾，与相首尾，则命召不得不往，便见制于人也。极不过一侯印，仆从十余人，车数乘，马数匹，岂与南面称孤同哉？不如勿遣，徐观其变。若曹氏能率义以正天下，将军事之未晚。若图为暴乱，兵犹火也，不戢将自焚。将军韬勇抗威，以待天命，何送质之有！”权母曰：“公瑾议是也。公瑾与伯符同年，小一月耳，我视之如子也，汝其兄事之。”遂不送质。

周瑜奉行的方针还是以江东自保，前有楚国在荆扬传业九百余年，目前江东的形势又比较稳固，怎能送任子受制于人，一旦命召而往，最多是一个显侯印，怎比得在江东南面称孤呢？这件事发生在权母吴氏去世之前，那时朝堂上有争议，还有权母吴氏可以权衡一下，此后那就得孙权自己做主了，那时孙权也只不过是一个十八岁的青年，要自己挑起江东这副担子，也不容易。他最终能挑起来，又经得起大风大浪，难怪曹操要讲“生子当如孙仲谋”。到了建安十三年秋，刘琮降曹，《三国志·吴书·孙权传》

裴松之注引《江表传》载："曹公与权书曰：'近者奉辞伐罪，旄麾南指，刘琮束手。今治水军八十万众，方与将军会猎于吴。'权得书以示群臣，莫不向震失色。"曹操这一封给孙权的书信，实际上是下了一份战表，目的是逼孙权像刘琮那样放下武器向曹操投降。在曹操心目中，孙权除了投降以外，没有多少力量可以与曹操自上游顺流而下的八十万大军相抗衡。然而从曹操这封书信，也可以看到曹操那种骄傲轻敌的心态，也许这一点正是导致曹操赤壁之战失败的心理原因吧！

（十五）孙刘联盟抗曹的酝酿和实现

这件事，我们得从鲁肃出使荆州说起，《三国志·吴书·鲁肃传》云：

> （鲁肃）到夏口，闻曹公已向荆州，晨夜兼道。比至南郡，而表子琮已降曹公，备惶遽奔走，欲南渡江。肃径迎之，到当阳长阪，与备会，宣腾权旨，及陈江东强固，劝备与权并力。备甚欢悦。时诸葛亮与备相随，肃谓亮曰'我子瑜友也'，即共定交。备遂到夏口，遣亮使权，肃亦反命。

《三国志·蜀书·先主传》则称:“先主遣诸葛亮自结于孙权。”裴松之注引《江表传》具体介绍了这次鲁肃与刘备谈判的经过，其云：

孙权遣鲁肃吊刘表二子，并令与备相结。肃未至而曹公已济汉津。肃故进前，与备相遇于当阳。因宣权旨，论天下事势，致殷勤之意。且问备曰：“豫州今欲何至？”备曰：“与苍梧太守吴巨有旧，欲往投之。”肃曰：“孙讨虏聪明仁惠，敬贤礼士，江表英豪，咸归附之，已据有六郡，兵精粮多，足以立事。今为君计，莫若遣腹心使自结于东，崇连和之好，共济世业，而云欲投吴巨，巨是凡人，偏在远郡，行将为人所并，岂足托乎？”备大喜，进住鄂县，即遣诸葛亮随肃诣孙权，结同盟誓。

孙刘联盟抗曹，是东吴通过鲁肃主动提出来的，对刘备而言，这当然是一件喜出望外的大好事。《三国志·蜀书·诸葛亮传》则称：“先主至于夏口，亮曰：‘事急矣，请奉命求救于孙将军。’时权拥军在柴桑，观望成败。”孙刘联盟似乎是诸葛亮提出来的，这两种矛盾的说法，裴松之在《鲁肃传》有一段案语，其云：

刘备与权并力，共拒中国，皆肃之本谋。又语诸葛

> 亮曰“我子瑜友也”，则亮已亟闻肃言矣。而《蜀书·亮传》曰：“亮以连横之略说权，权乃大喜。”如似此计始出于亮。若二国史官，各记所闻，竞欲称扬本国容美，各取其功。今此二书，同出一人，而舛互若此，非载述之体也。

裴松之这个分析还是中肯的，同一件事，尽管有互相矛盾的陈述，仔细分析，还是能从中判断出史实真相的，类似这种互相矛盾的陈述，我们在裴松之注中还可以看到不少。

曹操的战书下达以后，孙权召集群下议论如何应对，《三国志·吴书·周瑜传》称：

> 权延见群下，问以计策。议者咸曰：“曹公豺虎也，然托名汉相，挟天子以征四方，动以朝廷为辞，今日拒之，事更不顺。且将军大势，可以拒操者，长江也。今操得荆州，奄有其地，刘表治水军，蒙冲斗舰，乃以千数，操悉浮以沿江，兼有步兵，水陆俱下，此为长江之险，已与我共之矣。而势力众寡，又不可论。愚谓大计不如迎之。”瑜曰：“不然。操虽托名汉相，其实汉贼也。将军以神武雄才，兼仗父兄之烈，割据江东，地方数千里，兵精足用，英雄乐业，尚当横行天下，为汉家除残去秽。

> 况操自送死，而可迎之邪？请为将军筹之：今使北土已安，操无内忧，能旷日持久，来争疆场，又能与我校胜负于船楫间乎？今北土既未平安，加马超、韩遂尚在关西，为操后患。且舍鞍马，仗舟楫，与吴越争衡，本非中国所长。又今盛寒，马无藁草，驱中国士众远涉江湖之间，不习水土，必生疾病。此数四者，用兵之患也，而操皆冒行之。将军禽操，宜在今日。瑜请得精兵三万人，进住夏口，保为将军破之。”权曰：“老贼欲废汉自立久矣，徒忌二袁、吕布、刘表与孤耳。今数雄已灭，惟孤尚存，孤与老贼，势不两立。君言当击，甚与孤合，此天以君授孤也。”

这一段话记录了争论双方的议论，主降者认为长江天险之大势已去，双方力量的对比又如此悬殊，所以迎降为上，而周瑜的论述，从孙策“以保江东”这个基本前提出发，认为曹操的后方并不安定，关西有马超、韩遂；曹操的军队长于陆地的交战，如今从地理讲，他“舍鞍马，仗舟楫，与吴越争衡”，那是舍长取短；从天时讲，如今已是冬季，马无藁草，而北方的士兵远涉江湖之间，水土不习，必生疾患，故可以与之相抗衡。《三国志·吴书·鲁肃传》也有一段议论，其云：

> 会权得曹公欲东之问，与诸将议，皆劝权迎之，而肃独不言。权起更衣，肃追于宇下，权知其意，执肃手曰：“卿欲何言？”肃对曰：“向察众人之议，专欲误将军，不足与图大事。今肃可迎操耳，如将军，不可也。何以言之？今肃迎操，操当以肃还付乡党，品其名位，犹不失下曹从事，乘犊车，从吏卒，交游士林，累官故不失州郡也。将军迎操，欲安所归？愿早定大计，莫用众人之议也。”权叹息曰：“此诸人持议，甚失孤望；今卿廓开大计，正与孤同，此天以卿赐我也。”

鲁肃是从个人利害的视角，分析迎降对孙权意味着什么。其他人都可在迎降后得到安置，只有孙权则不可能有什么归宿。

诸葛亮到东吴柴桑以后（柴桑即今之九江），也参预了这次决策会议，也在孙权面前发了一通议论，《三国志·蜀书·诸葛亮传》载其事云：

> 时权拥军在柴桑，观望成败，亮说权曰：“海内大乱，将军起兵据有江东，刘豫州亦收众汉南，与曹操并争天下。今操芟夷大难，略已平矣，遂破荆州，威震四海。英雄无所用武，故豫州遁逃至此。将军量力而处之：若能以吴、越之众与中国抗衡，不如早与之绝；若不能

当，何不案兵束甲，北面而事之！今将军外托服从之名，而内怀犹豫之计，事急而不断，祸至无日矣！”权曰：“苟如君言，刘豫州何不遂事之乎？”亮曰：“田横，齐之壮士耳，犹守义不辱，况刘豫州王室之胄，英才盖世，众士慕仰，若水之归海，若事之不济，此乃天也，安能复为之下乎！”权勃然曰：“吾不能举全吴之地，十万之众，受制于人。吾计决矣！非刘豫州莫可以当曹操者，然豫州新败之后，安能抗此难乎？”亮曰：“豫州军虽败于长阪，今战士还者及关羽水军精甲万人，刘琦合江夏战士亦不下万人。曹操之众，远来疲弊，闻追豫州，轻骑一日一夜行三百余里，此所谓‘强弩之末，势不能穿鲁缟’者也。故兵法忌之，曰‘必蹶上将军’。且北方之人，不习水战；又荆州之民附操者，逼兵势耳，非心服也。今将军诚能命猛将统兵数万，与豫州协规同力，破操军必矣。操军破，必北还，如此则荆、吴之势强，鼎足之形成矣。成败之机，在于今日。”权大悦。

诸葛亮先是用激将法，激怒孙权，断其退路，然后分析战场双方的形势，说明曹操远来疲弊，已是强弩之末，为兵法之忌，荆州之民附曹者，只是逼于兵势，而非心服，只要孙刘双方同心协力，曹操兵败必然北还，不可能久留此地。诸葛亮对曹军这个分析也有道理，但对刘备力量的估计，也高了一些，赤壁之战实际抗击曹军的力量，东吴是主力，刘备是侧翼。罗贯中在《三国演义》的第四十三回《诸葛亮舌战群儒 鲁子敬力排众议》，第四十四回《孔明用智激周瑜 孙权决计破曹操》，这两回突出诸葛亮的作用。实际上在这次决策会议上起决定作用的是鲁肃与周瑜，周瑜并非如罗贯中所描绘的那样气量狭小，什么献大乔小乔予曹操，那更是小说作者编的故事。看来那次会议，多数人主降，少数人主战，决策者是孙权。孙权这时的作风是比较民主的，充分让大家说话，最终决策者择善而从，也不是少数服从多数的民主表决。《三国志·吴书·周瑜传》的裴松之注引《江表传》叙述了这个决策的过程及决策后孙权与周瑜之间的对话，还有裴松之对决策过程的分析，其云：

> 权拔刀斫前奏案曰："诸将吏敢复有言当迎操者，与此案同！"及会罢之夜，瑜请见曰："诸人徒见操书，言水步八十万，而各恐慑，不复料其虚实，便开此议，甚无谓也。今以实校之，彼所将中国人，不过十五六万，且军已久疲，所得表众，亦极七八万耳，尚怀狐疑。夫以疲病之卒，御狐疑之众，众数虽多，甚未足畏。得精兵五万，自足制之，愿将军勿虑。"权抚背曰："公瑾，卿言至此，甚合孤心。子布、文表诸人，

各顾妻子，挟持私虑，深失所望，独卿与子敬与孤同耳，此天以卿二人赞孤也。五万兵难卒合，已选三万人，船粮战具俱办，卿与子敬、程公便在前发，孤当续发人众，多载资粮，为卿后援。卿能办之者诚决，邂逅不如意，便还就孤，孤当与孟德决之。”

从这一段叙述可知，对这次决策起决定作用的是鲁肃与周瑜，孙权在众人面前表了决心，会后对曹操的军事状况作了仔细的分析，并且对作战进行了具体部署。而这次会议持迎降态度的是张昭与张纮他们，这些老臣持谨慎的态度。张昭字子布，张纮字文表，孙权说张昭只是“各顾妻子，挟持私虑”，其实他们都是从北方来的，与北方士大夫及曹氏都有着某种联系，他们对曹操有幻想是很自然的事，而且双方力量的悬殊，也是明摆着的，故其对决战抱谨慎和怀疑的态度，也很自然。最终他们还是服从“以保江东”这个大局，没有与曹操相呼应做任何小动作，从这一点上讲，他们还是光明磊落的，故孙权对他们还是容忍的。裴松之在《三国志·吴书·张昭传》的注文中，对这件事也有具体分析，其云：

臣松之以为张昭劝迎曹公，所存岂不远乎？夫其扬休正色，委质孙氏，诚以厄运初遘，涂炭方始，自策及权，才略足辅，是以尽诚匡弼，以成其业，上藩汉室，下保民物；鼎峙之计，本非其志也。曹公仗顺而起，功以义立，冀以清一诸华，拓平荆郢，大定之机，在于此会。若使昭议获从，则六合为一，岂有兵连祸结，遂为战国之弊哉！虽无功于孙氏，有大当于天下矣。昔窦融归汉，与国升降；张鲁降魏，赏延于世。况权举全吴，望风顺服，宠灵之厚，其可测量哉！然则昭为人谋，岂不忠且正乎！

这是从国家的统一来看这个问题，主张迎降于曹操不一定就是出卖孙权，这话从另一个意义上讲，也有几分道理。但是历史只能从既成的局面下分析其主张之功过得失，对历史的认识，认识者的价值取向不同，对同一事件的是非得失自然有很多认知差异，而这个价值取向由于带有主观的成分，故又是因人而异，很难绝对划一，所以它只能是相对的。

（十六）赤壁之战

关于赤壁之战的经过，《三国志》的记载很简略，《三国志·魏书·武帝纪》的记载与《三国志·吴书》的记载亦有差异。《三国志·魏书·武帝纪》云：

十二月，孙权为备攻合肥。公自江陵征备，至巴丘，

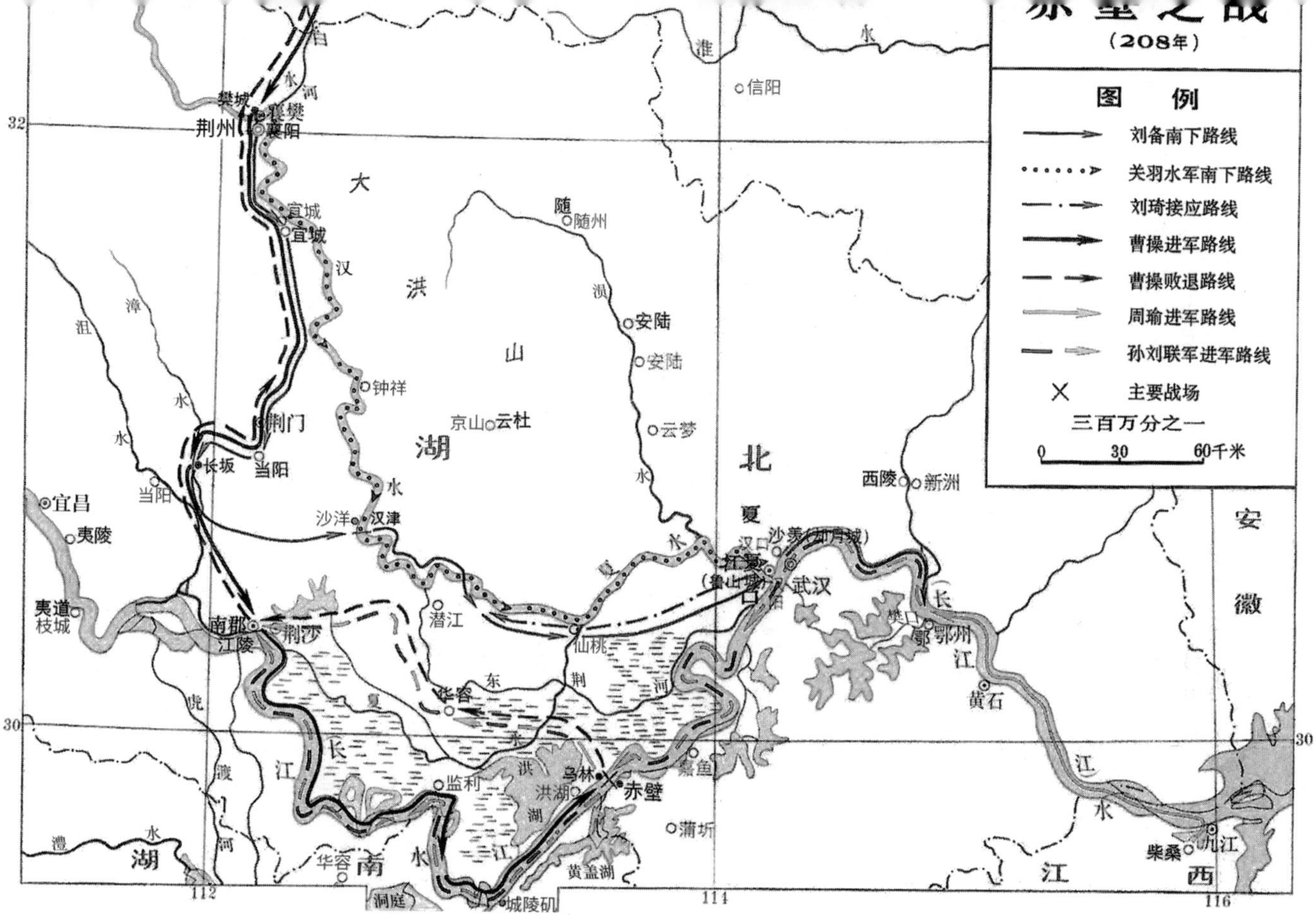
赤壁之战
（208年）
图 例
刘备南下路线
关羽水军南下路线
刘琦接应路线
曹操进军路线
曹操败退路线
周瑜进军路线
孙刘联军进军路线
主要战场
三百万分之一
0 30 60千米
樊城
襄樊
襄阳
荆州
宜城
大
洪
山
湖
北
随
随州
安陆
云梦
钟祥
京山
云杜
荆门
当阳
长坂
宜昌
夷陵
夷道
枝城
沙洋
汉津
潜江
仙桃
南郡
江陵
荆沙
华容
监利
乌林
赤壁
洪湖
嘉鱼
蒲圻
黄盖湖
城陵矶
洞庭
夏
汉口
沙羡
武汉
西陵
新洲
樊口
鄂州
黄石
柴桑
九江
信阳
安
徽
江
西
湖
南
淮
水
汉
水
长
江
澧
水
沮
漳
32
30
112
114
116

遣张熹救合肥。权闻熹至，乃走。公至赤壁，与备战，不利。于是大疫，吏士多死者，乃引军还。备遂有荆州、江南诸郡。

裴松之在此处注引《山阳公载记》云：

公船舰为备所烧，引军从华容道步归，遇泥泞，道不通，天又大风，悉使羸兵负草填之，骑乃得过。羸兵为人马所蹈藉，陷泥中，死者甚众。军既得出，公大喜，诸将问之，公曰："刘备，吾俦也。但得计少晚；向使早放火，吾徒无类矣。"备寻亦放火而无所及。

根据《武帝纪》的记载，似乎曹操赤壁之战之所以失败，仅仅由于大疫，而且主要是刘备与曹操之间的战争。赤壁这把火是刘备烧的，曹操兵败华容道当是真事，然而整个赤壁之战的过程，《三国志·吴书》的记载与此不同，赤壁之战的交战双方似乎只是曹操与东吴，刘备虽然一起参预，但似乎没有产生多大的影响。《三国志·吴书·孙权传》云：

（权以）瑜、普为左右督，各领万人，与备俱进，遇于赤壁，大破曹公军。公烧其余船引退，士卒饥疫，

> 死者大半。备、瑜等复追至南郡，曹公遂北还，留曹仁、徐晃于江陵，使乐进守襄阳。时甘宁在夷陵，为仁党所围，用吕蒙计，留凌统以拒仁，以其半救宁，军以胜反。权自率众围合肥，使张昭攻九江之当涂。昭兵不利，权攻城逾月不能下。曹公自荆州还，遣张喜将骑赴合肥。未至，权退。

从这一段记载看，赤壁这把火是曹操自己放的，曹操之所以还师，是因为军中有大疫，死者过半，曹军在赤壁时遇疫这个记载皆同，唯火烧这件事，各个记载不尽相同。以火烧船这一点是可以肯定的，是谁放的这把火，则各传所言有异。

《三国志·吴书·周瑜传》所云亦有不同，周瑜是前方的统帅，所言当更具体一些，参考的价值更大一些，《周瑜传》云：

> 权遂遣瑜及程普等与备并力逆曹公，遇于赤壁。时曹公军众已有疾病，初一交战，公军败退，引次江北。瑜等在南岸。瑜部将黄盖曰："今寇众我寡，难与持久。然观操军船舰首尾相接，可烧而走也。"乃取蒙冲斗舰数十艘，实以薪草，膏油灌其中，裹以帷幕，上建牙旗，先书报曹公，欺以欲降。又豫备走舸，各系大船后，因引次俱前。曹公军吏士皆延颈观望，指言盖降。盖放诸船，

同时发火。时风盛猛，悉延烧岸上营落。顷之，烟炎张天，人马烧溺死者甚众，军遂败退，还保南郡。备与瑜等复共追。曹公留曹仁等守江陵城，径自北归。

先烧曹营是黄盖建议的，也是黄盖实施的，用假降的形式靠近曹营，借风力烧曹军营。《周瑜传》裴松之注引《江表传》记载黄盖的降书，其云：

盖书曰："盖受孙氏厚恩，常为将帅，见遇不薄。然顾天下事有大势，用江东六郡山越之人，以当中国百万之众，众寡不敌，海内所共见也。东方将吏，无有愚智，皆知其不可，惟周瑜、鲁肃偏怀浅戆，意未解耳。今日归命，是其实计。瑜所督领，自易摧破。交锋之日，盖为前部，当因事变化，效命在近。"曹公特见行人，密问之，口敕曰："但恐汝诈耳。盖若信实，当授爵赏，超于前后也。"

还引了《江表传》所载黄盖火攻的具体经过，其云：

至战日，盖先取轻利舰十舫，载燥荻枯柴积其中，灌以鱼膏，赤幔覆之，建旌旗龙幡于舰上。时东南风急，因以十舰最著前，中江举帆，盖举火白诸校，使众兵齐声大叫曰："降焉！"操军人皆出营立观。去北军二里余，同时发火，火烈风猛，往船如箭，飞埃绝烂，烧尽北船，延及岸边营柴。瑜等率轻锐寻继其后，雷鼓大进，北军大坏，曹公退走。

双方交战的地点是在长江沿岸的赤壁，这个赤壁究竟在哪里？赤壁应是江边一个小山口，它的位置应在夏口近处，今湖北武昌西赤矶山与纱帽山隔江相对，实际上赤壁之战的地区应是在蒲圻县沿江一百里的地区，周瑜黄盖破曹操水师应在这个地区。自赤壁至乌林，东西有一百余里，苏轼写的《赤壁赋》，那个赤壁是湖北黄冈的赤鼻矶，不是当时曹营水师所在地。

赤壁之战以后，曹操还北方，留曹仁守南郡，即江陵，今天的湖北沙市，周瑜与程普的水师又溯江而上，与曹仁隔江相持，《三国志·吴书·周瑜传》续云：

瑜与程普又进南郡，与仁相对，各隔大江。兵未交锋，瑜即遣甘宁前据夷陵（今湖北宜昌东南）。仁分兵骑别攻围宁。宁告急于瑜。瑜用吕蒙计，留凌统以守其后，身与蒙上救宁。宁围既解，乃渡屯北岸，克期大战。瑜亲跨马擽陈，会流矢中右胁，疮甚，便还。后仁闻瑜卧未起，勒兵就陈。瑜乃自兴，案行军营，激扬吏士，仁由是遂退。

从这个过程可以知道，赤壁之战直接与曹军对阵的主力是周瑜与程普带领的东吴军队，这次箭伤以后，周瑜还江陵，病死在巴丘。周瑜的去世，是东吴在赤壁之战上付出的最大代价，他去世时，只有三十六岁。曹操北撤时，路过华容，被刘备火烧，也应是事实。整个赤壁之战的过程大概就是如此，孙权对合肥的进攻，只是为了牵制曹操在荆州兵力的一种佯动而已，不是主战场。这一仗胜利后，三鼎足的局面基本形成，但荆州则成为三方力量角逐的焦点地区，东吴要稳定江东的局势，非有荆州不可；刘备要北上抗曹，也非有荆州不可；曹操要统一南方，同样非先占有荆州不可。赤壁之战因荆州局势变化而起，今后三国形势的变化也因荆州而起，荆州成为三国矛盾斗争的焦点，而赤壁这一仗，曹操是承认自己失败了，只能再退还北方，再寻找征服江东的战机。

四、赤壁之战后曹操的对内政策

（十七）赤壁之战以后的形势

建安十三年末，赤壁之战以后，曹操北返，三国鼎立的局面已成雏形，曹操、孙权、刘备各自都在谋求自身的发展，三方的形势和变化只能分别进行叙述。

《三国志·魏书·武帝纪》云：

> （建安）十四年（209年）春三月，军至谯，作轻舟，治水军。秋七月，自涡入淮，出肥水，军合肥。辛未，令曰："自顷已来，军数征行，或遇疫气，吏士死亡不归，家室怨旷，百姓流离，而仁者岂乐之哉？不得已也。其令死者家无基业不能自存者，县官勿绝廪，长吏存恤抚

循，以称吾意。”置扬州郡县长吏，开芍陂屯田。十二月，军还谯。

谯，即今安徽之亳县，是曹操的家乡。他从荆州回师，回到自己家乡，看来他并不甘心于赤壁之战的失败，在他心目中主要的对手是东吴孙权这个政权。要取东吴，必须过长江，要有水师，所以他在如今亳县开始训练水军，到了秋天便率军队自涡水入淮河，然后经肥水到合肥，随曹操进军合肥的有张辽、乐进等将领，这样可以有机会设法通过巢县濡须坞，进入长江，从而沿江而下，直逼孙权的京师建业，也就是后来的金陵，今天的南京，故今安徽无为的濡须口是孙曹双方必争之地。《三国志·魏书·张辽传》讲到“太祖既征孙权还，使辽与乐进、李典等七千余人屯合肥”，《三国志·魏书·乐进传》也讲到“后从征孙权，假进节。太祖还，留进与张辽、李典屯合肥”。合肥这个地区今后长期成为孙权与曹操在军事上相对峙的地区，曹操有大军长期驻扎于此，为了保障这个地区的军事给养，便势必要在这个地区开辟屯垦的区域。

芍陂，是东汉王景以下，开辟的一项水利灌溉工程，其位置在今安徽寿县南，工程是引淠水经白芍亭，积而成湖，然后引水灌溉，发展农垦。曹操这时是恢复芍陂的水利设施，加强这个地区的屯垦，后来续成其事的是邓艾，邓是曹魏后期的人物，其时已是司马氏执政。《三国志·魏书·邓艾传》云：

> 时欲广田畜谷，为灭贼资，使艾行陈、项已东至寿春。艾以为“田良水少，不足以尽地利，宜开河渠，可以引水浇溉，大积军粮，又通运漕之道”。乃著《济河论》以喻其指。又以为：“昔破黄巾，因为屯田，积谷于许都以制四方。今三隅已定，事在淮南，每大军征举，运兵过半，功费巨亿，以为大役。陈、蔡之间，土下田良，可省许昌左右诸稻田，并水东下。令淮北屯二万人，淮南三万人，十二分休，常有四万人，且田且守。水丰常收三倍于西，计除众费，岁完五百万斛以为军资。六七年间，可积三千万斛于淮上，此则十万之众五年食也。以此乘吴，无往而不克矣。”宣王善之，事皆施行。正始二年，乃开广漕渠，每东南有事，大军兴众，泛舟而下，达于江、淮，资食有储而无水害，艾所建也。

《晋书·傅玄传》曾追叙当时屯垦的效果，其云：“古以步百为亩，今以二百四十步为一亩，所觉过倍。近魏初课田，不务多其顷亩，但务修其功力，故白田收至十余斛，水田收数十斛。”白田，指旱田，一斛相当于十斗，也就是一石，一顷即一百亩，旱田的亩收几十斤，水田可收百余斤，这在当时已是高产。淮南淮北的屯垦大都属于军垦，傅玄讲到当时屯垦者即士兵的负担，他说：“旧兵持官牛者，官得六分，士得四分；自持私牛者，与官中分，施行来久，众心安之。今一朝减持官牛者，官得八分，士得二分；持私牛及无牛者，官得七分，士得三分，人失其所，必不欢乐。”为什么以不持牛与持牛区分田租的负担，因为当时土地荒弃，占地没有问题，在曹魏时从事军垦的兵家负担已很重了，那时士兵是世袭为兵的，没有战争时从事农耕生产，有战事时补充兵员冲锋陷阵，士兵阵亡了，其家属要发配婚嫁，以繁殖士兵，这一类军垦制度实际上是变相的、非常残酷的农奴制度。邓艾讲那时的军垦是且田且守，淮北屯二万人，淮南三万人，经常有四万人在那里边耕作边守疆，有一万人常在农田垦殖，大家轮作。它的长处是减少作战时军粮的运输，官府征收的田租便是军粮的主要来源。邓艾估计这样做的话有六七年时间，可积军粮三千万斛——这个数字被夸大了。

关于《存恤从军吏士家室令》，那是因为赤壁之战以后，军队将士在这次战役中伤亡实在很大。《三国志·蜀书·先主传》讲：“权遣周瑜、程普等水军数万，与先主并力，与曹公战于赤壁，大破之，焚其舟船。先主与吴军水陆并进，追到南郡，时又疾疫，北军多死，曹公引归。”《通鉴·汉纪五十七》关于曹军死伤的情况，综合各方面的记录，说得比较具体，其云：“（当时）操军吏士皆出营立观，指言（黄）盖降。去北军二里余，同时发火，火烈风猛，船往如箭，烧尽北船，延及岸上营落。顷之，烟炎张天，人马烧溺死者甚众。瑜等率轻锐继其后，雷鼓大震，北军大坏。

操引军从华容道步走，遇泥泞，道不通，天又大风，悉使羸兵负草填之，骑乃得过。羸兵为人马所蹈藉，陷泥中，死者甚众。”从这一段描述，可知曹操这次没有被火攻的思想准备，不得已而后撤，又误入华容沼泽地带，人马陷入泥淖之中，让人填草而行，自相践踏，加上疾疫的死亡，可见这次战役对曹军创伤之重，故曹操在这份令中，会讲：“军数征行，或遇疫气，吏士死亡不归，家室怨旷，百姓流离。”这份令是战败以后的善后工作，抚恤死亡将士的家属，稳定部队的将士。在曹操军队中服役的有两种人，一是士兵，兵家子弟，其家属亦是属军队系统管辖，一种是随军服役的百姓，他的家属属于地方管辖，故要县官也就是地方官抚恤他们的家庭。

赤壁之战以后，在曹操这方面的善后工作大体上是如此，在南方，孙权与刘备则有如何瓜分胜利果实的问题。《三国志·蜀书·先主传》有这么一段话：“先主表琦为荆州刺史，又南征四郡。武陵太守金旋、长沙太守韩玄、桂阳太守赵范、零陵太守刘度皆降。庐江雷绪率部曲数万口稽颡。琦病死，群下推先主为荆州牧。”长江以南各郡本来都是刘表为荆州刺史下属的诸郡，刘表死，刘琦为荆州牧，那么这几个郡自然就归属于刘琦，实际上归属于刘备，以公安为其政治中心。而这个时期周瑜带领的军队与曹仁胶着于江陵，也就是今天湖北的沙市。最后，曹仁带了军队北撤，于是中间隔着公安，江陵成了东吴的一块飞地。孙权以周瑜为南郡太守，这样东吴与刘备管辖的地区交错并立，而领南郡太守的周瑜在进攻夷陵时受了箭伤，重病在身，实际上周瑜很难管辖这块孤立在外，又处于四战之地的地区。而且这个地区原来属于刘表、刘琦，而刘备在荆州许多年，所以在人际关系上也优于孙权，也就是说周瑜在江陵缺少稳固的社会基础。在这种情况下，刘备去孙权那儿想向孙权借江陵，从当时的实际情况出发，鲁肃建议借荆州给刘备也是对的。曹操在合肥攻孙权，有了孙刘联盟，孙权就用不着担心上游的安全了。《三国志·吴书·鲁肃传》云："后备诣京见权，求都督荆州，惟肃劝权借之，共拒曹公。曹公闻权以土地业备，方作书，落笔于地。"通过借荆州给刘备，实现了孙刘之间的联盟。曹操让曹仁北撤，留下江陵这块飞地，想让孙刘互斗，为自己留下可乘之机；同时曹操还派蒋干去见周瑜，目的是策反周瑜。建安十四年十二月，《通鉴纪事本末·孙氏据江东》记此事较详，《三国志》则分散于裴松之注。《三国志·吴书·周瑜传》裴松之注引《江表传》云：

初曹公闻瑜年少有美才，谓可游说动也，乃密下扬州，遣九江蒋幹往见瑜。幹有仪容，以才辩见称，独步江、淮之间，莫与为对。乃布衣葛巾，自托私行诣瑜。瑜出迎之，立谓幹曰："子翼良苦，远涉江湖为曹氏作说客邪？"幹曰："吾与足下州里，中间别隔，遥闻芳烈，故来叙阔，并观雅规，而云说客，无乃逆诈乎？”瑜曰：“吾虽不及夔、旷，闻弦赏音，足知雅曲也。”因延幹入，为设酒食。毕，遣之曰：“适吾有密事，且出就馆，事了，别自相请。”后三日，瑜请幹与周观营中，行视仓库军资器仗讫，还宴饮，示之侍者服饰珍玩之物，因谓幹曰：“丈夫处世，遇知己之主，外托君臣之义，内结骨肉之恩，言行计从，祸福共之，假使苏、张更生，郦叟复出，犹抚其背而折其辞，岂足下幼生所能移乎？”幹但笑，终无所言。幹还，称瑜雅量高致，非言辞所间。

总之，在赤壁之战以后，对荆州这个地区，曹、刘、孙之间各有一番心思，这时孙刘的联盟、孙权内部的团结一致是三国鼎立不可或缺的条件。赤壁之战以后，曹操留下的两条计谋，一是破坏孙刘联盟，二是策反周瑜，促使周瑜与孙权之间内斗，但都没有奏效，那么曹操只能承认三鼎足这个他所不愿看到的局面。当然，曹操并没有完全撤出荆州，襄樊这个地区仍在曹操掌控之下，对荆州这个地区三方还是各有各的打算。分析这个地区的矛盾，可以帮助我们理解今天朝鲜半岛的局势。中、俄、美各有各的打算，再加上韩、朝之间的对峙，又有日中关系夹杂其间，都是各打各的算盘，但也只能保持一个相对平衡的局面，打破这个平衡对谁都不利，但谁都想使天平能向自己这一方倾斜，各方都在这里角力，这是客观存在，角力的背后，说到底还是在这个地区的权力、利益和影响之争。

（十八）曹操的《求贤令》与《让县自明本志令》

建安十五年，曹操发布了两个命令，《三国志·魏书·武帝纪》载了《求贤令》，裴松之注引《魏武故事》载其十二月发布的《让县自明本志令》，今录《三国志·魏书·武帝纪》之《求贤令》如下：

> 自古受命及中兴之君，曷尝不得贤人君子与之共治天下者乎！及其得贤也，曾不出闾巷，岂幸相遇哉？上之人不求之耳。今天下尚未定，此特求贤之急时也。“孟公绰为赵、魏老则优，不可以为滕、薛大夫”。若必廉士而后可用，则齐桓其何以霸世！今天下得无有被褐怀玉而钓于渭滨者乎？又得无盗嫂受金而未遇无知者乎？二三子其佐我明扬仄陋，唯才是举，吾得而用之。

这是曹操下达的一份求贤的命令，先把这份求贤令用的典故说明一下。“孟公绰为赵、魏老则优，不可以为滕、薛大夫”，这句话出自《论语·宪问》，是孔子说的话。孟公绰是鲁国的贤大夫，赵、魏是晋国的六卿，晋是大国，曾经是春秋五霸之一。老，是家臣之长，意谓如果让孟公绰到赵、魏这两个卿家做家臣之长，他完全能够胜任。孟公绰为人能廉洁守成，自己能清静寡欲，故适宜在赵与魏这些卿家做家臣之长，而且能做得很优秀，但他不一定适宜于去滕、薛这些小国充当大夫，因为这些小国多盗贼，治安不好，事务烦剧，去这些小国做大夫要有才干，能及时处理好问题。在魏、赵这些六卿之家为家臣之长，尚德，要清静无为，在滕、薛那些小国做大夫，则尚才。用人尚德还是尚才，各有其时。多事之秋，用人尚才，能够及时解决各种棘手的社会问题。平静之世用人尚德，能保持社会的稳定。人才有长短，各个历史时期对人才的需求不同。

下面讲“必廉士而后可用，则齐桓其何以霸世”，这是讲齐桓公用管仲以霸。为什么上面提出廉士的概念呢？因为管仲这个人曾经贪财，管仲与鲍叔合伙搞贸易时，管仲总是多得，但鲍叔不认为管仲贪财，那是因为他客观上有实际用途的需要。令中有“今天下得无有被褐怀玉而钓于渭滨者乎？又得无盗嫂受金而未遇无知者乎？”那是指姜子牙吕尚，《史记·齐太公世家》云：

周西伯猎，果遇太公于渭之阳，与语大说，曰：“自吾先君太公曰：‘当有圣人适周，周以兴。’子真是邪？吾太公望子久矣。”故号之曰“太公望”，载与俱归，立为师。

“《吕氏春秋》云‘太公钓于兹泉，遇文王’。”“天下三分，其二归周者，太公之谋计居多。”（《史记·齐太公世家》）曹操令中的意思是难道今天没有如姜子牙那样的谋略之士钓于渭水之滨吗？至于盗嫂受金这个典故是讲陈平，陈平是从项羽那儿来投奔刘邦，由魏无知推荐给刘邦，得到刘邦的重用。周勃与灌婴不满陈平被重用，而在刘邦那儿告状，《汉书·陈平传》载其言云：

> 平虽美丈夫，如冠玉耳，其中未必有也。闻平居家时盗其嫂；事魏王不容，亡而归楚；归楚不中，又亡归汉。今大王尊官之，令护军。臣闻平使诸将，金多者得善处，金少者得恶处。平，反复乱臣也，愿王察之。

为此刘邦先询问魏无知，对曰：“臣之所言者，能也。陛下所问者，行也。今日楚汉相距，臣进奇谋之士，顾其计诚足以利国家耳。盗嫂受金又安作疑乎？”这里讲的是一个人的才能与德行是两回事，今天你需要的是德行，还是才能之士，有德行的人不可能有益于楚汉相争的胜败之数。刘邦接着又与陈平直接对话，陈平说：

臣事魏王，魏王不能用臣说，故去事项王。项王不信人，其所任爱，非诸项即妻之昆弟，虽有奇士不能用。臣居楚闻汉王之能用人，故归大王。裸身来，不受金无以为资。诚臣计划有可采者，愿大王用之；使无可用者，大王所赐金俱在，请封输官，得请骸骨。(《汉书·陈平传》)

刘邦还是用了陈平的离间计，离间了项羽与龙且、范增、钟离昧等人之间的关系。陈平建议刘邦："能出捐数万斤金，行反间，间其君臣，以疑其心，项王为人意忌信谗，必内相诛。汉因举兵而攻之，破楚必矣。"（《汉书·陈平传》）

在有事之世，用人的原则，德才比较起来，才是第一位，用的人要为我解决问题；在平世用人，则应德才兼备，德更重要，至少可以不添乱。总之，这个问题因时因人而异，"黑猫白猫，会抓老鼠的就是好猫"，实际上便是唯才是举，是为了突破那时的困局。过了那个阶段，缺德的人多了，也不好办，也会坏事；那猫不抓老鼠，光贪嘴，而且与老鼠和谐相处，那也不好办。这个事对国家是如此，对一个企业也是如此。

从曹操《求贤令》总的精神看，就是他令文的最后两句："二三子其佐我明扬仄陋，唯才是举，吾得而用之。"不仅是自己努力去发现这样的人才，还希望大家能举荐这样的贤才。《论语·子路》载仲弓问政，孔子讲到举贤才，"曰：'焉知贤才而举之？'子曰：‘举尔所知；尔所不知，人其舍诸？’”曹操说的“二三子其佐我”，就是希望大家帮助他来荐举有才能的贤士大夫。他需要的是有才能的谋略之士，不是只有德行的士人，故后人称其唯才是举。曹操在建安十五年春下这份求贤令，与他赤壁之败以后三国鼎立局面形成有关，他需要的是能打破这个格局的谋略之士，而不是那些只会空谈道德修养的人。曹操这个思想也是一以贯之，早在建安八年官渡之战以后，曹操下达《论吏士行能令》，其云：“未闻无能之人，不斗之士，并受禄赏，而可以立功兴国者也。故明君不官无功之臣，不赏不战之士；治平尚德行，有事赏功能。论者之言，一似管窥虎欤！”那个时期是乱世有事之时，当然要赏功能之士，不是尚德行的时候。

同年曹操的《让县自明本志令》前已论及，不再引述，这时曹操所以写这一篇《明本志令》，可能与当时赤壁之战后已有人们在私底下议论曹操对东汉政权有不逊之志有关，这个矛盾在其处理董承的案子时实际上已露端倪，其令有“或者人见孤强盛，又性不信天命之事，恐私心相评，言有不逊之志，妄相忖度，每用耿耿”，可见曹操确实听到一些对其有不逊之心的传言，才会如是说，才会有这份《明本志令》。他发这份令的目的，是暂时平息和安抚一下猜疑他的人们，是为了稳定与随汉献帝而来的仍忠于东汉的诸士人之间的关系。

这一年在孙权与刘备之间还发生了一些事，刘备去见孙权时，

《三国志·吴书·周瑜传》载：

> 瑜上疏曰：“刘备以枭雄之姿，而有关羽、张飞熊虎之将，必非久屈为人用者。愚谓大计宜徙备置吴，盛为筑宫室，多其美女玩好，以娱其耳目，分此二人，各置一方，使如瑜者得挟与攻战，大事可定也。今猥割土地以资业之，聚此三人，俱在疆埸，恐蛟龙得云雨，终非池中物也。”权以曹公在北方，当广揽英雄，又恐备难卒制，故不纳。

结果孙权还是送了一个妹妹给刘备，以固结友好。还有一件事，是周瑜建议由荆州进攻益州，《三国志·吴书·周瑜传》称：

> 瑜乃诣京见权曰：“今曹操新折衄，方忧在腹心，未能与将军连兵相事也。乞与奋威俱进取蜀，得蜀而并张鲁，因留奋威固守其地，好与马超结援。瑜还与将军据襄阳以蹙操，北方可图也。”权许之。瑜还江陵，为行装，而道于巴丘病卒。

周瑜这个建议，孙权曾告知刘备，《三国志·蜀书·先主传》称：

> 权遣使云欲共取蜀，或以为宜报听许，吴终不能越荆有蜀，蜀地可为己有。荆州主簿殷观进曰："若为吴先驱，进未能克蜀，退为吴所乘，即事去矣。今但可然赞其伐蜀，而自说新据诸郡，未可兴动，吴必不敢越我而独取蜀。如此进退之计，可以收吴、蜀之利。"先主从之，权果辍计。迁观为别驾从事。

这件事由于周瑜的去世，自然也只能搁置起来。这两件事反映了孙刘之间的关系，有时联合，有时对立，主动权在孙权方面，周瑜去世以后，鲁肃取代了周瑜的地位，那么孙刘之间的矛盾又暂时缓和了一个时期。

周瑜病重期间，曾上疏孙权，推荐鲁肃接替自己的岗位，《三国志·吴书·鲁肃传》云：

> 周瑜病困，上疏曰："当今天下，方有事役，是瑜乃心夙夜所忧，愿至尊先虑未然，然后康乐。今既与曹操为敌，刘备近在公安，边境密迩，百姓未附，宜得良将以镇抚之。鲁肃智略足任，乞以代瑜。瑜陨踣之日，所怀尽矣。"即拜肃奋武校尉，代瑜领兵。瑜士众四千余人，奉邑四县，皆属焉。令程普领南郡太守。肃初住江陵，后下屯陆口，威恩大行，众增万余人，拜汉昌太守、

偏将军。

看来孙权的重兵和主要将领都在上游今武汉一带，荆州的江陵是鲁肃上任以后，才正式借给刘备的。鲁肃走马上任时，要路过寻阳，今江西九江的对岸，吕蒙驻屯在那里，鲁肃与吕蒙之间有一段谈话，《三国志・吴书・吕蒙传》云：

> 鲁肃代周瑜，当之陆口，过蒙屯下。肃意尚轻蒙，或说肃曰："吕将军功名日显，不可以故意待也，君宜顾之。"遂往诣蒙。酒酣，蒙问肃曰："君受重任，与关羽为邻，将何计略，以备不虞？"肃造次应曰："临时施宜。"蒙曰："今东西虽为一家，而关羽实熊虎也，计安可不豫定？"因为肃画五策。肃于是越席就之，拊其背曰："吕子明，吾不知卿才略所及乃至于此也。"遂拜蒙母，结友而别。

从这一段谈话看，鲁肃是坚持孙刘之间联盟，对关羽并没有什么心机，所以会说"临时施宜"。而吕蒙则比鲁肃多一个心眼，尽管目前"东西一家"，实际矛盾还存在，要预设应对之策。吕蒙心中早有夺回荆州的想法，他秉承的是周瑜取回荆州的方针。裴松之注引《江表传》把这次两人的会见讲得更加生动具体，吕蒙本来是一个粗人，行伍出身，是孙权辅导他学文化，读经典，慢慢才有分析形势、判断事态发展的可能，才能提出各种对策，而令鲁肃刮目相看。《江表传》云：

> 初，权谓蒙及蒋钦曰："卿今并当涂掌事，宜学问以自开益。"蒙曰："在军中常苦多务，恐不容复读书。"权曰："孤岂欲卿治经为博士邪？但当令涉猎见往事耳。卿言多务孰若孤，孤少时历《诗》《书》《礼记》《左传》《国语》，惟不读《易》。至统事以来，省三史、诸家兵书，自以为大有所益。如卿二人，意性朗悟，学必得之，宁当不为乎？宜急读《孙子》《六韬》《左传》《国语》及三史。孔子言'终日不食，终夜不寝以思，无益，不如学也'。光武当兵马之务，手不释卷。孟德亦自谓老而好学。卿何独不自勉勖邪？"蒙始就学，笃志不倦，其所览见，旧儒不胜。后鲁肃上代周瑜，过蒙言议，常欲受屈。肃拊蒙背曰："吾谓大弟但有武略耳，至于今者，学识英博，非复吴下阿蒙。"蒙曰："士别三日，即更刮目相待。大兄今论，何一称穰侯乎。兄今代公瑾，既难为继，且与关羽为邻。斯人长而好学，读《左传》略皆上口，梗亮有雄气，然性颇自负，好陵人。今与为对，当有单复以乡待之。"密为肃陈三策，肃敬受之，秘而

不宣。权常叹曰："人长而进益，如吕蒙、蒋钦，盖不可及也。富贵荣显，更能折节好学，耽悦书传，轻财尚义，所行可迹，并作国士，不亦休乎！"

鲁肃称吕蒙"非复吴下阿蒙"，说明学习读书，是能增长人的才识。即使是行伍出身的人，光凭勇敢、蛮干也是要出问题的。记得毛泽东曾多次推荐干部读《三国志·吴书·吕蒙传》，1958年毛泽东在视察安徽途中，与同行的张治中和公安部长罗瑞卿闲谈，他说："吕蒙是行伍出身，没有文化，很感不便，后来的孙权劝他读书，他接受了劝告，勤学苦读，以后当了东吴的统帅。现在我们的高级军官中，百分之八九十都是行伍出身，参加革命后才学文化的，他们不可不读《吕蒙传》。"并说："公安干警应成为有文有武的人，才能适应社会主义建设新时期的要求。"回京后，罗瑞卿仔细阅读了《吕蒙传》，并请人把它译成白话文，印发给公安部门各级干部学习。

（十九）以曹丕为五官中郎将

《三国志·魏书·武帝纪》云：

(建安) 十六年 (211年) 春正月，天子命公世子丕为五官中郎将，置官属，为丞相副。太原商曜等以大陵叛，遣夏侯渊、徐晃围破之。

这里是两件事，一件是汉献帝以曹丕为五官中郎将，曹丕作为曹操接班人的地位之确立。另一件事是平定并州的叛乱。先说第一件事，五官中郎将，汉官，属光禄勋，有三署郎，即五官中郎将，左中郎将，右中郎将。五官中郎将主五官郎，其府廨与太学相对，所谓中郎即守卫宫廷廊中的卫士，秦代即设郎中，韩信曰："臣事项王，官不过郎中，位不过执戟。"（《史记·淮阴侯列传》）郎的来源有三，一是资选，即纳资为郎，荫任为郎，以军功为主特拜为郎。其实曹操也曾为议郎，即能参预议政，地位高于一般郎官。汉武帝开始设中郎三将，即五官中郎将，左中郎将，右中郎将。中郎是给事禁中的郎官，常侍君王之左右，以拾遗补阙为职。郎官取得君王信任后能给事内朝诸职，也能给事外朝诸职。《汉官仪》云："三署为五官署也，左、右署也，各置中郎将以司之。郡国举孝廉以补三署郎，年五十以上属五官，其次分左右署。"故三署中，五官署地位最高，而三署下属之郎官又分为中郎、侍郎、郎中三级。《后汉书·百官志二》："凡郎官皆主更直执戟，宿卫诸殿门，出充车骑。"故郎官主要是执掌宿卫宫殿，出充车骑。曹丕出任五官中郎将，那就是掌握了整个宫殿禁卫的权力，完全掌控了汉献帝起居的一切活动。以五官中郎将兼副丞相的职务，那是曹操的创造，是为了确定曹丕作为接班人的地位，以免将来有争议，实际上也是当时有争议的结果。《三国志·魏书·贾诩传》云：

> 太祖又尝屏除左右问诩，诩嘿然不对。太祖曰："与卿言而不答，何也？"诩曰："属适有所思，故不即对耳。"太祖曰："何思？"诩曰："思袁本初、刘景升父子也。"太祖大笑，于是太子遂定。

袁绍与刘表皆因偏爱少子而败，贾诩这个话是劝曹操早立曹丕为太子，然而贾诩说话的方式和技巧非常高明，他是在长安周旋于李傕、郭汜的人，后来又投奔张绣，最后才投奔曹操，他与曹操的关系不深，立太子的问题一般很难启口，直接讲应立曹丕，那会引起反感，对他自身也是危险。他那样说，让曹操心领神会，话不说穿，说到点子上就行。说话必须要讲技巧，还有一条，说话出点子，必须真心为人着想，他对李傕、郭汜，对张绣出的点子都还奏效。但如贾诩这样的人只能是参谋人物，不可能是当家人，当家不一定能当得好，他能帮别人拿点子，因为作为旁观者，可以客观一些，作为当家人，难免当局者迷。这是认识的客观规律，谁也难以违背。曹丕正式立为太子是建安二十二年（217年）的事，三年以后，曹操便去世了。曹操有二十五个儿子，其中有早年夭折的，但成年后有影响的也不少，如曹彰、曹植、曹熊等，诸子之间的矛盾也很多。在曹操生前对曹丕影响最大的是曹彰和曹植，这些矛盾留在后面再讲。

第二件事是夏侯渊与徐晃平定并州商曜的叛乱。《三国志·魏书·夏侯渊传》称："十四年，以渊为行领军。太祖征孙权还，使渊督诸将击庐江叛者雷绪，绪破，又行征西护军，督徐晃击太原贼，攻下二十余屯，斩贼帅商曜，屠其城。"《三国志·魏书·徐晃传》系此事于建安十五年，其云："十五年，讨太原反者，围大陵，拔之，斩贼帅商曜。"

五、赤壁之战后关中汉中的情况

（二十）关于汉中张鲁的五斗米道

《三国志·魏书·武帝纪》续云：

张鲁据汉中，三月，遣钟繇讨之。公使渊等出河东与繇会。是时关中诸将疑繇欲自袭，马超遂与韩遂、杨秋、李堪、成宜等叛。遣曹仁讨之。超等屯潼关，公敕诸将："关西兵精悍，坚壁勿与战。"秋七月，公西征，与超等夹关而军。公急持之，而潜遣徐晃、朱灵等夜渡蒲阪津，据河西为营。公自潼关北渡，未济，超赴船急战。校尉丁斐因放牛马以饵贼，贼乱取牛马，公乃得渡，循河为甬道而南。贼退，拒渭口，公乃多设疑兵，潜以舟载兵入渭，为浮桥，夜，分兵结营于渭南。贼夜攻营，伏兵击破之。超等屯渭南，遣信求割河以西请和，公不许。九月，进军渡渭。超等数挑战，又不许；固请割地，求送任子，公用贾诩计，伪许之。韩遂请与公相见，公与遂父同岁孝廉，又与遂同时侪辈，于是交马语移时，不及军事，但说京都旧故，拊手欢笑。既罢，超等问遂："公何言？"遂曰："无所言也。"超等疑之。他日，公又与遂书，多所点窜，如遂改定者；超等愈疑遂。公乃与克日会战，先以轻兵挑之，战良久，乃纵虎骑夹击，大破之，斩成宜、李堪等。遂、超等走凉州，杨秋奔安定，关中平。诸将或问公曰："初，贼守潼关，渭北道缺，不从河东击冯翊而反守潼关，引日而后北渡，何也？"公曰："贼守潼关，若吾入河东，贼必引守诸津，则西河未可渡，吾故盛兵向潼关；贼悉众南守，西河之备虚，故二将得擅取西河；然后引军北渡，贼不能与吾争西河者，以有二将之军也。连车树栅，为甬道而南，既为不可胜，且以示弱。渡渭为坚垒，虏至不出，所以骄之也，故贼不为营垒而求割地。吾顺言许之，所以从其意，使自安而不为备，因畜士卒之力，一旦击之，所谓疾雷不及掩耳，兵之变化，固非一道也。"始，贼每一部到，公辄有喜色。贼破之后，诸将问其故。公答曰："关中长远，若贼各依险阻，征之，不一二年不可定也。今皆来集，其众虽多，莫相归服，军无适主，一举可灭，为功差易，吾是以喜。”

冬十月，军自长安北征杨秋，围安定。秋降，复其爵位，使留抚其民人。十二月，自安定还，留夏侯渊屯长安。

曹操这一次出兵，本来的目的是打汉中的张鲁，并不想大动干戈亲自出征，只是让夏侯渊自河东带兵与原来在关中的钟繇相会合，然后经关中打汉中，结果引起原来在关中的凉州诸将领的猜疑，关中马超、韩遂诸将叛，曹操便不得不亲自带兵征伐关中诸叛将。这里要先交代清楚几个问题：一，张鲁在汉中是怎么回事？二，关中诸将与曹操原来是怎样一种关系？三，钟繇是怎样一个人物，他在关中原来的地位是什么？然后才能说清楚曹操在建安十六年下半年这个仗是怎么打的，如何巩固了自己在关中的统治地位。由于关中诸将的叛乱，对汉中的讨伐推迟了，直到建安二十年（215 年）才解决张鲁的问题。

关于张鲁这个人，《三国志·魏书》专门为其列传，《张鲁传》云：

张鲁字公祺，沛国丰人也。祖父陵，客蜀，学道鹄鸣山中，造作道书以惑百姓，从受道者出五斗米，故世号米贼。陵死，子衡行其道。衡死，鲁复行之。益州牧刘焉以鲁为督义司马，与别部司马张修将兵击汉中太守苏固，鲁遂袭修杀之，夺其众。焉死，子璋代立，以鲁不顺，尽杀鲁母家室。鲁遂据汉中，以鬼道教民，自号“师君”。其来学道者，初皆名“鬼卒”。受本道已信，号“祭酒”。各领部众，多者为治头大祭酒。皆教以诚信不欺诈，有病自首其过，大都与黄巾相似。诸祭酒皆作义舍，如今之亭传。又置义米肉，悬于义舍，行路者量腹取足；若过多，鬼道辄病之。犯法者，三原，然后乃行刑。不置长吏，皆以祭酒为治，民夷便乐之。雄据巴、汉垂三十年。

张陵，俗称张天师，道教的创始人，他的子孙后代移居江西龙虎山。道教发源地是沿海地区，此后逐渐渗入全国各地，魏晋以后称五斗米道为天师道。道教的起源有两点，一点是民间的巫师和巫术，另一起源是神话老子，把道家的思想渗透到自己的宗教观念上来，东汉后期的《太平经》《周易参同契》便是糅合道家与《易经》的思想，成为道教的经典。故道教不同于其他宗教，如佛教、基督教、伊斯兰教在中国都是外来的宗教，唯独道教是中国传统的在本土自发诞生的宗教信仰。《魏书·释老志》称：“道家之原，出于老子。”由于它来自民间，适应民间各种需要，它有治病和济贫互助的需要，这就是五斗米道产生的社会根源。张鲁的五斗米道与张角的太平道不同，五斗米道安于一个地区传布它的宗教信仰，张角的太平道则野心大一些，变成全国性的组织。这种宗教组织活动，应尽量离政治远一些，否则难以持久。它的作用只能局限于治病救人，济贫救困，借助于巫术给人以精神上的慰藉，超越这个范畴，往往变成旁门邪道。关于五斗米道的活动，裴松之注引《典略》一大段话，其云：

熹平中，妖贼大起，三辅有骆曜。光和中，东方有张角，汉中有张修。骆曜教民缅匿法，角为太平道，修为五斗米道。太平道者，师持九节杖为符祝，教病人叩头思过，因以符水饮之，得病或日浅而愈者，则云此人信道，其或不愈，则为不信道。修法略与角同，加施静室，使病者处其中思过。又使人为奸令祭酒，祭酒主以《老子》五千文，使都习，号为奸令。为鬼吏，主为病者请祷。请祷之法，书病人姓名，说服罪之意。作三通，其一上之天，著山上，其一埋之地，其一沉之水，谓之三官手书。使病者家出米五斗以为常，故号曰五斗米师。实无益于治病，但为淫妄，然小人昏愚，竞共事之。后角被诛，修亦亡。及鲁在汉中，因其民信行修业，遂增饰之。教使作义舍，以米肉置其中以止行人；又教使自隐，有小过者，当治道百步，则罪除；又依月令，春夏禁杀；又禁酒。流移寄在其地者，不敢不奉。

这里的张修究竟是张衡之误，还是张鲁杀了张修而夺取了五斗米道道师及汉中行政权力，按陈寿《张鲁传》记载，是益州牧刘焉以张鲁为督义司马，与别部司马张修一起将兵杀了汉中太守苏固而占有这块地盘，张鲁又杀了张修夺其众。陈寿在《三国志·蜀书·刘二牧传》中说："张鲁母始以鬼道，又有少容，常往来焉家，故焉遣鲁为督义司马，往汉中。"可见张鲁是靠母亲才得立足于汉中的。《典略》讲的"汉中有张修"，那么这个张修是否是五斗米道的道师？可能是的，《后汉书·灵帝纪》中平元年二月黄巾起事："七月，巴郡妖巫张修反，寇郡县。"李贤注引刘艾《纪》曰："时巴郡巫人张修疗病，愈者雇以米五斗，号为'五斗米师'。"可见修为五斗米道的道师，而张鲁杀他夺其众成了汉中的道师。那么刘璋杀张鲁的母亲及其家室，是否因为张鲁杀了张修的缘故呢？这都是可以进一步思考的问题。《典略》中还讲："鲁在汉中，因其民信行修业，遂增饰之。"那就说明张鲁杀张修，却继承了他五斗米道师的事业，他们两人是教派内部的斗争。

这里讲的是三股道教势力，骆曜活动的情况不具体，太平道与五斗米道都有用符水治病，实际上是以巫术治病，让病人叩头思过，可以当作一种心理治疗。人的疾病，与人的心理状态有很大的关系，基督教、天主教做礼拜时的忏悔实际上也是一种心理治疗。《吕氏春秋》有一篇题为《先己》者，它强调“凡事之本，必先治身”，所谓治身，也就是治己，“有病自首其过”，即有病痛时，先想想自己生活上有什么不当之处，有不高兴的事先想一下自己有什么处理不当之事，那么许多事也就比较容易迎刃而解了，心理上的苦闷，在悔过时也能得到疏导，在自我批评的过程中，由心理分析师帮你疏导，也就是从心理、精神现象分析客观上存在的各种矛盾，如何正确对待，那么不仅心理上的苦闷得到宣泄，而且在悔过的过程中，可以使生活得到一个新的起点。五斗米道在这一点上，适应了人们日常生活心理不平衡时的需求，这就是宗教信仰存在的一个社会基础。至于设置义米、义肉、义舍，这是公共慈善事业的一种表现，犯法“三原然后受刑”，那是把思想教育放在首位，不是光靠严刑峻法以威治众。这些都还是对民众，特别是贫困下层民众的生活有益的，这些方面的表现，不能因为它是迷信的形式而全盘否定。

再说悔过，三原而行刑，以公益劳动赎小罪的办法，也还有可取之处，至于春夏禁杀、禁酒也还有参考价值。现在是禁毒的问题，古今有可以借鉴的地方，但还必须是从现实的实际状况出发，不能搞空想，如果理想主义色彩太浓的话，反而会惹祸。至于陈寿在《张鲁传》中的说法，也是能成立的一说。张鲁那套办法，在汉中维持了三十多年，为什么？那是因为周边地区大乱不止，特别是关中地区“韩遂、马超之乱，关西民从子午谷奔之者数万家”（《三国志·张鲁传》）。大量流民的安置，并帮助他们在生活上度过暂时的困难，在思想观念上能够有平和的态度，适当地处理民众内部性质的各种过失，这是关中得以稳定的重要原因。张鲁在汉中地区并没有称王称霸的思想，《三国志·魏书·张鲁传》称：“民有地中得玉印者，群下欲尊鲁为汉宁王。鲁功曹巴西阎圃谏鲁曰：‘汉川之民，户出十万，财富土沃，四面险固；上匡天子，则为桓、文，次及窦融，不失富贵。今承制署置，势足斩断，不烦于王。愿且不称，勿为祸先。’鲁从之。”说明张鲁没有大的野心，但也不是说他与周边地区没有矛盾，他与四川的刘焉及其子刘璋就有冲突，因为刘璋杀了张鲁的母亲及其家室，故张鲁与刘璋成了仇家，正是这个矛盾，也为刘备入川提供了机会。

（二十一）关中变乱的平定

关中的变乱是由于曹操让钟繇讨张鲁，并派夏侯渊自河东带兵至关中讨伐张鲁，而引起原来在关中诸将的疑虑，导致关中诸将起兵作乱与曹操相抗衡。而关中作乱诸将中，为首的是韩遂与马超，而以韩遂的资格最老。据《后汉书·董卓传》，灵帝中平元年冬，北地先零羌及抱罕、河关群盗反叛，这支反叛的群众是湟中的义从，首领的名字叫北宫伯玉，他感到自己号召力不够，强迫金城人边章、韩遂参预。边章原名边允，原任新安令，韩遂原名韩约，为边章从事。北宫伯玉借这两个人的名声以起兵，这与辛亥革命武昌起义时，要找黎元洪当头一样。因而边允与韩约成了官府通缉的对象，于是改名为边章与韩遂。他们活动的地盘始终在陇西地区，陇西是汉人与羌人杂居的地区。韩遂杀了边章及伯玉，成为这支部队的首领，这是韩遂起家的经过。马超起于凉州，他的父亲叫马腾，马超领的兵是马腾的部曲。《三国志·蜀书·马超传》裴松之注引《典略》介绍马腾的来历，其云：

腾字寿成，马援后也。桓帝时，其父字子硕，尝为天水兰干尉。后失官，因留陇西，与羌错居。家贫无妻，遂娶羌女，生腾。腾少贫无产业，常从彰山中斫材木，负贩诣城市，以自供给。腾为人长八尺余，身体洪大，面鼻雄异，而性贤厚，人多敬之。灵帝末，凉州刺史耿鄙任信奸吏，民王国等及氐、羌反叛。州郡募发民中有勇力者，欲讨之，腾在募中。州郡异之，署为军从事，典领部众。讨贼有功，拜军司马，后以功迁偏将军，又迁征西将军，常屯汧、陇之间。初平中，拜征东将军。是时，西州少谷，腾自表军人多乏，求就谷于池阳，遂移屯长平岸头。而将王承等恐腾为己害，乃攻腾营。时腾近出无备，遂破走，西上。会三辅乱，不复来东，而与镇西将军韩遂结为异姓兄弟，始甚相亲，后转以部曲相侵入，更为仇敌。腾攻遂，遂走，合众还攻腾，杀腾妻子，连兵不解。建安之初，国家纲纪殆弛，乃使司隶校尉钟繇、凉州牧韦端和解之。征腾还屯槐里，转拜为前将军，假节，封槐里侯。北备胡寇，东备白骑，待士进贤，矜救民命，三辅甚安爱之。十三年，征为卫尉，腾自见年老，遂入宿卫。初，曹公为丞相，辟腾长子超，不就。超后为司隶校尉督军从事，讨郭援，为飞矢所中，乃以囊囊其足而战，破斩援首。诏拜徐州刺史，后拜谏议大夫。及腾之入，因诏拜为偏将军，使领腾营。

从这段文字可以知道马腾是靠讨伐韩遂的部队起家的，后来两人结为异姓兄弟，然而两人又矛盾不断，更为仇敌。这两支部队怎么到了关中呢？那是因为王允杀董卓以后，其部将李傕、郭汜回师长安，他们攻克长安，杀了王允，但军队纪律太坏，“时长安盗贼不禁，白日掳掠，是时，谷一斛五十万，豆麦二万，人相食啖，白骨委积，臭秽满路”。而且在长安的李傕、郭汜、樊稠又自相火并，所以汉献帝只能离开长安回洛阳，以后被曹操迎到许昌。当初汉献帝自洛阳入关进长安时，三辅户口尚数十万，自傕、汜相攻，天子东归后，长安城空四十余日，强者四散，羸者相食，两三年间，关中无复人迹。在这个背景下，韩遂与马腾自陇西入关中，那时曹操正忙于官渡之战与袁绍角力，曹操乃以钟繇为侍中，守司隶校尉，持节督关中诸军。故钟繇在关中实际上只是起调解关中诸军的作用，关中并没有曹操自己的部队。《三国志·魏书·钟繇传》称："繇至长安，移书腾、遂等，为陈祸福，腾、遂各遣子入侍。"有时还出兵打击在河东的高幹与郭援，关中诸将在钟繇率领下，对讨平河东地区袁绍的残余势力还是有功的。当他们获悉曹操派夏侯渊自河东带兵来关中时，就发生猜忌了，于是他们联合起来，借潼关来阻挡曹军入关。曹操自建安十六年七月西征关中，到年底结束，前后也有半年时间。先是曹军与马超等夹关而军，曹操让徐晃、朱灵夜渡蒲坂津，据河西为营。曹军入潼关，两军在渭河交战。《三国志·魏书·贾诩传》讲："太祖后与韩遂、马超战于渭南，超等索割地以和，并求任子。诩以为可伪许之。又问诩计策，诩曰：'离之而已。'太祖曰：'解。'一承用诩谋。"这一场离间计便是曹操与韩遂对话，把马超晾在一边，使马超与韩遂自相疑忌，然后克日会战，打败了马超与韩遂。遂、超走凉州，杨秋奔安定，关中平定，才能留夏侯渊屯长安。马超还凉州，复取陇上诸郡县，曹操便尽诛马超在京师为人质的家属，这一点亦可见曹操下手之狠毒。后来马超兵败奔汉中，投张鲁，转而投奔刘备，他临终时给刘备的奏疏曾讲："臣门宗二百余口，为孟德所诛略尽，惟有从弟岱，当为微宗血食之继，深托陛下，余无复言。”（《三国志·蜀书·马超传》）马超身后没有留下儿子，只留下一个女儿。

建安十六年，在刘备这一边，由于曹操声言讨伐张鲁，反而给刘备一个入蜀的机会，《三国志·蜀书·先主传》云：

> 十六年，益州牧刘璋遥闻曹公将遣钟繇等向汉中讨张鲁，内怀恐惧。别驾从事蜀郡张松说璋曰：“曹公兵强无敌于天下，若因张鲁之资以取蜀土，谁能御之者乎？”璋曰：“吾固忧之而未有计。”松曰：“刘豫州，使君之宗室而曹公之深仇也，善用兵，若使之讨鲁，鲁必破。鲁破，则益州强，曹公虽来，无能为也。”璋然之，遣法正将四千人迎先主，前后赂遗以巨亿计。正因陈益州可取之策。先主留诸葛亮、关羽等据荆州，将步卒数万人入益州。至涪，璋自出迎，相见甚欢。

这一年孙权治秣陵。明年，城石头，改秣陵为建业，也就是今天的南京，作为京城建城之始。

（二十二）关于刘焉、刘璋在四川的经历

刘备入蜀以前，四川是刘焉、刘璋父子俩的地盘，《三国志·蜀

书》有《刘二牧传》，讲的便是他们父子俩的事，《后汉书》有《刘焉传》，也介绍了刘焉领益州牧的经过。刘焉字君郎，江夏竟陵人，相传为汉鲁恭王之后裔。鲁恭王是汉景帝之子刘余，从血统上讲，与光武帝刘秀相去已远，然仍为汉之宗室，因而拜中郎，后去官居阳城山为都官，举贤良方正时，被辟为司徒府，历任洛阳令、南阳太守、宗正、太常诸署之官员。灵帝时，他看到四方兵寇，刺史威轻，既不能禁，且用非其人，郡县官府既腐败又黑暗，于是他上疏："刺史、太守，货赂为官，割剥百姓，以致离叛。可选清名重臣以为牧伯，镇安方夏。"（《三国志·蜀书·刘二牧传》）换一句话说，在郡一级以上设州牧，以加强对郡县这两级地方官的监督和管理。这个建议当时未能施行，后来因益州刺史郗俭、并州刺史张懿、凉州刺史耿鄙相继为寇盗所害，在这个背景下，朝廷出刘焉为监军使者，领益州牧。与其同时出任州牧的还有黄琬为豫州牧，刘虞为幽州牧，此后还有韩馥为冀州牧。州一级军政合一的州牧地位开始显得更加重要，由于军政合一，州牧自然成为一方之主。当时益州的情况与中原相似，在绵竹有马相、赵祗起兵自号黄巾军，杀绵竹令李升，聚万余人，攻益州杀刺史郗俭，自称天子，众以数万，破巴郡、犍为，时有州从事贾龙，领家兵数百人在犍为攻马相，败之，于是贾龙遣人迎刘焉。焉始居绵竹，抚纳离叛，务行宽惠。这个"抚纳离叛，务行宽惠"当是指接纳张修、张鲁的五斗米道，如张鲁的母亲能出入刘焉家院。

当局面稳定下来以后，又以他事杀州中豪强王咸、李权等十余人，而贾龙因此反攻刘焉，焉击杀之，在这种背景下刘焉控制了益州。

当时汉献帝在长安，刘焉的四个儿子有三个在长安，刘焉是在黄巾军与地主豪强之间摆跷跷板，在两者之间摆动。刘焉与马腾相合，谋诛李傕，结果兵败，两个儿子被杀，刘璋由长安至益州来到刘焉身边。刘焉在绵竹府城的廨所为天火所焚，大火延及民居，于是迁居成都，痈疽发背而卒。州吏赵韪上表以刘璋为益州刺史，诏书因以为监军使者，领益州牧，故刘璋继其父为益州牧。当时刘焉在益州的统治实际上还有一股力量，那就是《后汉书·刘焉传》所言："初南阳、三辅民数万户流入益州，焉悉收以为众，名曰'东州兵'。璋性柔宽无威略，东州人侵暴为民患，不能禁制，旧士颇有离怨。赵韪之在巴中，甚得众心，璋委之以权。韪因人情不辑，乃阴结州中大姓。"从这里可以看到这三股力量是互相矛盾的，本土起兵的黄巾军，本土的地方豪强，外来流寓益州的东州兵，刘焉与刘璋的存在实际上是这三种力量互相斗争和平衡的过程，他们往往依靠一方排挤和打击另一方。前期贾龙是地方豪强的代表，刘焉依靠他们打败了马相为代表的黄巾军，但刘焉保护了张修、张鲁的五斗米道。后期当以赵韪为代表的地方豪强先拥刘璋为益州牧，后又起兵反对刘璋时，刘璋又依靠流寓益州的东州兵，打败赵韪。《后汉书·刘焉传》云："建安五年，还共击璋，蜀郡、广汉、犍为皆反应。东州人畏见诛灭，乃同心并力，为璋死战，遂破反者，进攻韪于江州，斩之。”张修、张鲁是刘焉与刘璋派他们进军汉中的，张鲁在汉中势力扩大不听刘璋之命时，刘璋又杀鲁母及弟，派人攻鲁，为鲁所败。故到了刘璋执政的后期，三股力量中蜀中当地的豪强与以张鲁五斗米道为代表的下层民众都与刘璋闹翻了，刘璋依靠的是东州兵。这个过程，说明刘焉与刘璋在蜀中的几十年，其政权并不稳固，它没有处理好蜀地这三股力量之间的相互关系。正由于他在蜀中的社会基础不稳固，所以一旦听到曹操要派兵去汉中讨张鲁，才会迅速接受张松的建议迎刘备入蜀以拒曹操，那是因为他在四川缺乏社会基础，自己没有足够可靠的军事力量作支撑。这就是刘备入川之前，蜀中基本的政治状况。

与刘焉同时为州牧的，若豫州牧黄琬、幽州牧刘虞，稍后董卓时则有冀州牧韩馥，几乎都没有在所在地区站住脚跟，为什么？因为在乱世的起始阶段，他们的任务是去治乱，要治乱，关键一是要有军队的支持；二是要能平衡区域内不同利益集团和派别之间的相互关系；三是要有自己可以信托的工作和参谋班子，从而与这个地区各个阶层取得广泛的联系，并有人为他们出谋划策，否则的话很难站住脚跟。刘焉是靠地方豪强势力的代表贾龙进入益州的，刘璋也是靠地方豪强的代表人物赵韪才登上益州牧的。那时仅凭朝廷的一纸任命已不起什么作用，它只给你名义，不给你力量，所以他们只能靠地方豪强的支持才能上台。但最终他们却闹翻了，别人能扶你上台，也能赶你下台，关键还是自己有没有力量。

东汉末年起来的地方豪强，都有自己的部曲家兵，而且可以家族传承。孙坚有自己的部曲，孙坚去世以后，袁术把孙坚的部曲还给孙策。领兵的将领把士兵私属化是当时很普遍的现象，东汉末起来的群雄都有自己的部曲，要在一个地区站稳脚跟，必须要与地方实力派和士绅建立良好的关系，曹操在冀州就是如此做的。任何统治集团内部总会有不同的派系结构，作为地区的首脑必须处理好派系之间的矛盾和斗争，至少要保证这个矛盾能在自己掌控之下，如果失控，那就要么你有能力平衡好双方的关系，要么你有力量压倒一方，否则你就没有自己的地位，靠别人扶，一般讲总是靠不住的，他可以扶你上台，也能让你下台，并拥立自己的头儿。刘焉和刘璋之所以在益州摇摇欲坠的教训，不正是同样如此吗？制度不是万能的，它得靠人去执行，关键还是人与人之间的相互关系。人亡政息的道理也就是原来平衡的相互关系无法维持了，这个政，也就是人为建立起来的某些制度，即使以祖训的形式出现，也会变味的，关键是各方利益关系如何平衡。所谓和谐，也就是平衡各方的利益关系罢了。谁能平衡好各方的利益，谁的统治就能稳固，就能“和谐”相处，这个“和谐”背后还是有矛盾的，冲突和斗争不会中止。

六、曹操专权及其与吴、蜀的战争

（二十三）曹操称魏公

《三国志·魏书·武帝纪》云：

（建安）十七（212年）年春正月，公还邺。天子命公赞拜不名，入朝不趋，剑履上殿，如萧何故事。马超余众梁兴等屯蓝田，使夏侯渊击平之。割河内之荡阴、朝歌、林虑，东郡之卫国、顿丘、东武阳、发干，钜鹿之廮陶、曲周、南和，广平之任城，赵之襄国、邯郸、易阳以益魏郡。

冬十月，公征孙权。

（建安）十八年（213年）春正月，进军濡须口，攻破权江西营，获权都督公孙阳，乃引军还。诏书并十四州，复为九州。夏四月，至邺。

五月丙申，天子使御史大夫郗虑持节策命公为魏公，曰：

“朕以不德，少遭愍凶，越在西土，迁于唐、卫。当此之时，若缀旒然，宗庙乏祀，社稷无位；群凶觊觎，分裂诸夏，率土之民，朕无获焉，即我高祖之命将坠于地。朕用夙兴假寐，震悼于厥心，曰‘惟祖惟父，股肱先正，其孰能恤朕躬？’乃诱天衷，诞育丞相，保乂我皇家，弘济于艰难，朕实赖之。今将授君典礼，其敬听朕命……”

建安十六年曹操在关中打败了马超与韩遂，并把他们赶出了关中，夏侯渊的部队进入关中。所以这是一场开疆拓土胜利班师的战争，这与赤壁之战兵败而归不同。建安十五年曹操的《明本志令》与《求贤令》及《从军吏士家室令》都是安抚内部矛盾和议论的，而建安十七年及十八年则是曹操取得军事胜利以后，比较趾高气扬的时候，所以士大夫中迎合讨好曹操的人多起来了，郗虑策命曹操为魏公的事，在十七年便已开始作舆论准备了，此事的实现是在十八年。十七年正月，汉献帝让曹操上朝谒见时，可以赞拜不名，是指曹操拜见时，赞礼的人在旁唱礼时，可以不呼曹操的名字，以示尊敬。入朝不趋，是朝见时，用不到快步趋前，以示对曹操的优礼。剑履上殿，指官员上殿前不必解剑脱履，这个案例在汉代是从萧何开始的。那是汉五年（前 202 年）刘邦在洛阳论功行封时，以萧何为第一，故“赐带剑履上殿，入朝不趋”（《汉书·萧何列传》）。这不只是礼仪上对曹操的优礼，实际上之所以如此，那是因为建安二年时，曹操见汉献帝，受不了那个礼仪的约束。《武帝纪》裴松之注引《世语》曰：“旧制，三公领兵入见，皆交戟叉颈而前。初，公将讨张绣，入觐天子，时始复此制，公自此不复朝见。”这一次礼仪上的改动，是东汉小朝廷又一次向曹操低头。扩大魏郡，把冀州所属的十郡划归魏郡，实际上是为曹操建魏国作准备，所以在建安十八年，才有天子让御史大夫郗虑策命曹操为魏公这件事。而这件事的酝酿和准备是在十七年，当时郗虑提出这一设想时，并没有得到当时多数士大夫的支持，荀彧当时就不赞成。《三国志·魏书·荀彧传》讲：“十七年，董昭等谓太祖宜进爵国公，九锡备物，以彰殊勋，密以谘彧。彧以为太祖本兴义兵以匡朝宁国，秉忠贞之诚，守退让之实；君子爱人以德，不宜如此。太祖由是心不能平。”荀彧是本着曹操《明本志令》的表述来看待曹操，他相信曹操没有“不逊之志”；另一方面，献帝是他建议迎来许都，他也不能就此把汉献帝卖了，故荀彧处于两难的境地。这里还有一笔老账，那就是建安五年曹操诛董承时，献帝是不满的，故伏后与其父的书信中流露了不满的情绪，荀彧看到过这个书信，把这件事给抹掉了，但曹操看到了这封书信，因此埋怨荀彧为什么不告诉他，留下后患。这件事曹操一直埋在心底，这也是曹操一直不去见汉献帝的原因之一。曹操与献帝之间的文书往返都是守尚书令的荀彧在操办，荀彧希望保全双方，但这不符合曹操的心意。裴松之在《三国志·魏书·荀彧传》注引《献帝春秋》时，云：

> 董承之诛，伏后与父完书，言司空杀董承，帝方为报怨。完得书以示彧，彧恶之，久隐而不言。完以示妻弟樊普，普封以呈太祖，太祖阴为之备。彧后恐事觉，欲自发之，因求使至邺，劝太祖以女配帝。太祖曰："今朝廷有伏后，吾女何得以配上，吾以微功见录，位为宰相，岂复赖女宠乎！"彧曰："伏后无子，性又凶邪，往常与父书，言辞丑恶，可因此废也。"太祖曰："卿昔何不道之？"彧阳惊曰："昔已尝为公言也。"太祖曰："此岂小事而吾忘之！"彧又惊曰："诚未语公邪！昔公在官渡与袁绍相持，恐增内顾之念，故不言尔。"太祖曰："官渡事后何以不言？"彧无对，谢阙而已。太祖以此恨彧，而外含容之，故世莫得知。至董昭建立魏公之议，彧意不同，欲言之于太祖。及赍玺书犒军，饮飨礼毕，彧留请间。太祖知彧欲言封事，揖而遣之，彧遂不得言。彧卒于寿春，寿春亡者告孙权，言太祖使彧杀伏后，彧不

从，故自杀。权以露布于蜀，刘备闻之，曰：“老贼不死，祸乱未已。”

裴松之认为《献帝春秋》这些故事不一定可靠，其中细节难免有人为编造的嫌疑，但是荀彧自杀的原因，应该是与他不赞成董昭他们提出的给曹操进爵为公的倡议有关。《三国志·魏书·荀彧传》继续说：“会征孙权，表请彧劳军于谯，因辄留彧，以侍中光禄大夫持节，参丞相军事。太祖军至濡须，彧疾留寿春，以忧薨，时年五十。”一般情况下，曹操外出征伐时，都是荀彧留守京城的，这次要荀彧到前线劳军，说明曹操已不放心荀彧了，荀彧以忧死，这个忧来源于与曹操之间的信任中断了，是否仰药而死，那就很难求证了。曹操进魏公，是荀彧死了以后，劝进的名单中，已没有荀彧了。

《三国志·魏书·武帝纪》刊载的建安十八年策命曹操为魏公的诏书，当然不可能是汉献帝自己写的，裴松之注称此文的作者是当时的尚书左丞潘勖的大作，勖字元茂，陈留中牟人，这个文章当然是给曹操歌功颂德的陈词滥调，所以我们也不多转载了。在这篇长文之后，裴松之还注引了曹操前后三让的谢书，这也是他人代笔的，所以才有人劝进。劝进中有名有姓的人物，若荀攸、钟繇、凉茂、毛玠、刘勋、刘若、夏侯惇、王忠、刘展、鲜于辅、程昱、贾诩、董昭、薛洪、董蒙、王粲、傅巽、王巽、王朗、张承、任潘、杜袭、曹洪、韩浩、曹仁、王图、万潜、谢奂、袁霸等，几乎包括了当时在朝的所有军政要员，其排名次序有没有根据，就不得而知了。那时荀彧已经去世，当然不会列入劝进的名单。事实上成就曹操统一北方事业的第一功臣应该是荀彧，那时的重大决策都有荀彧的谋略和策划，他对曹操的功绩不下于萧何对刘邦。荀彧坚持自己为人的名节，这一点还是最珍贵的。

（二十四）濡须口之战

曹操对东吴的讨伐，在西线采取守势，希望孙刘在荆州互斗，这样能坐享渔利。在东线由合肥而下，采取攻势，如果把孙权赶到江南，那么也能沿江而下，直逼石头城。故曹操在建安十七年十月，进军濡须口。濡须，是水名，是巢湖与长江之间的水道，濡须口是濡须水进长江的口子，如果曹军拿下濡须口，那么曹操的水师便能直接进入长江。濡须口的位置在柴桑与建业之间，孙权的政治中心，前期在柴桑，后来叫寻阳，现在叫九江，那是鄱阳湖水进入长江的口子。建业，原来叫秣陵，孙权以那里为政治中心，筑石头城，改名为建业，后来叫金陵，成为六朝的首都，也就是今天的南京。曹操这一次从合肥进攻濡须口，如果得手，那么进入长江的水师，向上可以攻柴桑，向东可以攻建业，使孙权防不胜防，很难集中兵力进行防御。孙权在这个地区的防御，接受了吕蒙的建议，在濡须水边筑濡须坞，截断这条水道的交通。《三国志·吴书·吕蒙传》称：“（吕蒙）从权拒曹公于濡须，数进奇计，又劝权夹水口立坞，所以备御甚精，曹公不能下而退。”裴松之注引《吴录》曰：“权欲作坞，诸将皆曰：‘上岸击贼，洗足入船，何用坞为？’吕蒙曰：‘兵有利钝，战无百胜，如有邂逅，敌步骑蹙人，不暇及水，其得入船乎？’权曰：‘善。’遂作之。”这个濡须坞，是水陆两用的城堡，故亦称濡须城，由于这个可以让船舶进出的坞是半月形的，似偃月，故又名偃月城，或偃月坞。孙权筑濡须坞是在建安十六至十七年间，曹操南下攻孙权，起于十七年的十月，正式交战应在十八年的正月，故《三国志·吴书·孙权传》系此事于建安十八年。其云：

> 正月，曹公攻濡须，权与相拒月余。曹公望权军，叹其齐肃，乃退。初，曹公恐江滨郡县为权所略，征令内移。民转相惊，自庐江、九江、蕲春、广陵户十余万皆东渡江，江西遂虚，合肥以南惟有皖城。

从《孙权传》的记载看，这一仗曹操并没有打好，裴松之注引《吴历》，叙述战争的过程，更具体细致一些，其云：

> 曹公出濡须，作油船，夜渡洲上。权以水军围取，

得三千余人，其没溺者亦数千人。权数挑战，公坚守不出。权乃自来，乘轻船，从濡须口入公军。诸将皆以为是挑战者，欲击之。公曰："此必孙权欲身见吾军部伍也。"敕军中皆精严，弓弩不得妄发。权行五六里，回还作鼓吹。公见舟船器仗军伍整肃，喟然叹曰："生子当如孙仲谋，刘景升儿子若豚犬耳！"权为笺与曹公，说："春水方生，公宜速去。"别纸言："足下不死，孤不得安。"曹公语诸将曰："孙权不欺孤。"乃彻军还。

又引《魏略》曰：

权乘大船来观军，公使弓弩乱发，箭著其船，船偏重将覆，权因回船，复以一面受箭，箭均船平，乃还。

这个故事后来在《三国演义》中，变成诸葛亮草船借箭了。而《三国志·魏书·武帝纪》则讲："攻破权江西营，获权都督公孙阳，乃引军还。"可见同一场战争，各讲各的，都只讲自己取得胜利的那部分，不讲自己失败的地方。所以观察历史事件，得多一点视角，才能慢慢体味出真相是什么样的。为什么称江西，因为长江在那个地段是东北走向，故自历阳到濡须口皆谓江西，而建业则被称为江东，此江西非今江西省之江西，它是在皖北合肥以南的几个郡。

这次曹操进攻濡须口没有达到预定的目的，其中一个重要原因是曹军在这个地区缺乏当地群众支持这个最基本的社会基础。曹操在四月间自合肥还邺，与蒋济有一段对话。《三国志·魏书·蒋济传》云：

明年使于谯，太祖问济曰："昔孤与袁本初对官渡，徙燕、白马民，民不得走，贼亦不敢钞。今欲徙淮南民，何如？"济对曰："是时兵弱贼强，不徙必失之。自破袁绍，北拔柳城，南向江、汉，荆州交臂，威震天下，民无他志。然百姓怀土，实不乐徙，惧必不安。"太祖不从，而江、淮间十余万众，皆惊走吴。后济使诣邺，太祖迎见大笑曰："本但欲使避贼，乃更驱尽之。"拜济丹阳太守。

蒋济第一次在谯见曹操，应在建安十四年末，曹操与他议论要不要徙迁淮南民众的问题，蒋济是不赞成这样做的，但曹操还是强制迁徙江淮民众北上，结果失败了。江淮间十余万家反而逃亡到江东，投奔孙权而去，那么这次迁徙的事件应发生在建安十五年到十六年间。蒋济再一次在邺见曹操，再议论这次强制迁徙江淮间民户的问题，那是在建安十八年的四月，曹操自濡须回邺的时候，这次曹操承认大规模强制移民的政策失败了，反而帮了孙权的忙。为什么那时候要强制迁移民众？因为中原地区战乱以后土地荒芜，人口稀少，有土地没有民众，那时的办法就是把逃难出去的民众再迁回来，有民斯有土，否则的话，国将不成其国，这是从统治者的视角看问题。从民众看，在农耕为主的条件下，他们是安土重迁，在一个地区定居下来了，你要强迫他迁徙，他反而逃之夭夭，十多万户江淮的民众跑到孙权那儿去了。在这个背景下，建安十八年他在濡须口这一仗，很难得到当地民众的支持，只能是打了几个月无功而返。这个地区势必成为曹操与孙权两股力量相持的地方。江淮之间成为孙权与曹操这两股力量反复拉锯之地，如《三国志·魏书·武帝纪》所载在建安十九年（214年）七月，曹操征孙权，还是无功而返，至建安二十年八月，孙权乘曹操西征张鲁之际，出兵围合肥，张辽、李典击破之。这个地区你来我往，战乱不止，苦了当地的百姓。

（二十五）刘备入主益州及其性格特征

刘备是建安十六年应刘璋邀约进川的，产生这个动议的起因是曹操要进关中讨伐张鲁，于是刘璋派张松去曹操那儿，张松受到了冷淡，回程时经过荆州，受到了刘备热情的接待，了解了赤壁之战曹操从荆州撤退的状况，认为刘备与刘璋同属宗室，如能破鲁，则益州强。而刘璋派去接应刘备的是法正，张松是益州别驾，法正是益州的军议校尉，这两个人在刘璋那儿都不甚得意，感到刘璋这个人不会有所作为，故都转而投靠刘备了。那个动乱的时期，君择臣，臣亦择君，会选择有作为又有希望的君王去投靠，刘备进了益州以后，张松与法正便成了刘备入主益州的向导了。《三国志·蜀书·先主传》云：

> 张松令法正白先主，及谋臣庞统进说，便可于会所袭璋。先主曰："此大事也，不可仓卒。"璋推先主行大司马，领司隶校尉；先主亦推璋行镇西大将军，领益州牧。璋增先主兵，使击张鲁，又令督白水军。先主并军三万余人，车甲器械资货甚盛。是岁，璋还成都。先主北到葭萌，未即讨鲁，厚树恩德，以收众心。
>
> 明年，曹公征孙权，权呼先主自救。先主遣使告璋曰："曹公征吴，吴忧危急。孙氏与孤本为唇齿，又乐进在青泥与关羽相拒，今不往救羽，进必大克，转侵州界，其忧有甚于鲁。鲁自守之贼，不足虑也。"乃从璋求万兵及资实，欲以东行。璋但许兵四千，其余皆给半。张松书与先主及法正曰："今大事垂可立，如何释此去乎！"松兄广汉太守肃，惧祸逮己，白璋发其谋。于是璋收斩松，嫌隙始构矣。璋敕关戍诸将文书勿复关通先主。先主大怒，召璋白水军督杨怀，责以无礼，斩之。乃使黄忠、

卓膺勒兵向璋。先主径至关中，质诸将并士卒妻子，引兵与忠、膺等进到涪，据其城。璋遣刘璝、冷苞、张任、邓贤等拒先主于涪，皆破败，退保绵竹。璋复遣李严督绵竹诸军，严率众降先主。先主军益强，分遣诸将平下属县，诸葛亮、张飞、赵云等将兵溯流定白帝、江州、江阳，惟关羽留镇荆州。先主进军围雒；时璋子循守城，被攻且一年。

十九年夏，雒城破，进围成都数十日，璋出降。

刘备要进占益州，实际上早有预谋，周瑜也想进益州，只是碍于刘备在荆州，没有刘备的配合，是没有通道可以进入益州的。刘备进益州以后，取代刘璋成为益州牧，称蜀王，也只是时间问题。当时益州的政治重心在成都，刘备与刘璋相会以后，刘璋给兵给车甲器械，北到葭萌关，即今之广元，在那里发展自己的势力，待机而动。那时曹操在濡须与孙权相持，关羽与乐进在荆州相持，于是以此为借口，向刘璋要兵要给养，以便回师救荆州援孙权。实际上这是向刘璋要兵要粮，扩大自己在益州势力的借口。但张松反而信以为真，写信劝他不能离开益州，这信为刘璋截获，刘璋杀张松，那么刘备与刘璋之间的矛盾就公开化了。刘备那儿是有备而来，刘璋自上至下，都没有这方面的思想准备。刘备自广元进军涪，即今之绵阳，成都外围可守之地只有绵竹和雒城，一旦雒城失守，成都便成了孤城，而诸葛亮带了张飞、赵云沿江而上，取白帝、江州、江阳。江州即今之重庆，江阳即今之泸州，成都便没有后方可言了。雒城失守，那么刘璋除了投降以外别无出路。这就是建安十六年到建安十九年刘备入主益州的过程。刘备在益州的工作班子，无非是两部分人，一部分自荆州入益州他原来的工作班子，一套是刘璋原来的工作班子，自法正起，包括董和、黄权、李严、吴壹、费观，都一一作了安排，这样刘备在益州才有了一块比较稳定的地盘，作为自己进一步发展的根据地。

从刘备的经历看，曹操属官赵戬称他“拙于用兵，每战则败，奔亡不暇”（《先主传》裴松之注引《傅子》），即使如此，还是有一帮子心腹，团结在他周围。他在性格上与曹操不同，曹操尚智谋，刘备尚信义。建安十二年，刘备获悉曹操进军荆州，刘琮准备降曹时，诸葛亮劝说刘备攻琮，荆州可有，刘备说：“吾不忍也。”刘备逃难时，“琮左右及荆州人多归先主。比到当阳，众十余万，辎重数千两，日行十余里，……或谓先主曰：‘宜速行保江陵，今虽拥大众，被甲者少，若曹公兵至，何以拒之？’”刘备的回答是：“夫济大事必以人为本，今人归吾，吾何忍弃去！”又如到了益州，张松、法正他们建议乘与刘璋相会时袭取之，刘备说：“此大事也，不可仓卒。”从这些话可知刘备以忠义取信于人，与曹操靠谋略取胜不同。罗贯中的《三国演义》所演述的是一个“义”字，以忠义为主题思想，曹操以谋略取胜自然成为奸雄的形象。曹操在《让县自明本志令》中说自己没有“不逊之志”，这个话又对，又不完全对，不能说曹操一开始就有“不逊之志”，因为曹操不是一开始便有那么大的野心，不是如项羽那样，在会稽见到秦始皇南巡便说“彼可取而代之”；也不是如刘邦在咸阳看到秦始皇那个威风和排场，便讲“大丈夫当如此”。曹操迎汉献帝都许，是出于利益上的考虑，因为这样可以挟天子以令诸侯。在曹操心目中，汉献帝不过是他手中的一个工具而已，他并没有要忠于东汉小朝廷，天下是靠他自己打出来的嘛！曹操说过：“任天下之智力，以道御之，无所不可。”曹操注《孙子兵法》，而《孙子兵法》的要点便是“兵不厌诈”，故“忠义”两字在曹操心目中是没有地位的。曹操这些信念，与坚持儒家传统观念的士大夫是背离的，所以孔融他们会一而再再而三地与曹操唱反调。

曹操不稀罕德行，崔琰是冀州士大夫的领袖人物，这些人崇尚的却是德行，曹操授他为丞相府东曹掾，授命的命令称他：“君有伯夷之风，史鱼之直，贪夫慕名而清，壮士尚称而厉，斯可以率时者已。故授东曹，往践厥职。”（《三国志·魏书·崔琰传》）从这份任命崔琰的命令，可知他是一个崇尚德行的人，有汉末士大夫讲究名节的遗风，而这个宗旨与曹操崇智谋、“任天下之智力”的观念，以及其《求贤令》的观念是背道而驰的。崔琰荐钜鹿杨训，称其：“虽才好不足，而清正守道。”这与曹操“唯才是举”是相反的，有人为此攻杨训及崔琰，崔给杨的信中说：“省表事佳耳！时乎时乎，会当有变时。”这为他人提供揭发检举崔琰有怨谤之意的把柄，曹操把“会当有变时”这句话理解为讥讽他有“不逊”之意，于是罚崔琰为徒隶，使人视之，琰辞色不挠，于是曹操下令曰：“琰虽见刑，而通宾客，门若市人，对宾客虬须直视，若有所瞋。”（《三国志·魏书·崔琰传》）于是赐琰死。崔琰与曹操政见不同，又显得不屈不挠，所以注定了崔琰在曹操手下，只能以悲剧结束。

从曹操与刘备两个人性格上的差异，可知曹操当时占优势，他是胜利者，但从长远的历史时期，在传统观念占支配地位的士大夫中，刘备的性格反而占优势。以蜀汉为正统，以曹操为奸雄，自有其历史的社会基础。当然从历史的各个阶段讲，群雄角逐的时代，曹操的历史地位稍高一些，相对稳定或者偏安一隅时，刘备在思想界的地位又稍高一些。说到底还是曹操在《论吏士行能令》结尾的两句话：“治平尚德行，有事赏功能。”实际上刘备也不是不讲权谋，他身边的诸葛亮便是讲权谋的一个人，只是忠义色彩涂得多一些罢了。曹操用人也不是不管白猫黑猫，只要能抓到老鼠的就是好猫，也要忠于他的猫才是好猫，即这只猫必须替他的主子抓鼠，不是给别的主子去抓鼠，故德行与才能又是互补的。

（二十六）魏国公礼仪上的升级与汉皇后伏氏的结局

从建安十八年汉献帝封曹操为魏公起，到建安二十二年这三四年间，有一个奇特的现象，用汉献帝的名义，曹操的礼遇不断提升，与天子并驾，同时在这个过程中，汉献帝的实际境遇越来越糟。士大夫中对此有不同的反映，有不以为然者，有公然反抗者。曹操对他人议论的忌讳很多，“不逊之志”成了最忌讳的东西，因此而对士大夫的手段更狠毒一些。当然，也有不少人不断地给曹操劝进。曹操的心态在这个过程中也在变化，建安十三年时，他对士大夫们的议论，还抱着容忍和解释的态度，这表现在他那一年末的《明本志令》中，力图撇清自己有任何“不逊之志”。到了这个时候，凡涉及他“不逊之志”的，那就犯他的最大忌讳了。这里有两种情况，一是曹操自己心态在变化，因为他确有“不逊之志”，想取汉而代之，但又忌讳别人言及他有这种心态。另一方面，是那些劝进者利用他这种心态，不断地借此陷害他人以提高自己的身价。这两种因素促成了许多悲剧的发生。曹操希望这个取汉而代之的过程是在合理合法的情况下形成既定的格局，而最终则由其继承人去完成这件事。说到底是遮遮掩掩地为自己推进“不逊之志”，尽量想使人们有一个这是自然而然的感觉，这又怎么可能呢？西洋镜终究是要拆穿的啊！天下是他打出来的，最终还落了一个奸雄的恶名，说来也冤，这是他扭扭捏捏的结果，反而使当时许多人为此付出生命的代价。在这一点上，曹操反而不如刘邦与项羽那样光明磊落。故曹丕演的那场禅让大戏只能使人感到滑稽可笑，而且被晋与南朝宋、齐、梁、陈照搬不误，作为改朝换代的一块遮羞布。下面我们具体分别交代事件的过程。

《三国志·魏书·武帝纪》云：

> （建安十八年）秋七月，始建魏社稷宗庙。天子聘公三女为贵人，少者待年于国。九月，作金虎台，凿渠引漳水入白沟以通河。冬十月，分魏郡为东西部，置都尉。十一月，初置尚书、侍中、六卿。

这实际上是魏建立朝廷的政府机构，以取代东汉小朝廷的行政机构。裴松之注引《魏氏春秋》曰："以荀攸为尚书令，凉茂为仆射，毛玠、崔琰、常林、徐奕、何夔为尚书，王粲、杜袭、卫觊、和洽为侍中。"

> （建安十九年）三月，天子使魏公位在诸侯王上，改授金玺，赤绂、远游冠。
>
> ……
>
> 十二月，公至孟津。天子命公置旄头，宫殿设钟虡。乙未，令曰："夫有行之士未必能进取，进取之士未必

能有行也。陈平岂笃行，苏秦岂守信邪？而陈平定汉业，苏秦济弱燕。由此言之，士有偏短，庸可废乎！有司明思此义，则士无遗滞，官无废业矣。”

此令从思想上讲与曹操在建安八年的《论吏士行能令》、建安十三年的《求贤令》应该说是一致的，但在这个时候颁布这条令，就不仅仅是取士之标准问题，实际上是为自己不守信和无行作辩解了。

《三国志·魏书·武帝纪》云：

二十年春正月，天子立公中女为皇后。

二十一年（216年）春二月，公还邺。三月壬寅，公亲耕籍田。夏五月，天子进公爵为魏王。

自建安十八年曹操为魏公建魏国起，到二十一年夏五月称魏王为止，曹操虽尚未废汉自立魏朝，实际上已享有天子的所有礼仪。权力都在曹操手上，汉献帝不过是一个傀儡，所有提高曹操礼仪的诏命，都是曹操的人在执笔借用汉献帝的名义罢了。而且这个过程中曹操也不断罢除东汉小朝廷一起过来的成员，包括汉献帝宠爱的后妃董贵人早在建安五年便被杀了。那时汉献帝的伏皇后给其父亲的书信中流露不满情绪，还有荀彧能帮她遮掩。荀彧死后，没有人再能保护她了，曹操要自己的女儿进宫去监视汉献帝，当然要先去除伏后，才能让自己的第二个女儿做汉献帝的皇后。

《三国志·魏书·武帝纪》云：

> （建安十九年）十一月，汉皇后伏氏坐昔与父故屯骑校尉完书，云帝以董承被诛怨恨公，辞甚丑恶，发闻，后废黜死，兄弟皆伏法。

这件事是旧案重提，伏后的父亲已死，此事曹操早就知道了，荀彧已为这封信付出了代价，这时重提此案，废黜伏后，是为曹操女儿进宫为后腾出位置，这是腾笼换鸟。裴松之在此处注引《曹瞒传》曰：

> 公遣华歆勒兵入宫收后，后闭户匿壁中。歆坏户发壁，牵后出。帝时与御史大夫郗虑坐，后被发徒跣过，执帝手曰："不能复相活邪？"帝曰："我亦不自知命在何时也。"帝谓虑曰："郗公，天下宁有是邪！"遂将后杀之，完及宗族死者数百人。

曹操这个做法，极其残忍。他不杀汉献帝，因为留着他这个摆设，对曹操有利，他要做的是让汉献帝没有回手的余地。实际上东汉小朝廷的残余力量还是有反抗的，事见于建安二十三年（218年）的春正月，《三国志·魏书·武帝纪》云：

二十三年春正月，汉太医令吉本与少府耿纪、司直韦晃等反，攻许，烧丞相长史王必营，必与颍川典农中郎将严匡讨斩之。

丞相长史王必，曹操称其：“是吾披荆棘时吏也，忠能勤事，心如铁石，国之良吏也。”这次事变的过程，裴松之注引《三辅决录》注文曰：

时有京兆金祎字德祎，自以世为汉臣，自日磾讨莽何罗，忠诚显著，名节累叶。睹汉祚将移，谓可季兴，乃喟然发愤，遂与耿纪、韦晃、吉本、本子邈、邈弟穆等结谋。纪字季行，少有美名，为丞相掾，王甚敬异之，迁侍中，守少府。邈字文然，穆字思然，以祎慷慨有日磾之风，又与王必善，因以间之，若杀必，欲挟天子以攻魏，南援刘备。时关羽强盛，而王在邺，留必典兵督许中事。文然等率杂人及家僮千余人夜烧门攻必，祎遣人为内应，射必中肩。必不知攻者为谁，以素与祎善，走投祎，夜唤德祎，祎家不知是必，谓为文然等，错应曰："王长史已死乎？卿曹事立矣！"必乃更他路奔。一曰：必欲投祎，其帐下督谓必曰："今日事竟知谁门而投入乎？"扶必奔南城。会天明，必犹在，文然等众散，故败。后十余日，必竟以创死。

从这件事的发起者金祎、耿纪看，他们都是以世为汉臣自居，斗争的矛盾是对着曹操，当时曹操在邺，许昌兵力薄弱，吉本与耿纪的起事，是利用这样的机会，想恢复东汉这个小朝廷，结果失败了。它反映了东汉小朝廷还有一部分士大夫惦记着他们的故主。从另一方面看，曹操对士大夫反映他心怀"不逊之志"的种种表现，都保持高度戒心。他逼崔琰自杀便是这种心理的表现，崔琰只是在给杨训的信中讲了"时乎时乎，会当有变时"，曹操认为这是讥刺他有"不逊之志"，其实这是曹操的阿Q精神，头上长了癞疤，还对别人的风言风语多心。《三国志·魏书·崔琰传》裴松之注引《魏略》曰：

太祖以为琰腹诽心谤，乃收付狱，髡刑输徒。前所白琰者又复白之云："琰为徒，虬须直视，心似不平。"时太祖亦以为然，遂欲杀之。乃使清公大吏往经营琰，敕吏曰：“三日期消息。”琰不悟，后数日，吏故白琰平安。公忿然曰：“崔琰必欲使孤行刀锯乎！”吏以是教告琰，琰谢吏曰：“我殊不宜，不知公意至此也！”遂自杀。

可见崔琰的自杀是被逼着非如此不可，荀彧的自杀恐怕也是如此。崔琰死了以后，毛玠为其鸣不平，当时告密之风盛行，《三国志·魏书·毛玠传》云：

崔琰既死，玠内不悦。后有白玠者：“出见黥面反者，其妻子没为官奴婢，玠言曰‘使天不雨者盖此也’。”太祖大怒，收玠付狱。

接着又有和洽为毛玠鸣屈，《三国志·魏书·和洽传》云：

后有白毛玠谤毁太祖，太祖见近臣，怒甚。洽陈玠素行有本，求案实其事。罢朝，太祖令曰：“今言事者白玠不但谤吾也，乃复为崔琰觖望。此损君臣恩义，妄为死友怨叹，殆不可忍也。昔萧、曹与高祖并起微贱，致功立勋。高祖每在屈笮，二相恭顺，臣道益彰，所以祚及后世也。和侍中比求实之，所以不听，欲重参之耳。”

洽对曰："如言事者言，玠罪过深重，非天地所覆载，臣非敢曲理玠以枉大伦也。以玠出群吏之中，特见拔擢，显在首职，历年荷宠，刚直忠公，为众所惮，不宜有此。然人情难保，要宜考核，两验其实。今圣恩垂含垢之仁，不忍致之于理，更使曲直之分不明，疑自近始。"太祖曰："所以不考，欲两全玠及言事者耳。"洽对曰："玠信有谤上之言，当肆之市朝；若玠无此，言事者加诬大臣以误主听；二者不加检核，臣窃不安。"太祖曰："方有军事，安可受人言便考之邪？"

这件事后来没有追究，毛玠则免黜终于家，他比崔琰幸运。而告发毛玠不满曹操的是丁仪，《通鉴·汉纪五十九》系此事于建安二十一年，其云：

是时西曹掾沛国丁仪用事，玠之获罪，仪有力焉；群下畏之侧目。尚书仆射何夔及东曹属东莞徐奕独不事仪，仪谮奕，出为魏郡太守，赖桓阶左右之得免。尚书傅选谓何夔曰："仪已害毛玠，子宜少下之。"夔曰："为不义，适足害其身，焉能害人！且怀奸佞之心，立于明朝，其得久乎！"

后来丁仪的结局也不好，曹丕转任他为刺奸掾，要他自裁，他不敢自杀，结果付狱杀之。如崔琰、毛玠、和洽、丁仪这类人物的遭际，在我们心目中似曾相识，在特定条件下，便会产生这样的特定人物，特定的场景，特定的心理过程，产生特定的历史悲剧。而且这样的悲剧，只是角色的演员不断变更，而剧情还是古老的，没有太大的变化，留下耐人寻味的为人之道，往往是常演常新。

（二十七）曹操攻张鲁，汉中得而复失

曹操早在建安十六年就准备从河东调夏侯渊的军队与钟繇一起，自关中讨伐汉中的张鲁，但这个计划惊动了关中诸将，引起关中马超与韩遂的对抗，所以曹操不得不先平定关中的战乱。马超与韩遂退到凉州，夏侯渊又不得不首先打击凉州的马超与韩遂，马超兵败退至汉中，投奔张鲁，又自张鲁转而投奔益州的刘备。夏侯渊、张郃他们的军队平定河西诸羌，陇右才算安顿下来，这样到建安二十年，曹操才能腾出手来解决汉中张鲁的问题。

《三国志·魏书·武帝纪》云：

> 三月，公西征张鲁，至陈仓，将自武都入氐；氐人塞道，先遣张郃、朱灵等攻破之。夏四月，公自陈仓以

出散关，至河池。氐王窦茂众万余人，恃险不服，五月，公攻屠之。西平、金城诸将麹演、蒋石等共斩送韩遂首。秋七月，公至阳平。张鲁使弟卫与将杨昂等据阳平关，横山筑城十余里，攻之不能拔，乃引军还。贼见大军退，其守备解散。公乃密遣解慓、高祚等乘险夜袭，大破之，斩其将杨任，进攻卫，卫等夜遁，鲁溃奔巴中。公军入南郑，尽得鲁府库珍宝。巴、汉皆降。

讨伐张鲁，阳平一仗最为关键，曹操胜得很险，也带有很大的偶然性。《三国志·魏书·张鲁传》裴松之注引《魏名臣奏》载董昭表曰：

武皇帝承凉州从事及武都降人之辞，说张鲁易攻，阳平城下南北山相远，不可守也，信以为然。及往临履，不如所闻，乃叹曰："他人商度，少如人意。"攻阳平山上诸屯，既不时拔，士卒伤夷者多。武皇帝意沮，便欲拔军截山而还，遣故大将军夏侯惇、将军许褚呼山上兵还。会前军未还，夜迷惑，误入贼营，贼便退散。侍中辛毗、刘晔等在兵后，语惇、褚，言"官兵已据得贼要屯，贼已散走"。犹不信之。惇前自见，乃还白武皇帝，进兵定之，幸而克获。此近事，吏士所知。

曹操本来已准备撤军，因阳平关一战打得很艰难，既不时拔，士卒伤夷者多，下达的是撤军的命令，而夜间自山上撤军的士兵误入张卫的军营，使张卫守军溃散而险胜。领兵的夏侯惇与许褚还不信，可见这次胜利得来全属偶然。对张鲁而言，阳平关失守，汉中的首府南郑便无险可守了。《三国志·魏书·张鲁传》云：

> 鲁闻阳平已陷，将稽颡归降，（阎）圃又曰："今以迫往，功必轻；不如依杜濩赴朴胡相拒，然后委质，功必多。"于是乃奔南山入巴中。左右欲悉烧宝货仓库，鲁曰："本欲归命国家，而意未达。今之走，避锐锋，非有恶意。宝货仓库，国家之有。"遂封藏而去。太祖入南郑，甚嘉之。又以鲁本有善意，遣人慰喻。鲁尽将家出，太祖逆拜鲁镇南将军，待以客礼，封阆中侯，邑万户。

张鲁退巴中时，实际上已无路可退了，巴中已在刘备掌控之下，刘备遣黄权将兵迎张鲁。《通鉴·汉纪五十七》系此事于建安二十年九月，称："巴、宾夷帅朴胡、杜濩、任约，各举其众来附。于是分巴郡，以胡为巴东太守，濩为巴西太守，约为巴郡太守。"故张鲁退巴中时，巴中已有归属，对张鲁而言，是归刘备还是归曹操的问题。张鲁选择了曹操，曹操当然比刘备在益州的力量强大得多。而黄权曾对刘备说："若失汉中，则三巴不振，此为割蜀之股臂也。"（《三国志·蜀书·黄权传》）故对蜀汉而言，汉中是必争之地。

曹操占领汉中以后，《通鉴·汉纪五十七》载司马懿曾向曹操建议："刘备以诈力虏刘璋，蜀人未附，而远争江陵，此机不可失也。今克汉中，益州振动，进兵临之，势必瓦解。圣人不能违时，亦不可失时也。"曹操的回答是："人苦无足，既得陇，复望蜀邪！"曹操之所以没有听从司马懿的建议，是因阳平一战，胜得太险，那时曹操军队死伤已重，粮运不继，已准备撤军。继续向前，地形、人事情况不熟，组织一场新的大规模进攻，不是那么容易的事，只要把张鲁问题解决了，把汉中地区稳定下来就行了。稳定一个新区，再做从长计议。赤壁之战的失败，便是因拿下荆州以后，匆忙准备灭吴，结果在赤壁吃了大亏。故曹操对汉中地区持保守的方针。《后汉书·杨修传》讲：

> 操自平汉中，欲因讨刘备而不得进，欲守之又难为功，护军不知进止何依。操于是出教，唯曰"鸡肋"而已。外曹莫能晓，修独曰："夫鸡肋，食之则无所得，弃之则如可惜，公归计决矣。"乃令外白稍严，操于此回师。

大军东撤，留下一部分军队守汉中，把原来汉中的军队撤一部分到关中和关东去；那时关中人口稀少，土地空旷。其实这一个保守持稳的政策，反而导致曹操连汉中也守不住。于是曹操率大军东返，留夏侯渊为都护将军，督张郃、徐晃等守汉中，以丞相长史杜袭为驸马都尉，留督汉中事。袭导汉中百姓迁洛、邺者八万余口，这样大规模迁出汉中人口，势必把汉中掏空，引起民众的动荡不定，反而动摇了曹操在汉中统治的基础。夏侯渊在曹操那儿是一员勇将，在河东、陇西、关中都打过不少胜仗，但作战不能光凭勇敢啊！曹操曾经对他说过："为将当有怯弱时，不可但恃勇也。将当以勇为本，行之以智计；但知任勇，一匹夫敌耳！"（《三国志·魏书·夏侯渊传》）这个话还是有道理的。当时曹操在汉中的统治并不稳定，因为他不仅迁徙汉中人口，去洛、邺以加强自己的根据地，而且迁徙关中的军队到汉中去，那时的军队都是部曲兵，拖家带口，远离故土，势必引起动荡。《三国志·魏书·赵俨传》称：

时被书差千二百兵往助汉中守，（殷）署督送之。行者卒与室家别，皆有忧色。署发后一日，俨虑其有变，乃自追至斜谷口，人人慰劳，又深戒署。还宿雍州刺史张既舍。署军复前四十里，兵果叛乱，未知署吉凶。而俨自随步骑百五十人，皆与叛者同部曲，或婚姻，得此问，各惊，被甲持兵，不复自安。俨欲还，既等以为"今本营党已扰乱，一身赴之无益，可须定问”。俨曰：“虽疑本营与叛者同谋，要当闻行者变，乃发之。又有欲善不能自定，宜及犹豫，促抚宁之。且为之元帅，既不能安辑，身受祸难，命也。”遂去。行三十里止，放马息，尽呼所从人，喻以成败，慰励恳切。皆慷慨曰：“死生当随护军，不敢有二。”前到诸营，各召料简诸奸结叛者八百余人，散在原野，惟取其造谋魁率治之，余一不问。郡县所收送，皆放遣，乃即相率还降。俨密白：“宜遣将诣大营，请旧兵镇守关中。”太祖遣将军刘柱将二千人，当须到乃发遣，而事露，诸营大骇，不可安喻。俨谓诸将曰：“旧兵既少，东兵未到，是以诸营图为邪谋。若或成变，为难不测。因其狐疑，当令早决。”遂宣言当差留新兵之温厚者千人镇守关中，其余悉遣东。便见主者，内诸营兵名籍，案累重，立差别之。留者意定，与俨同心。其当去者亦不敢动，俨一日尽遣上道，因使所留千人，分布罗落之。东兵寻至，乃复胁喻，并徙千人，令相及共东，凡所全致二万余口。

这一次也是险着，差一点酿成兵变。被差往汉中的是原韩遂、马超的部曲兵，由殷署率领。赵俨是关中护军，殷署带的往汉中的军队哗变，而这次兵变能避免，一是靠赵俨作为前方统帅，敢于冒险到第一线与士兵直接沟通缓解矛盾；二是采取首恶必惩、胁从不问，使多数人情绪稳定下来，从而避免了一次兵变。民众发生群体性事件还好办，军队发生这类事就难办了，他们是有组织的，手中有兵器。这一次赵俨能犯险果断处理实是一次成功的经验。当关东兵进入这个地区，控制局面以后，再外徙的士兵及家属达两万余口，脱离了关中与汉中原居住人口，那么曹操在那儿的军队，实际上脱离了当地群众的支持，靠孤立的关东的军队，要守住汉中就难了。

帮助刘备决策取汉中的，是法正。《三国志·蜀书·法正传》云：

> 二十二年，正说先主曰："曹操一举而降张鲁，定汉中，不因此势以图巴、蜀，而留夏侯渊、张郃屯守，身遽北还，此非其智不逮而力不足也，必将内有忧逼故耳。今策渊、郃才略，不胜国之将帅，举众往讨，则必可克。克之之日，广农积谷，观衅伺隙，上可以倾覆寇敌，尊奖王室，中可以蚕食雍、凉，广拓境土，下可以固守要害，为持久之计。此盖天以与我，时不可失也。"先主善其策，乃率诸将进兵汉中，正亦从行。

这次进行汉中的战役决策者法正，他对曹操的分析是对的。曹操的军队经过关中、陇西这两场战争以后，再打汉中，军队需要休整。另一个原因是孙权攻合肥那里张辽、李典的军队，不能两面作战，这就给刘备进攻汉中提供了战机。这次是刘备亲自统率蜀中军队的主力进军汉中，故进军的统帅是刘备，功劳最大的是黄忠，在定军山一役杀死夏侯渊，灭了曹军的威风。《三国志·蜀书·先主传》叙其事经过云：

> 二十三年，先主率诸将进兵汉中。分遣将军吴兰、雷铜等入武都，皆为曹公军所没。先主次于阳平关，与渊、郃等相拒。
>
> 二十四年春，自阳平南渡沔水，缘山稍前，于定军山势作营。渊将兵来争其地。先主命黄忠乘高鼓噪攻之，大破渊军，斩渊及曹公所署益州刺史赵颙等。曹公自长安举众南征。先主遥策之曰："曹公虽来，无能为也，我必有汉川矣。"及曹公至，先主敛众拒险，终不交锋，积月不拔，亡者日多。夏，曹公果引军还，先主遂有汉中。

《三国志·蜀书·黄忠传》称黄忠原是刘表部将，后来从刘备，随刘备入蜀；定军山的位置，便在阳平关以西，是进入汉中南郑的交通咽喉，成为双方必争之地。其云：

> 建安二十四年，于汉中定军山击夏侯渊。渊众甚精，

忠推锋必进，劝率士卒，金鼓振天，欢声动谷，一战斩渊，渊军大败。迁征西将军。

这次战役的过程，曹操一方亦有记载。《三国志·魏书·夏侯渊传》云：

太祖西征张鲁，渊等将凉州诸将侯王已下，与太祖会休亭。太祖每引见羌、胡，以渊畏之。会鲁降，汉中平，以渊行都护将军，督张郃、徐晃等平巴郡。太祖还邺，留渊守汉中，即拜渊征西将军。二十三年，刘备军阳平关，渊率诸将拒之，相守连年。二十四年正月，备夜烧围鹿角。渊使张郃护东围，自将轻兵护南围。备挑郃战，郃军不利。渊分所将兵半助郃，为备所袭，渊遂战死。

夏侯渊一死，汉中诸军失去统帅，由张郃主动挑起统帅之责，《三国志·魏书·张郃传》云：

太祖征张鲁，先遣郃督诸军讨兴和氐王窦茂。太祖从散关入汉中，又先遣郃督步卒五千于前通路。至阳平，鲁降，太祖还，留郃与夏侯渊等守汉中，拒刘备。郃别督诸军，降巴东、巴西二郡，徙其民于汉中。进军宕渠，为备将张飞所拒，引还南郑。拜荡寇将军。刘备屯阳平，郃屯广石。备以精卒万余，分为十部，夜急攻郃。郃率亲兵搏战，备不能克。其后备于走马谷烧都围，渊救火，从他道与备相遇，交战，短兵接刃。渊遂没，郃还阳平。当是时，新失元帅，恐为备所乘，三军皆失色。渊司马郭淮乃令众曰：“张将军，国家名将，刘备所惮；今日事急，非张将军不能安也。”遂推郃为军主。郃出，勒兵安陈，诸将皆受郃节度，众心乃定。太祖在长安，遣使假郃节。太祖遂自至汉中，刘备保高山不敢战。太祖乃引出汉中诸军，郃还屯陈仓。

夏侯渊战死，前线的军队靠张郃稳住，然后曹操由长安再入汉中，与刘备相持在汉中，终因军队损失太大，粮运不继，曹操只能承认这次进军汉中的战役失败，虽然张鲁投降了，而汉中这块地盘却留给刘备了。对曹操而言，汉中是得而复失；对刘备而言，拥有汉中这块地盘，益州这个地区便有了抵御曹军的屏障。曹操在邺称魏王，刘备便在汉中称汉王了。曹操在汉中得而复失的教训，是因为占领这块地盘以后，不安顿好这个地区的百姓生活，笼络好这里的地方实力派和士大夫领袖，那在这个地区单纯依靠军事力量，是靠不住的。刘备入主益州的措施便比曹操高明得多。

七、曹操之死及其诸子之间的关系

（二十八）父子兄弟之间——曹操与曹丕、曹植

我想先讲一下曹操的家庭生活，曹操有记载可查的儿子共有二十五个，在武帝世诸王传是讲二十五男，数一下名字只有二十三人，从其他记载看，还有其他儿子。除了儿子以外，他有多少个女儿那就没有具体记载，从文字记载看他确也有一些女儿，估算一下，他的子女至少在三十到四十左右。这么多小孩子，对曹操而言实在也是一个苦恼事，有多少夫人生这么多儿子呢？武帝世诸王传记载生子之诸夫人有十三位，地位有高低，地位高的称夫人、昭仪，地位低的称姬，一家子那么多妻妾，如何相处，曹操的家庭生活也实在是一件苦恼事。曹操临终时，最放不下的是少妻与少子。陆机的《吊魏武文》中讲到曹操临终时，曾对着

曹植“持姬女而指季豹，以示四子曰：‘以累汝。’”陆机是西晋初年的人，离曹操的时代不远，此语当可信。姬女，指他的女儿高神公主；季豹，是沛王豹，季是末梢头儿子；四子，是指曹丕、曹彰、曹植、曹熊四人，皆是卞皇后所生。这句话的意思是曹操拉着小女儿，指着未成年的季豹，对曹植他们说你们四个人，今后要好好照料这两个小弟小妹，让你们辛苦了。儿女太多了，少妻幼子，在他死的时候放不下啊！托付给自己成年的儿子照料他们，这个托付可靠吗？靠不住。即使是同母所生，曹丕与曹彰、曹植之间，都如仇人一般钩心斗角，何况非同母所生呢？环夫人所生的曹冲，史称其：“少聪察岐嶷，生五六岁，智意所及，有若成人之智。时孙权曾致巨象，太祖欲知其斤重，访之群下，咸莫能出其理。冲曰：‘置象大船之上，而刻其水痕所至，称物以载之，则校可知矣。’太祖大悦，即施行焉。”这个小孩子聪明，“太祖数对群臣称述，有欲传后意。年十三，建安十三年疾病，太祖亲为请命。及亡，哀甚。文帝宽喻太祖，太祖曰：‘此我之不幸，而汝曹之幸也。’言则流涕”（《三国志·魏书·邓哀王冲传》）。可见兄弟之间的亲情，早被王位继承权的竞争对手的关系所取代。它反映了在权力顶峰，父子、兄弟之间的亲情，因权力结构的矛盾而被异化。

曹操是一个诗人，感情生活也应该是很丰富的。再观察一下曹操的夫妇关系，《三国志·魏书·后妃传》裴松之注引《魏略》曰：

太祖始有丁夫人，又刘夫人生子修及清河长公主。刘早终，丁养子修。子修亡于穰，丁常言：“将我儿杀之，都不复念！”遂哭泣无节。太祖忿之，遣归家，欲其意折。后太祖就见之，夫人方织，外人传云“公至”，夫人踞机如故。太祖到，抚其背曰：“顾我共载归乎！”夫人不顾，又不应。太祖却行，立于户外，复云：“得无尚可邪！”遂不应，太祖曰：“真诀矣。”遂与绝，欲其家嫁之，其家不敢。初，丁夫人既为嫡，加有子修，丁视后母子不足。后为继室，不念旧恶，因太祖出行，常四时使人馈遗，又私迎之，延以正坐而己下之，迎来送去，有如昔日。丁谢曰：“废放之人，夫人何能常尔邪！”其后丁亡，后请太祖殡葬，许之，乃葬许城南。后太祖病困，自虑不起，叹曰：“我前后行意，于心未曾有所负也。假令死而有灵，子修若问‘我母所在’，我将何辞以答！”

这一段记载，还是合乎情理的。曹修死于曹操打张绣，因曹操纳张济妻，导致张绣降而复叛，曹操两子被杀，曹修是其中之一。丁夫人失子之痛也是人之常情，曹操几次造访丁夫人，得不到谅解，才决绝，立卞夫人为皇后。《三国志·魏书·邓哀王冲传》裴松之注引《魏略》曰：“文帝常言：‘家兄孝廉，自其分也。

若使仓舒在，我亦无天下。’”

孝廉，即指曹修，曹操的长子。仓舒是曹冲的字。可见曹操在曹修与曹冲之死上，痛失爱子的心还是真切的。丁夫人在儿子曹修去世以后的表现，是一个人精神受刺激以后反常的表现，曹操还是抱体谅的态度。再说卞后这个人，还算是识大体的。《三国志·魏书·后妃·卞皇后传》云：

> 武宣卞皇后，琅邪开阳人，文帝母也。本倡家，年二十，太祖于谯纳后为妾。后随太祖至洛。及董卓为乱，太祖微服东出避难。袁术传太祖凶问，时太祖左右至洛者皆欲归，后止之曰："曹君吉凶未可知，今日还家，明日若在，何面目复相见也？正使祸至，共死何苦！"遂从后言。太祖闻而善之。建安初，丁夫人废，遂以后为继室。诸子无母者，太祖皆令后养之。文帝为太子，左右长御贺后曰："将军拜太子，天下莫不欢喜，后当倾府藏赏赐。"后曰："王自以丕年大，故用为嗣，我但当以免无教导之过为幸耳，亦何为当重赐遗乎！"长御还，具以语太祖。太祖悦曰："怒不变容，喜不失节，故是最为难。"

从这段叙述看，卞后这个人还能与曹操一起共患难。董卓之乱，曹操孤身离开洛阳，她也能在洛阳坚守，很不容易，让自己承受风险，掩护了曹操在关东起兵。能抚养曹操无母诸子也不容易。曹丕立为太子，她喜怒不形于色，实际上忧虑多于高兴。虽然曹彰、曹植与曹丕都是她的亲生儿子，但他们之间为了争夺王位而你死我活地争斗，她也无法介入并调和他们之间的矛盾，所以才会有“免无教导之过为幸耳”。

卞后的三个儿子曹丕与曹植、曹彰为了争夺王位继承权而分成两派，曹彰支持曹植，而曹操虽然在建安十六年时以曹丕为五官中郎将，为丞相副，但这只是一种暗示，太子的地位长期没有明朗，而曹操在一个时期又特别喜欢曹植，那么朝臣自然亦分成两派，有的支持曹丕，有的支持曹植，两派之间明争暗斗，许多人便丧命于这场争夺王位继承权的斗争中。当然最终是曹植失败了，曹丕胜利了。曹彰是支持曹植的，亦为此死得不明不白。曹植的《七步诗》多少反映了这种争夺的可悲可哀。其云：

> 煮豆燃豆萁，漉豉以为汁。萁在釜下燃，豆在釜中泣。
> 本是同根生，相煎何太急。

按此诗见于《世说新语》，六朝文中如任昉《齐竟陵文宣王行状》便称：“陈思见称于七步。”此类故实当时很难见于曹植的文集，世传此诗当亦不假，也比较真切地反映了曹丕、曹植兄弟两人之间的相互关系。

《三国志·魏书·陈思王植传》云：

> 陈思王植字子建。年十岁余，诵读诗论及辞赋数十万言，善属文。太祖尝视其文，谓植曰："汝倩人邪？"植跪曰："言出为论，下笔成章，顾当面试，奈何倩人？"时邺铜爵台新成，太祖悉将诸子登台，使各为赋。植援笔立成，可观，太祖甚异之。性简易，不治威仪。舆马服饰，不尚华丽。每进见难问，应声而对，特见宠爱。建安十六年，封平原侯。十九年，徙封临菑侯。太祖征孙权，使植留守邺，戒之曰："吾昔为顿邱令，年二十三。思此时所行，无悔于今。今汝年亦二十三矣，可不勉与！"植既以才见异，而丁仪、丁廙、杨修等为之羽翼。太祖狐疑，几为太子者数矣。

曹操喜欢曹植，不仅是他的文才，曹操出征时，曹植常随侍在身旁。建安十二年，曹操征三郡乌丸时，曹植随行，那一年他十六岁，在明帝太和二年（228 年）时，三十七岁的曹植上《求自试表》有"北出玄塞"之句，便指此行相随于曹操。建安十三年，曹操征刘表，刘琮降，取荆州之襄樊，曹植从征。他的《求自试表》中有"臣昔从先武皇南极赤岸"之句，这赤岸也就是赤壁。建安十六年，曹操西征关中及陇西时，曹植亦随军西征，《求自试表》中有“西望玉门”之句。《离思赋》的序中，亦明言：“建安十六年，大军西讨马超，太子监国，植时从焉。意有怀恋，遂作《离思赋》云。”从建安十三年到十六年，这几年曹植一直在曹操身边，出征时随军从征。建安十九年，曹操征孙权时，封曹植为临菑侯，让曹植在邺城留守，这实际上是对曹植作进一步考察，在曹丕与曹植之间，选谁为自己接班人，这时曹操尚处于举棋不定的状态。而这个举棋不定，也正是周围人投机博彩的好机会。

中国历史上最早在王位继承问题上博彩投机的不是别人，是大商人吕不韦，他把这个问题说得最赤裸裸。吕不韦是阳翟的大商人，一看到秦国在赵为质的子楚，便认为他是“奇货可居”。《战国策》载其与父对话，称吕不韦“谓其父曰：‘耕田之利几倍？’曰：‘十倍。’‘珠玉之赢几倍？’曰：‘百倍。’‘立主定国之利几倍？’曰：‘无数。’”可见吕不韦把资助子楚回国作为投资获利的事来做。故曹操在曹丕与曹植两个人之间确定谁是继承人举棋不定的时候，在他周围的人看来，正是政治投机的好时机。故当时亦确实有一些人与曹植结伙，希望曹植能够接掌曹操的权力。曹操也确实征求过一些人的意见，有支持曹丕的，也有支持曹植的。如曹操问过贾诩，这件事应是在建安二十年左右，正式立太子是在建安二十二年。在此之前曹操始终处于举棋不定的状态，崔琰也是曹操征求意见的对象之一。为什么要听取崔琰的意见？一方面崔琰是冀州地区士大夫的领袖人物，另一方面他与毛玠两人为东曹掾，负责官吏的选拔，即“典选举”，曹操通过崔琰可以了解在继承人问题上的舆情。《三国志·魏书·崔琰传》云：

> 时未立太子，临菑侯植有才而爱。太祖狐疑，以函令密访于外。唯琰露板答曰：“盖闻《春秋》之义，立子以长，加五官将仁孝聪明，宜承正统。琰以死守之。”植，琰之兄女婿也。太祖贵其公亮，喟然叹息，迁中尉。

曹操在选择继承人的问题上，密函征求过不少人的意见，贾诩是面谈，用喻指的办法，让曹操去体会，原因是怕得罪曹植身边的人。而崔琰与曹植有间接姻亲关系，公开以露板的方式支持曹丕为继承人，那当然得罪了在曹植身边抱大腿的群体。借抱大腿跟人谋利的人古往今来都有，其结果往往是害人害己，得益于一时，结果往往是终身遗憾。为什么？天意难测啊！建安十七年，曹丕为五官中郎将，为丞相副，那时曹丕似乎已被确定为交接班的继承人，故曹操出征时，一般都以曹丕留守京城；而建安十九年曹操征孙权时，以曹植留守邺城，并发了前面已提到的戒慎曹植的令文，显示了曹操有更换交接班继承人的意图，为曹植造舆论的人自然迎势而上。在曹植身边有这样一些人，《三国志·魏书·陈思王植传》讲到在曹植左右有丁仪、丁廙、杨修等为之羽翼。

关于丁仪，《陈思王植传》注引《魏略》，有丁仪的传，丁姓可能与曹操原配丁夫人家有某种血缘关系，故得曹操信重，其传从父丁冲说起。其传云：

> 丁仪字正礼，沛郡人也。父冲，宿与太祖亲善，时随乘舆。见国家未定，乃与太祖书曰："足下平生常喟然有匡佐之志，今其时矣。"是时张杨适还河内，太祖得其书，乃引军迎天子东诣许，以冲为司隶校尉。

从这一段记载看，丁冲是曹操比较接近的参谋人物，当然建议曹操迎汉献帝都许的主谋人物是荀彧，重大问题的决策，参议人员绝不是一个人，曹操还是能多方面咨询各种人物的不同意见，然后择善而从，这也是曹操比袁绍、刘表一意孤行要高明的地方。丁仪能接近曹操，是因为其父丁冲的缘故。其传续云：

> 太祖以冲前见开导，常德之。闻仪为令士，虽未见，欲以爱女妻之，以问五官将。五官将曰："女人观貌，而正礼目不便，诚恐爱女未必悦也。以为不如与伏波子楙。"太祖从之。寻辟仪为掾，到与论议，嘉其才朗，曰："丁掾，好士也，即使其两目盲，尚当与女，何况但眇？

是吾儿误我。”时仪亦恨不得尚公主，而与临菑侯亲善，数称其奇才。太祖既有意欲立植，而仪又共赞之。

眇，是指瞎了一只眼睛。曹操是爱才的人，丁仪能言善辩，当然得到曹操的喜欢，曹丕说他目不便也是事实，因为丁仪只剩一只眼看东西，但曹丕这句话，特别是因为曹操说了“吾儿误我”，更增加了丁仪对曹丕那种说不出的怨恨，促使他倒向曹植一边，去鼓动曹操更换交接班的继承人，由此丁仪与曹丕结下不解之怨恨。

丁廙是丁仪的弟弟，《陈思王植传》裴松之注引《文士传》云：

廙少有才姿，博学洽闻。初辟公府，建安中为黄门侍郎。廙尝从容谓太祖曰：“临菑侯天性仁孝，发于自然，而聪明智达，其殆庶几。至于博学渊识，文章绝伦。当今天下之贤才君子，不问少长，皆愿从其游而为之死，实天所以钟福于大魏，而永授无穷之祚也。”欲以劝动太祖。太祖答曰：“植，吾爱之，安能若卿言！吾欲立之为嗣，何如？”廙曰：“此国家之所以兴衰，天下之所以存亡，非愚劣琐贱者所敢与及。廙闻知臣莫若于君，知子莫若于父。至于君不论明暗，父不问贤愚，而能常知其臣子者何？盖由相知非一事一物，相尽非一旦一夕。

况明公加之以圣哲，习之以人子。今发明达之命，吐永安之言，可谓上应天命，下合人心，得之于须臾，垂之于万世者也。廙不避斧钺之诛，敢不尽言！”太祖深纳之。

这是正面为陈思王曹植夺嫡的说辞，为什么他们那么热衷于为曹植说辞呢？说到底王位的交接班实际上是一次权力的再分配，虽然这个再分配只是权力结构中心少数人之间的再分配，但这个权力再分配的焦点，凡涉及这一极其敏感的问题，在上层集团内部人与人之间的相互关系，往往会演化成为你死我活的斗争。虽然不是公开的兵戎相见，但暗中的勾心斗角那是用尽计谋，非把对方的羽翼置于死地不可。崔琰的死便与丁仪在曹操面前告状有关，与崔琰一起主持选举的还有毛玠，毛玠在立太子的问题上与崔琰意见相同，《三国志·魏书·毛玠传》载：

时太子未定，而临菑侯植有宠，玠密谏曰："近者袁绍以嫡庶不分，覆宗灭国。废立大事，非所宜闻。"后群僚会，玠起更衣，太祖目指曰："此古所谓国之司直，我之周昌也。"

从这里可知毛玠是主张维持曹丕世子地位的，不赞成废丕立植，所以也遭到曹植这边人的忌恨。毛玠因有和洽、桓阶的救助而免罪，但黜卒于家。这件事在《三国志·魏书·和洽传》亦有记载，但对于和洽求案实其事，最终曹操答复：“方有军事，安可受人言便考之邪？”换一句话说，就是不必追究了。而《三国志·魏书·桓阶传》把这个问题讲得更加明确，其云：

时太子未定，而临菑侯植有宠。阶数陈文帝德优齿长，宜为储副，公规密谏，前后恳至。又毛玠、徐奕以刚蹇少党，而为西曹掾丁仪所不善，仪屡言其短，赖阶左右以自全保。

从这里可以清楚看到是丁仪发动了针对支持曹丕一派的进攻，反对废立的是崔琰他们，所以丁仪就从剪除其羽翼入手，孤立曹丕，从而达到废丕立植的目的。第一个目标是崔琰，第二个目标是毛玠，曹操不想再扩大打击面了，只能到此为止，不再追究下去，因为受伤害的是统治集团内部高层的成员及其爱子曹植。但丁仪是挑起这件事的为首者，那是毫无疑问的。曹操去世后，曹丕即位，首先打击的目标便是丁仪。《陈思王植传》裴松之注引《魏略》之丁仪传讲：“及太子立，欲治仪罪，转仪为右刺奸掾，欲仪自裁而仪不能。乃对中领军夏侯尚叩头求哀，尚为涕泣而不能救。后遂因职事收付狱，杀之。”丁仪最后被文帝改为右刺奸掾，说明崔琰、毛玠被陷害是他挑起的，目的是为了打击支持曹丕的朝臣。由此可见兄弟之间为争夺继承人地位的斗争之残酷。在曹操活着时双方尚且如此，曹操死后，曹植及其周边的人的地位就岌岌可危了。王位的交接，在中国历史上始终是一个难以破解的课题，谁卷入这个旋涡，谁就身不由己地卷入一个死亡之海。

为曹植说辞的另一个重要人物是杨修。《三国志·魏书·陈思王植传》裴松之注引《典略》的杨修传，其云：

> 杨修字德祖，太尉彪子也。谦恭才博。建安中，举孝廉，除郎中，丞相请署仓曹属主簿。是时，军国多事，修总知外内，事皆称意。自魏太子已下，并争与交好。又是时临菑侯植以才捷爱幸，来意投修，数与修书。

可见杨修是一个很有才气，深受曹操宠信，而且办事很干练的人才，仓曹负责后勤供应，军国多事，那么后勤供应的事务繁杂，他能应付自如，而且有文学的才能，故曹操的诸子都与他往来，而曹植更是主动与他交往。《陈思王植传》裴松之注引《世语》言杨修与曹植往返之事，其云：

> 修年二十五，以名公子有才能，为太祖所器。与丁仪兄弟，皆欲以植为嗣。太子患之，以车载废簏，内朝歌长吴质与谋。修以白太祖，未及推验。太子惧，告质，

质曰："何患？明日复以簏受绢车内以惑之，修必复重白，重白必推而无验，则彼受罪矣。"世子从之，修果白而无人，太祖由是疑焉。修与贾逵、王凌并为主簿，而为植所友。每当就植，虑事有阙，忖度太祖意，豫作答教十余条，敕门下，教出以次答。教裁出，答已入，太祖怪其捷，推问始泄。太祖遣太子及植各出邺城一门，密敕门不得出，以观其所为。太子至门，不得出而还。修先戒植："若门不出侯，侯受王命，可斩守者。"植从之。故修遂以交构赐死。

这两条记载，杨修要的都是小聪明，有时聪明反被聪明误，因为揣摩天意，这等于投机取巧，中了固然获利，不中，就倒霉了。如遇到曹操这样的人就麻烦了。一是天意高难测，二是曹操也在考虑你们之间的相互关系，一旦这种不正常关系暴露了，那就反而苦了自己。建安二十二年末，曹丕立为魏太子地位明确以后，杨修继续与曹植密切往来，这就更犯忌了。故《陈思王植传》裴松之引《典略》曰：

植后以骄纵见疏，而植故连缀修不止，修亦不敢自绝。至二十四年秋，公以修前后漏泄言教，交关诸侯，乃收杀之。修临死，谓故人曰："我固自以死之晚也。"

其意以为坐曹植也。修死后百余日而太祖薨，太子立，遂有天下。

杨修被杀以后，曹操见其父杨彪，《后汉书·杨彪传》云："操见彪问曰：'公何瘦之甚？'对曰：'愧无日磾先见之明，犹怀老牛舐犊之爱。'操为之改容。"杨彪这话说得很巧妙，金日磾因儿子与宫人戏而杀其子，故云无金日磾先见之明，是自我检查，舐犊之爱则是其真情。曹操的改容则说明问心有愧，因而他给杨彪写了一封书信，其文如下：

操白：与足下同海内大义，足下不遗，以贤子见辅。比中国虽靖，方外未夷，今军征事大，百姓骚扰。吾制钟鼓之音，主簿宜守，而足下贤子，恃豪父之势，每不与我同怀。即欲直绳，顾颇恨恨。谓其能改，遂转宽舒。复即宥贷，将延足下尊门大累，便令刑之。念卿父息之情，同此悼楚，亦未必非幸也。谨赠足下锦裘二领，八节银角桃杖一枝，青毡床褥三具，官绢五百匹，钱六十万，画轮四望通幰七香车一乘，青牛二头，八百里骅骝马一匹，赤戎金装鞍辔十副，铃毦一具，驱使二人，并遗足下贵室错彩罗縠裘一领，织成靴一量，有心青衣二人，长奉左右。所奉虽薄，以表吾意。足下便当慨然承纳，不致往返。

其实杨修的死因一是因与曹植的关系，立太子后他继续与曹植密切往返，犯忌了。二是泄露禁中言，这也是犯忌了。如果曹操死前不杀杨修，曹操死后，曹丕即位，杨修也活不成。

在曹操晚年围绕继承人选问题的斗争，涉案的人都是当时的人才，但最聪明的是贾诩。他虽有倾向，但只讲隐喻，让曹操心里明白，自己决不显山露水，给曹丕出的点子，也还是贾诩的最聪明。《三国志·魏书·贾诩传》云：

> 是时，文帝为五官将，而临菑侯植才名方盛，各有党与，有夺宗之议。文帝使人问诩自固之术，诩曰："原将军恢崇德度，躬素士之业，朝夕孜孜，不违子道。如此而已。"文帝从之，深自砥砺。

说到底，贾诩给曹丕出的点子，是《老子》讲的"大智若愚"。曹丕是不是真能如此，还是另一回事。《通鉴·汉纪六十》载曹操立太子前后，卞夫人与其子曹丕、曹植不同的表现，说明他们还不如母亲卞夫人沉着。其云：

> 操尝出征，丕、植并送路侧，植称述功德，发言有章，

左右属目，操亦悦焉。丕怅然自失，济阴吴质耳语曰："王当行，流涕可也。"及辞，丕涕泣而拜，操及左右咸歔欷。于是皆以植多华辞而诚心不及也。植既任性而行，不自雕饰，五官将御之以术，矫情自饰，宫人左右并为之称说，故遂定为太子。

左右长御贺卞夫人曰："将军拜太子，天下莫不喜，夫人当倾府藏以赏赐。"夫人曰："王自以丕年大，故用为嗣。我但当以免无教导之过为幸耳，亦何为当重赐遗乎！"长御还，具以语操，操悦，曰："怒不变容，喜不失节，故最为难。"

太子抱议郎辛毗颈而言曰："辛君知我喜不？"毗以告其女宪英，宪英叹曰："太子，代君主宗庙、社稷者也。代君，不可以不戚；主国，不可以不惧。宜戚而惧，而反以为喜，何以能久！魏其不昌乎！"

可见曹丕在曹操面前的表现，及其在曹操身后的表现是不同的，立太子后，他抱辛毗的脖颈而言"辛君知我喜不"，反映了他的真情；在曹操面前的表现是装出来的假象。曹丕与曹植都在演戏给曹操看，曹操误信了曹丕。从立太子这件事看，他们兄弟两人及各自的羽翼为此而钩心斗角进行的明争暗斗，几乎都是不择手段地想方设法骗取曹操的信任，比较起来还是曹植那样"既任性而行，不自雕饰”更加可信可爱一点。遇到如曹丕那样阴险的人，那只能敬而远之，即使当了太子，如果曹操的寿命像孙权那样活到八十多岁，那么曹丕的假象迟早也会暴露，父子之间仍然难免有决裂的可能。所以“君老不事太子”，但君王死了，你日子一样难过。曹丕的幸运是过了两年多，曹操便去世了，曹丕顺利地即位为魏文帝，那时他与诸弟的关系便是另一回事了，于是就显示出狰狞的本来面目。然而，他对杨修的父亲、东汉末四世三公的杨彪还是很客气的，由于杨彪对他已没有危害，故还得对其子因他而死，做一点姿态，《后汉书·杨彪传》云：“及魏文帝受禅，欲以彪为太尉，先遣使示旨。彪辞曰：‘彪备汉三公，遭世倾乱，不能有所补益。耄年被病，岂可赞惟新之朝？’遂固辞。”这实际上是想让杨彪这个东汉末的世家，为他篡汉作点缀，这一点杨彪怎么肯呢？何况失子之痛尚未平复。

父子、兄弟、夫妇之间，本来应该是亲情的关系，但如果在这个相互关系中加入了利益权力的再分配关系，那么这个亲情关系就蜕变为利益争夺的关系，权力争夺的关系，这个矛盾往往是在老人临终前后集中爆发开来；老人还健在，还能主持政务或家庭事务时，它会更多地显示出温情脉脉，当进入权力与利益再分配的最后阶段时，那么这个斗争便逐渐白热化，手段也无所不用其极。如果老人是一无所有，那么或许谁也不理会老人。而当这个老人是掌控国家权力的领袖或者君王时，那个矛盾冲突便会演变成你死我活势不两立的冲突，而斗争的手段则会极其残酷。曹操父子、兄弟之间这一场闹剧虽已展开，但还处于可以控制的状态。中国历史上其他王朝父子之间、兄弟之间，在王位继承的关键时刻所上演的戏剧往往要更加血腥一些。只要这样的继承人交接关系存在，这一类戏剧就会常演常新，只是方式各有不同；随着历史的进步，只能希望它表现得更加文明一些，少演一些啃老的闹剧已是谢天谢地的了。

（二十九）曹操之薨

曹操死于建安二十五年的正月，去世的地点是在洛阳，那一年他六十六岁。自建安二十二年十月立曹丕为太子起，他就在准备迎接死亡的来临，安排身后事了。建安二十三年六月为自己立寿陵，《三国志·魏书·武帝纪》载其令曰：

> 古之葬者，必居瘠薄之地。其规西门豹祠西原上为寿陵，因高为基，不封不树。《周礼》冢人掌公墓之地，凡诸侯居左右以前，卿大夫居后，汉制亦谓之陪陵。其公卿大臣列将有功者，宜陪寿陵，其广为兆域，使足相容。

这个寿陵的地点是他自己选定的，在西门豹祠西原上，今天安阳发现曹操墓的地址符合曹操身前这个令；在去世前，他还写了《题识送终衣奁》，他的题字为：“日有不讳，随时以敛，金珥珠玉铜铁之物，一不得送。”（《晋书·礼志中》）曹操是一个薄葬主义者，一改两汉厚葬的旧俗。东汉末从董卓起，盗墓成为一时之风气，各地军阀都把盗墓作为生财之道，在墓葬这个问题上曹操还有一点反潮流精神。曹操还不忘死前给卞夫人一个名分，故在二十四年七月“以夫人卞氏为皇后”，拜皇后的策文曰：“夫人卞氏，抚养诸子，有母仪之德，今进位皇后，太子诸侯陪位，群卿上寿，减国内死罪一等。”（《三国志·卞皇后传》）有了皇后这个名分，将来死后，她能与曹操合葬。但偏偏她是一个长寿者，到魏明帝时，还被尊为太皇太后。

尽管那个时期曹操还南征孙权，西征刘备，在二十三年九月还亲至长安，到了次冬十月，他才回到洛阳，那个时候他知道自己来日不多了。建安二十五年他还写下了《遗令》，此令有很多文献记载，时间最早的是陆机的《吊魏武文序》，此后《通典》《太平御览》诸书皆载此令文。陆机离曹操去世的时间不是很久，此遗令文字可信。其令曰：

吾夜半觉小不佳，至明日饮粥汗出，服当归汤。吾在军中，持法是也。至于小忿怒，大过失，不当效也。天下尚未安定，未得遵古也。吾有头病，自先著帻。吾死之后，持大服如存时勿遗。百官当临殿中者，十五举音，葬毕便除服；其将兵屯戍者，皆不得离屯部；有司各率乃职。敛以时服，葬于邺之西冈，上与西门豹祠相近，无藏金玉珍宝。吾婢妾与伎人皆勤苦，使著铜雀台，善待之。于台堂上安六尺床，施繐帐，朝晡上脯糒之属，月旦、十五日，自朝至午，辄向帐中作伎乐。汝等时时登铜雀台，望吾西陵墓田。余香可分与诸夫人，不命祭。诸舍中无所为，可学作组履卖也。吾历官所得绶，皆著藏中。吾余衣裘，可别为一藏，不能者，兄弟可共分之。

这份遗令是真实的，是临终前不久，头脑还清醒的时候说的，从陆机的《吊魏武文》看，这还不是他口说的全部，不适剧烈出汗，都是临终前的症候。从遗令看，曹操这个人还是有一点自我批评的精神，他承认自己有过情绪冲动措置失当的时候，对子女说“吾在军中，持法是也。至于小忿怒，大过失，不当效也”，陆机在《吊魏武文》中称此语为“善乎达人之谠言矣！”“达人”现在成了时髦的用词了，其实古已有之，不仅陆机用，此前贾谊也用过，其在《鹏鸟赋》中便有“小智自私兮，贱彼贵我；达人大观兮，物无不可”之句，意思是一般人总是只看到自己的私利，不能如达人那样不贵此贱彼，也能看到自己的不足之处。因为王者即使在小忿怒的情况下，作出的决断，对相关的人物而言，则是性命交关的大问题了。曹操因此而错杀的人，从孔融到杨修，这是他身旁的人，至于征徐州屠城，那死者就无数了。故其小忿怒会带来大过失，任何人都有情绪冲动失控的时刻。曹操说自己“小忿怒大过失，不当效也”，说明他还有一点自我批评精神。

同时曹操对身后的丧葬礼仪作了具体安排，两汉王侯们丧葬的礼仪是非常隆重的，随葬的规格，《汉旧仪》曰：

> 帝崩，含以珠，缠以缇缯十二重。以玉为襦，如铠状，连缝之，以黄金为缕。腰以下以玉为札，长一尺，广二寸半，为柙，下至足，亦缝以黄金缕。缝诸衣衿敛之。凡乘舆衣服，已御，辄藏之，崩皆以殓。

这个金缕玉衣，我们在汉墓的考古发掘中得到了验证，把《汉旧仪》上的规定与曹操在《题识送终衣奁》上的规定作一对照，那么曹操的“随时以敛，金珥珠玉铜铁之物，一不得送”，那是有天壤之别的。从《遗令》看，他要求大殓时，“持大服如存时”，也就是以生前所穿之衣服入殓。至于下葬仪式，比汉时亦简便得多，只是规定百官当临殿中者，到十五那天举音，进行下葬的仪式，葬毕除服。对于各地的屯军及政府机构，皆不得擅离职守，即按原定的方针照常行事。同时从这个遗令中，还可以看出他对生前生活过的场所和环境是那么的百般依恋。中国有一个传统，事死如事生，对逝者要如他生前那样照料他的起居。刘邦去世以后，便有“衣冠月出游”的传统，是从刘邦的陵寝中，拿出刘邦当年用过的衣冠，游于高庙，每月一为之。曹操生前居于铜雀台，所以他要求后人在台堂上，安六尺床，挂上帐幔，一如他生前。下午申时，如生前那样祭上干肉与米饭，每个月的初一、十五，要在他床帐前让原来的伎乐班子给他奏乐、歌咏。《武帝纪》裴松之注引《曹瞒传》讲到曹操平时的生活习惯，其云：

> 太祖为人佻易无威重，好音乐，倡优在侧，常以日达夕。被服轻绡，身自佩小鞶囊，以盛手巾细物，时或冠帢帽以见宾客；每与人谈论，戏弄言诵，尽无所隐，及欢悦大笑，至以头没杯案中，肴膳皆沾污巾帻，其轻易如此。

从这段记载可以看到曹操是一个喜欢歌舞娱乐，待人接物非常随和的人，高兴起来，欢悦大小，可以失态也不以为失礼，谈吐有修养，喜欢吟诵诗赋，是一个豁达大度，而又有深厚文化底蕴的人。所以他去世以后，仍要在生前为他演奏歌唱的倡优伎乐，在初一月半到他床帐前演奏，而且要自朝至午。这反映了他生前的生活习惯，也展现了事死如事生的礼俗。

从遗令中还可以看到曹操生活上是一个非常节俭的人，并没有利用手中至高无上的权力，追求奢侈挥霍无度的享受。《武帝纪》裴松之注引《魏书》称：

> 雅性节俭，不好华丽，后宫衣不锦绣，侍御履不二采，帷帐屏风，坏则补纳，茵蓐取温，无有缘饰。

他在《内诫令》中，也强调自己："不好鲜饰严具，用新皮苇笥，以黄苇缘中。遇乱世无苇笥，乃更作方竹严具，以帛衣粗布作里，此孤平常之所用者也。"还说："吾衣被皆十岁也，岁岁解浣补纳之耳。"（《太平御览》卷八百十九）曹操懂得这个道理，"上有所好，下必甚焉"，如果自己不在节俭上作出榜样，那奢侈之风盛行起来，要制止就难了。只是到了他儿孙手上，就不一样了，魏明帝便是一个穷奢极侈的帝王，结果非常短命。一个好的风气要形成不易，要破坏那是很迅速的事。

曹操在《遗令》中讲到"吾有头病"，是指偏头疼。华佗是闻名当时的神医，《后汉书·华佗传》云："曹操闻而召佗，常在左右。操积苦头风眩，佗针，随手而差。"《三国志·魏书·华佗传》讲到此事，亦云："太祖闻而召佗，佗常在左右。太祖苦头风，每发，心乱目眩，佗针鬲，随手而差。"然而华佗还是一个士大夫，行医不是他的本意，"以医见业，意常自悔，后太祖亲理，得病笃重，使佗专视。佗曰：'此近难济，恒事攻治，可延岁月。’”实际上曹操晚年得的不仅是偏头疼，还有心衰。他在《内诫令》中说：“孤有逆气病，常储水卧头，以铜器盛，臭恶，前以银作小方器。人不解，谓孤喜银物，令以木作。”（《太平御览》卷七百五十六）这条诫令一方面说明曹操节俭，生怕别人认为他好银器，而影响社会风尚。他有逆气，说明他晚年睡不平，实际上是心脏功能不好，睡平了便气急。

华佗知道曹操的病难以根治，而“佗久远家思归，因曰：‘当得家书，方欲暂还耳。’到家，辞以妻病，数乞期不反。太祖累书呼，又敕郡县发遣。佗恃能厌食事，犹不上道。太祖大怒，使人往检。若妻信病，赐小豆四十斛，宽假限日；若其虚诈，便收送之。于是传付许狱，考验首服。荀彧请曰：‘佗术实工，人命所悬，宜含宥之。’太祖曰：‘不忧，天下当无此鼠辈耶？’遂考竟佗。佗临死，出一卷书与狱吏，曰：‘此可以活人。’吏畏法不受，佗亦不强，索火烧之。佗死后，太祖头风未除。太祖曰：‘佗能愈此。小人养吾病，欲以自重，然吾不杀此子，亦终当不为我断此根原耳。’及后爱子仓舒病困，太祖叹曰：‘吾悔杀华佗，令此儿强死也。’”（《三国志·魏书·华佗传》）

实际上曹操自己也懂一些医术和养生之道，张华的《博物志》便讲到曹操“好养生法，亦解方药”，亦好招引方术之士。他也应该懂得华佗不肯在他身边，是其病难以根治，而又不愿以士大夫的礼遇待他，那时方术之士的社会地位不高，难怪华佗要离开他了，杀华佗是他一时急怒的过失之举。

他在《遗令》中特别规定：“吾婢妾与伎人皆勤苦，使著铜雀台，善待之。”说明他生前陪他娱乐的倡优伎乐，也没有什么特殊的待遇，生活也很清苦，他死后要善待他们，让他们仍旧能住在铜雀台，而且还想到他们生活的经济来源，即“诸舍中无所为，可学作组履卖也”，可以制作鞋子和鞋带卖钱来过日子。因为焚香太昂贵，故生前不喜欢多焚香。曹操在《内诫令》中曾说：“昔天下初定，吾便禁家内不得香熏。后诸女配，国家为其香，因此得烧香。吾不好烧香，恨不遂所禁。今复禁不得烧香，其以香藏衣著身亦不得。”（《太平御览》卷九百八十一）故在《遗令》中讲要把“余香分于诸夫人，不命祭”。说明他临死一方面不忘过去与他一起生活的妻妾及倡优伎乐；另一方面又强调祭祀他时，不准焚香。说明他的禁香薰是一贯的，由此“分香卖履”。在《遗令》中还讲如何处置自己留下的衣服，“皆著藏中。吾余衣裘，可别为一藏，不能者，兄弟可共分之”。陆机在《吊魏武文》中讲到曹操，“持姬女而指季豹，以示四子曰：‘以累汝。’因以泣下”。陆机为此感慨地说：“伤哉！曩以天下自任，今以爱子托人。同乎尽者无余，而得乎大者无存。”意谓如曹操那样活着的时候，以天下为己任，到临终的时候，他婆婆妈妈地叮嘱自己的亲人，可见人到临终时，大家都一样，尽管来去都是赤条条，但临走时还是对自己生活在一起的亲人和场景仍是百般地依恋，看不到“以天下为己任”的大丈夫气概了。其实这更加朴实地反映了曹操还是有普通凡人的一面。裴松之注引《魏书》总结曹操一生，则强调他：

创造大业，文武并施，御军三十余年，手不舍书，昼则讲武策，夜则思经传，登高必赋，及造新诗，被之管弦，皆成乐章。才力绝人，手射飞鸟，躬禽猛兽，尝于南皮一日射雉获六十三头。

那样一个文武双全的英雄好汉，在临终时却是那样琐细，陆机的“雄心摧于弱情，壮图终于哀志”，这两句话集中反映了曹操临终时那种心理状态。这种现象也不是个别的，带有普遍的心理。《三国志·魏书·武帝纪》陈寿对魏武的评语曰：

汉末，天下大乱，雄豪并起，而袁绍虎视四州，强盛莫敌。太祖运筹演谋，鞭挞宇内，揽申、商之法术，该韩、白之奇策，官方授材，各因其器，矫情任算，不念旧恶，终能总御皇机，克成洪业者，惟其明略最优也；抑可谓非常之人，超世之杰矣。

这个评语，应该说还是客观和公正的。

关于曹操身后事态的演化，留待以后再讲。伟人身后都有一些难以言说的事，隔代的继承实际上很难如逝者生前的愿望，孔子讲的“三年无改于父之道”，这是很难做到的。老人对身后事应看得更加透彻一点，淡泊一点，任你操心再多，也难以完全实现自己的愿望。